KB140947

국립해양박물관
해양인문학총서
❶

바다를 읽다

바다와 인류문화의 관계사

reading the sea

국립해양박물관
KOREA NATIONAL MARITIME MUSEUM

국립해양박물관
해양인문학총서
①

바다를
읽다

발간사   6

프롤로그   8

1장 해양수산을 읽다   11
김문기 · 소빙기(小氷期)의 풍요 청어, 대구, 명태의 어류 박물학   13
곽유석 · 만재도의 어로관행   39
옥영수 · 우리 생선 이야기   53

2장 해양탐험을 읽다   67
김주식 · 대항해시대의 바람   69
정진술 · 우리나라의 선박   91
김원중 · 스페인의 아메리카 '발견(정찰)', 그리고 지배   107
김웅서 · 아직 끝나지 않은 대항해시대, 심해로의 도전   123

3장 해양인물을 읽다   137
김상범 · 명제국의 해상대원정과 정화   139
최영수 · 발견의 시대와 해양영웅들   161
고경석 · 해상왕 장보고   183
김주식 · 세계 속의 이순신   199

4장 해양문학을 읽다   237
김흥식 · 징비록을 통해 본 조선이라는 나라   239
손택수 · 실학, 바다를 발견하다 - 『자산어보』   253
양진영 · 당신도 해양작가가 될 수 있다   269
강제윤 · 한국은 섬나라다!   285
김성준 · 책 『영화에 빠진 바다』를 말하다   301

● ● ●

바다를 읽다

5장 해양유물을 읽다   315

김윤아 · 김경혁(金慶赫)의 위도진수군동첨절제사   317
(蝟島鎭水軍同僉節制使) 해유문서(解由文書)

김효영 · 태양을 닮은 항해도구, 항해용 아스트롤라베   335

백승주 · 죽도제찰   343

차인철 · 세계의 해양박물관   351

부록 1. 해양인문학 프로그램 소개   361

제1회 해양클러스터 해양인문학프로그램   362
바다위의 해양인문학, 해양로에서 바다로
- 국립해양박물관, 한국해양수산개발원

제4기 해양박물관대학   363
대항해, 그 시대의 바람과 바램
- 국립해양박물관

부록 2. 해양인문학 관련 추천도서   364

발간사

바다는 인간이 살아 숨 쉬고 활동하여 온 삶의 공간입니다. 일찍이 '바다'는 우리의 삶을 윤택하게 만들어주는 터전이었으며, 서로 다른 문화가 교류되고 새로운 문화가 창조되었던 또 하나의 대륙이었습니다. 따라서 인류문화의 한 축을 담당하는 바다를 재조명하고 이에 대한 인문학적인 성찰을 추구하는 것은 매우 중요하다고 할 수 있습니다.

우리 박물관은 국내 유일의 해양 종합박물관으로서 바다의 힘과 가치를 이해하기 위한 다양한 해양문화 활동을 전개하여 왔습니다. 이를 기반으로 우리나라 해양인문학의 기틀을 다지고 학문적 발전 가능성을 살피기 위하여 해양인문학 총서 "바다를 읽다"를 발간하게 되었습니다.

해양인문학총서 "바다를 읽다"는 국립해양박물관에서 해양문화 진흥을 위한 노력의 일환으로 2016년 한 해 동안 진행했던 학술 및 문화프로그램인 「해양로에서 바다로」, 「해양박물관대학」, 「해양유물자료조사」에 대한 자료를 망라한 첫 성과물입니다. 이 책을 통해 해양인문학에 대한 지식을 공유하고 나아가 육지 중심의 인문학 연구에서 벗어나 해양인문학의 발전과 올바른 이해를 증진시킬 수 있기를 기대합니다.

아무쪼록 해양인문학총서 "바다를 읽다"가 해양에 대한 인문학적 소양을 높이는 데 많은 도움이 되기를 바라며, 바쁘신 와중에도 이러한 결과물들이 나올 수 있도록 연구와 집필에 매진해준 관계자 여러분 한 분 한 분에게 가슴 깊이 감사와 격려의 말씀을 드립니다.

2016년 12월

국립해양박물관장 **손 재 학**

프롤로그

오늘날까지 인류의 역사는 우리가 발 딛고 있는 육지를 중심으로 기술되어 왔으나 바다 역시 우리 삶의 중요한 공간이었다.

고대부터 우리는 배를 채우기 위해 바다에 나가 물고기를 잡았고 부를 축적하기 위해 바다를 이동하여 상품을 팔았으며, 더 나은 삶을 찾아 바다를 건너 새로운 살 곳을 찾았다. 때로는 나라와 가족을 지키기 위해 바다에서 피를 흘리기도 하였다.

이처럼 바다에서 우리가 살아온 기록을 바탕으로 바다와 우리의 관계를 새롭게 인식하고, 육지를 중심으로 인간의 삶과 사고에 관해 탐구해 왔던 인문학의 패러다임을 전환하여 해양인문학을 꽃피울 수 있기를 기대한다.

· · ·
프롤로그

바다를
읽다

reading the sea

1장. 해양수산을 읽다

소빙기(小氷期)의 풍요 청어, 대구, 명태의 어류 박물학 | 김문기

만재도의 어로관행 | 곽유석

우리 생선 이야기 | 옥영수

I

소빙기(小氷期)의 풍요
청어, 대구, 명태의 어류 박물학

김문기 | 부경대학교 교수

하동에서 태어나 진주에서 고등학교를 다녔으며 부산에서 대학과 대학원을 보냈다. '소빙기(Little Ice Age)'라는 기후 변동이 동아시아 역사에 끼친 영향을 연구했다. 이것이 확대되어 지구적인 기후 변동이 해양환경에 끼친 영향에 관심을 기울여서, 청어 등의 바닷물고기의 역사에 대해서 연구하고 있다. 지금은 동아시아역사에서 해양생물지식이 형성되는 과정에 주목하여 연구를 진행하고 있으며 부경대학교에서 사학을 강의하고 박물관장으로 활동하고 있다.

1. 우리 바다에서만 나는 물고기

물고기 이름에도 역사가 있다

세상은 질문으로 가득 차 있다. 그 질문들은 늦은 밤 문득 바라본 하늘에서 쏟아지는 별처럼 때론 우리들을 어지럽히고, 때론 우리들을 아늑하게 한다. 세상은 이름으로 가득 차 있다. 존재하는 모든 것들은 이름으로 자신의 실존을 증언한다. 물고기에게도 이름이 있다. 이름은 물고기를 바라보던 사람들의 원초적인 감성과 인식을 담고 있다. 이름들은 전해지고 교환되면서 때론 변형된다. 물고기 이름에도 역사가 있는 것이다.

성해응, 북해의 물고기

조선 후기의 문인 성해응(1760-1839)은 그의 문집 『연경재전집』에서 '북해(함경도 바다)'의 물고기에 대한 흥미로운 기록을 남겼다.

> 천하를 둘러싼 바다는 물고기가 자라는 곳으로 세상이 그것을 공유한다. 다만 우리 북해
> (北海)에서만 나는 물고기가 있으니, 그 종류는 『이아(爾雅)』, 『패아(埤雅)』, 『광아(廣雅)』
> 등의 여러 책에서는 일체 보이지 않는다. 단지 우리나라 사람만이 그 이익을 전유(專有)하
> 는 것은 네 종이 있다. 명태어(明太魚), 대구어(大口魚), 청어(青魚), 목어(牧魚)가 그것이
> 니, 모두 속명(俗名)이다.

네 종의 물고기 중에 '목어'는 한자로 '牧魚, 木魚, 目魚, 銀魚'라고도 했는데 도루묵을 가리킨다. 성해응은 우리 바다에서만 나는 물고기로 명태, 대구, 청어, 그리고 도루묵을 지적했다. 중국 바다에서는 나지 않기 때문에 『이아』, 『패아』, 『광아』 등의 중국기록에는 보이지

않는다고 했다. 이들은 모두
한류성 어류로 '주로' 동해
에서 잡히는 물고기였다. 주
목해야 할 것은 '속명(俗名)'
이라는 말이다. 이것은 중국
에는 없고 우리나라에만 있
는 '어명(魚名)'이라는 의미
이다. 곧 우리가 만든 물고
기 이름인 것이다.

〈그림 1〉명태, 대구, 청어, 도루묵

조선의 대표 어종 : 청어, 대구, 명태

성해응의 지적처럼, 이들 물고기 이름은 우리 고유의 것이었다. 더욱 중요한 것은 그중에 청어, 대구, 명태는 난류성 어종인 서해의 조기와 더불어 조선 시대를 대표했던 물고기였다는 점이다. '이름(名)'뿐만 아니라 '실제(實)'에서도 조선을 대표했던 것이다. 다만 역사적으로 청어, 대구, 명태가 중국 바다에서 나지 않았다는 성해응의 언급은 틀린 말이 아니지만, 그렇다고 전적으로 옳은 것도 아니다. 그가 살았던 시대에는 사정이 달라져 있었다. '어느 때'부터인지 이들 물고기 중의 일부가 중국 바다에서도 나기 시작했고, 이미 '이름'을 갖고 있었다. 시선을 일본으로까지 돌리면 더욱 흥미롭다. 일본에서도 '어느 때'부터인지 이들 한류성 어류가 대거 출현하여 새로운 어업으로 성장했다. 성해응은 이들 물고기가 '북해'에서만 나는 우리나라만이 '전유'하는 물고기라고 했지만, 그가 살았던 시대에는 이미 동아시아 3국에서 모두 중요한 물고기였던 것이다. 왜 이런 변화가 나타났을까? 그 실마리는 물고기 이름에서 찾을 수 있다.

한중일의 청어, 대구, 명태 명칭

동아시아 3국에서 청어, 대구, 명태의 어명은 어떠할까? 오늘날을 기준으로 동아시아 3국의 이들 한류성 어류의 대표 이름은 다음과 같다.

〈표1〉 동아시아 3국 청어, 대구, 명태의 공식명칭

어명	한국	일본	중국
청어	청어(靑魚)	니신(鰊, 鯡)	페이위(鯡魚)
대구	대구(大口)	타라(鱈)	쉬에위(鱈魚)
명태	명태(明太)	스케토우다라(鯳, 介黨鱈, 佐渡鱈)	시아쉬에(狹鱈)

오늘날의 공식 명칭만을 보게 되면 우리만이 청어, 대구, 명태라는 독특한 한자를 사용하고 있는 반면에, 중국과 일본은 동일한 한자를 사용하고 있다. 청어는 일본에서 '니신' 혹은 '카도'라고 하는데, 한자로는 '鰊', 혹은 '鯡'이다. 중국에서는 페이위(鯡魚)라고 한다. 대구는 일본에서 '타라(鱈)'라고 하는데, 중국은 '쉬에위(鱈魚)'라고 한다. 명태의 경우 일본에서는 스케토우다라(介黨鱈·佐渡鱈)라고 하며, 중국에서도 '시아쉬에(狹鱈)'이라고 한다. '鯡'와 '鱈'이라는 한자를 사용한다는 점에서 중국과 일본은 동일하다. 그렇지만 이것은 근대 이후 일본 수산학의 영향력 때문이었다. 그 이전의 역사기록을 살펴보면 상황은 전혀 다르다. 오히려 '청어, 대구, 명태'라는 우리 이름이 중국과 일본에 영향을 주었다. 물고기 이름은 때론 경쟁하고 충돌하면서 '선택'되었다. 그것이 선택되는 과정은 그 자체로써 역사이다.

2. '조선 물고기'에서 '동아시아 물고기'로

1) '청어'의 어명 박물학

중국의 '청어'는 민물고기였다

　'청어(靑魚)'라는 말은 중국에서 이미 있었다. 전한대 '오후청(五侯鯖)'의 고사가 그것이다. 다만 이때의 '청(鯖)'은 바다 청어(herring)가 아니라, 강과 호수에 서식하는 민물고기로 초어(草魚)의 일종이었다. 이에 대한 이시진(李時珍)의 설명을 들어보자.

> 청어는 강과 호수 사이에 사는데 남방에 많다. 북쪽 지방에도 간혹 그것이 있다. 계절에 가림 없이 잡는다. 잉어와 비슷한데 등이 순청색이다. 남쪽 사람들이 많이들 이것으로 젓갈을 담근다. 옛사람들의 이른바 '오후청(五侯鯖)'이 이것이다.

　『본초강목』의 권위로 인해, 청어에 대한 위의 설명은 조선과 일본에도 지대한 영향을 주었다. 조선의 많은 학자들은 그들이 즐기는 '청어'를 자주 '오후청'에 빗대었다. 동일한 한자를 사용하지만, 이 둘이 전혀 다른 어종임을 인식하지 못했던 것이다.

"중국의 청어는 우리나라의 청어가 아니다"

　처음으로 이에 대해 의문을 제기했던 인물이 허준이었다. 『동의보감』에서 그는 중국의 본초서에서 말하는 청어가 조선의 그것과는 전혀 별개의 것으로, "우리나라의 청어가 아니다"라고 분명히 했다. 민물 청어와 바다 청어의 차이를 분명히 이해했던 것이다. 중국에서 '청어'는 민물고기였고, 바다 청어가 아니었다. 중국의 여러 서적들을 확인할 때, 바다 청어를 가리키는 한자는 없었다. 바다 청어를 '靑魚'라고 한 것은 우리나라에서 시작되었다. 그 연원을 찾아보면 늦어도 고려 말까지 거슬러 올라간다. 청어는 조선 고유의 물고기 이름으로 정착했던 것이다.

청어의 별칭 : 관목, 비웃, 벽어

조선 시대를 대표했던 물고기답게 청어는 많은 별칭을 가지고 있다. 경북에서 일컫는 '과메기'가 청어를 말린 '관목(貫目)'에서 나왔음은 많이 알려진 사실이다. 청어의 대표 이름은 '비웃'이었다. 1527년에 간행된 『훈몽자회』에는 '鯖'을 '비운 쳥'이라는 음을 달았다. 청어의 또 다른 이름은 '벽어(碧魚)'였다. 이순신의 『난중일기』에도 청어를 '벽어'라고 했다. 이것은 '푸른' 물고기라는 본래의 뜻을 살려, 같은 의미인 '碧'을 쓴 것이다. 정약용은 『아언각비』에서 '비웃'의 유래를 벽어에서 찾고 있다. 그는 "벽어(碧魚)를 잘못 옮겨서 비유(蜚腴)가 되었다"고 했는데, '벽어'의 중국 발음이 '비유'라서 청어가 '비웃'이 되었다는 것이다. 중국에도 '벽어'라는 이름은 있지만 바다 청어와는 전혀 관련이 없다. 그렇다면 정약용의 이 학설도 한계가 있다.

〈그림 2〉 『훈몽자회』의 청(鯖)

비웃과 비유어(肥儒魚)

19세기 후반, 황필수는 『명물기략』에서 정약용의 위의 구절을 그대로 인용하면서, '비웃'의 또 다른 이름을 소개했다.

> 우리나라 정조(正祖) 때에 오부(五部)에 영을 내려 궁거독서(窮居讀書)의 선비에게 벽어를 나누어 주게 하면서, "이 물고기는 값이 천하고 쉽게 구할 수 있으므로 빈한한 선비가 먹기에 적합하다"고 하여, 비유어(肥儒魚)라는 이름을 내렸다.

오늘날 많은 학자들이 『명물기략』을 인용하면서 청어를 가리키는 '비웃'이 선비를 살찌운다는 '비유(肥儒)'에서 유래했다고 말한다. 그렇지만 '비유어'라는 말은 정조가 하사한 이름이다. 이미 16세기 전반의 『훈몽자회』에 '비웃'이 등장하고 있다는 사실을 기억한다면, '비유어'에서 '비웃'이 나왔다는 것은 시간 순서가 전도된 것이다. 오히려 '비웃'이라는 말에서, '비유(肥儒)'라는 말을 만들어냈다는 것이 정확할 것이다. '비웃'에 비해 '비유어'라는 말이 훨씬 뒤에 출현하기 때문이다.

중국, 바다 '청어(靑魚)' 출현하다

중국에서 '靑魚'와 '鯖'이라는 한자는 이전부터 있었지만 바다 청어와는 관련이 없었다. 중국의 바다에는 청어가 출현하지 않았기 때문이다. 그런데 16세기 후반이 되면 중국에도 바다 청어가 나타났다. 산동성 영성현(榮成縣)에 '청어탄(靑魚灘)'이라는 지명이 출현했던 것이 이때였다. 17세기 이후부터는 문집과 지방지에서 청어(herring)라는 말이 일반적으로 사용되었다. 중국에서도 '바다 청어'를 설명하면서 '오후청'의 고사를 비판 없이 인용한 경우가 많았는데, 점차로 이 둘을 분리하려는 움직임이 있었다. 동치 『황현지(黃縣志)』의 '청

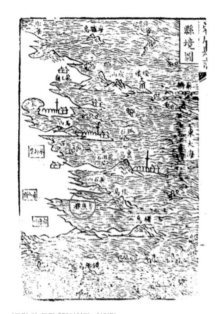

〈그림 3〉 도광 『영성현지』 청어탄

어(鯖魚)'에 대한 기록도 그 중의 하나이다.

『본초강목』에는 청어(靑魚)라고 했는데, '청(靑)'자는 어떤 곳에서는 '청(鯖)'이라고 쓴다. 잉어(鯇)와 비슷한데 등은 순청색이라고 했다. 지금 해산(海産)의 청어(鯖魚)를 살펴보니, 머리는 뾰족하고 등은 푸르며 몸은 좁아 길이는 7-8촌, 폭은 2촌 정도이다. 청어와는 마땅히 다른 것이다.

중국에서도 바다 청어가 『본초강목』의 '청어'와는 다른 것임을 분명하게 인식했던 것이다. 이런 혼란을 피하기 위해 요동에서는 '해청어(海靑魚)'라는 말이 생겼다. 민물 청어와 구별하기 위한 것이다. 말 그대로 '바다 청어'인 것이다. 청어라는 말은 중국에서 먼저 등장했지만, 바다 청어를 일컫는 '청어'의 원조는 조선이었던 것이다.

일본에서 '靑魚(鯖)'는 '고등어'였다

일본에도 고대부터 청어(靑魚), 혹은 청(鯖)이라는 단어가 있었다. 이것은 바다 청어가 아니라 '고등어'를 의미했다. 일본은 고등어를 '사바'라고 하는데, 한자로는 청어(靑魚), 청(鯖)을 사용했던 것이다. 그 연원은 10세기의 『연희식(延喜式)』까지 거슬러 올라간다. 동아시아 3국은 모두 '청어'라는 한자가 있었지만 중국은 민물고기, 조선은 바다 청어, 일본은 고등어로써, 그 의미가 각기 달랐던 것이다. 그렇다면 일본에서는 청어(herring)를 뭐라고 했을까? 일본에서는 청어를 '니신' 혹은 '카도'라고 하는데, 한자로는 '鯡'과 '鰊'을 사용한다. 15세기 중엽부터 마츠마에(松前)에서 청어 어업이 시작되었다는 전설이 있지만, 청어에 대한 최초의 기록은 1548년의 『운보색엽집(運步色葉集)』에 있는 '鯡'라는 단어이다. 다만 본격적인 관심은 17세기 후반에야 보이는데, '鯡'와 '鰊'이라는 한자를 어명으로 주로 사용했다.

'靑魚'와 '鯖'의 분리: 청어=靑魚, 고등어=鯖

그런데 1709년에 간행된 『대화본초(大和本草)』에는 고등어를 뜻하는 '鯖' 외에 또 다른 '靑魚'가 등장한다. 조선과 동일하게 바다 청어를 의미하는 '청어'이다. 『대화본초』에서는 청어의 한자로 '鰊'과 '鯡'가 아니라, '靑魚'를 사용한 것이다. 일본의 본초학을 자립시켰다는 카이바라 에키켄(貝原益軒)은 왜 일본의 한자를 버리고, '청어'라는 한자를 사용했을까? 이에 대한 한 단서는 『대화본초』로부터 7년 뒤에 간행된 『권회식경(卷懷食鏡)』에서 찾을 수 있다.

> 내가 이 물고기를 살펴보니, 『본초강목』에 실린 청어는 이름은 같지만 다른 것이다. 『동의보감』에 실린 청어는 그 형태가 정어리와 비슷하고 길이는 1척 남짓하다. 왜속(倭俗)에 카도노스(加豋能合)라고 하는 것이다. 옛날에 어떤 이가 조선인이 내조(來朝)했을 때, 카도(加豋)를 뭐라고 하는지 물으니 조선인이 청어라고 대답했다.

가스키 규잔(香月牛山)의 말에서 주목해야 할 단어가 있다. 바로 『동의보감』이다. 일본의 학자들은 청어라는 물고기에 대해서 조선 통신사를 찾아가서 직접 확인했던 것이다. 에키켄이 일본의 한자를 버리고 조선의 한자를 사용한 것은 『동의보감』의 영향력 때문이었다.

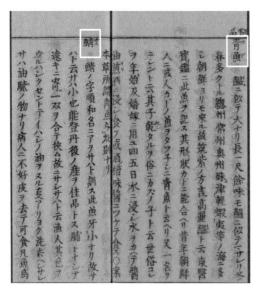

〈그림 4〉 『대화본초』의 청어(青魚)와 청(鯖)

이전까지 고등어를 의미했던 '鯖'과 '青魚'는 에키켄에 의해 각각 '고등어'와 '청어'로 분리되었던 것이다. 『대화본초』의 권위로 인해 '鯖=고등어'과 '青魚=청어'의 분리는 하나의 전통이 되어 근대 이전까지 계속되었다.

청어, '조선 물고기'에서 '동아시아 물고기'로

1718년 중국에 사행 갔던 이관명(李觀命)은 그곳에서 청어를 발견하고, "청어는 우리나라 물고기(我國魚)이다. 이곳에서는 본래 그것이 없었다. 수십 년 이래로 이곳에서도 많이 잡혔다. 이곳 사람들은 처음에 그 이름을 알지 못해서, 조선 물고기(朝鮮魚)라고 했다"고 했다. 16세기 후반 이후 바다에 청어 떼가 급작스럽게 출현하자 중국에서는 이것을 '새로운 물고기(新魚)'라고 했다가, 끝내 조선에서 사용하던 '청어'라는 말을 사용했다. 일본에는 청어를 나타내는 '鰊'과 '鯡'가 있었지만, 18세기부터 19세기 중반까지 조선에서 사용하던 '청어'가 이를 대신했다. 조선의 물고기였던 '청어'는 어느 순간에 동아시아의 물고기로 대표했던 것이다.

2) 대구의 어명 박물학

대구, 또 다른 조선 물고기

대구(Cod)는 청어, 명태와 더불어 대표적인 한류성 어류이다. 이수광은 "대구어는 우리나라 동해에서 나는 것으로 중국에서 나는 것이 아니다. 그런 까닭으로 그 이름이 서적들에 나오지 않는다. 그럼에도 중국인들은 이것을 진미로 여긴다. 북경에 가는 사람들은 그것을 사서 간다"라고 했다. 대구는 동해와 남해에서만 나는 물고기로써 서해에는 나지 않았다. 따라서 중국에서 나지 않는 조선의 대표 산물이었다. 실제로 중국에 사행 갈 때 대구는 중요한 방물로써 진상되었고, 대마도에도 하사품으로 빈번하게 내려졌다. 명대의 학자는 "대구어는 조선에서 난다"고 분명하게 기록했던 것이다. 청어가 조선의 물고기였던 것처럼, 대구도 조선의 물고기였던 셈이다.

'夻', 조선이 만든 한자

'대구어(大口魚)'는 말 그대로 '입이 큰 물고기'이다. 중국에는 대구를 가리키는 한자가 없었다. 허준은 『동의보감』에서 나는데 민간에서는 대구어라고 한다"라고 했다. 대구는 '夻魚'외에도 '吴魚'라고도 했다. 주의해야 할 것은 '夻'라는 글자이다. 중국에 아예 존재하지 않는 글자였다. 18세기 후반, 중국의 문인 이조원(李調元)은 『연서지(然犀志)』에서 "字書를 살펴보면 '吴'자가 있는데 주석에는 '입이 큰 물고기'라고 했다. 조선인이 '夻'라는 글자를 만들었으니, 글은 달라도 뜻은 같다"라고 했다. 중국에는 '吴'자는 있었지만, '夻'자는 없었던 것이다. 이처럼 '夻'는 아예 새롭게 만들어낸 한국 고유의 한자였다.

대구, 조선 후기 서해로 유입되다

조선 후기에는 흥미로운 변화가 나타났다. 서해에도 대구가 출현했던 것이다. 『송남잡지(松南雜誌)』에서 조재삼(趙在三: 1808-1866)은 중국인들이 대구를 얼마나 선호했는지를 다음 같이 묘사했다.

『강희자전』에서 '뭇'라고 했다. 중국에서 나지 않기 때문에 서적들에 보이지 않는다. 우리나라에서는 '大口'라고 한다. 지금 교역 시장에서 중국인들은 대구를 단단하게 만드는데, 대구 한 마리를 방에 던져 넣어주면 방에 들어가서 문을 잠가버린다고 한다. 그들은 대개 대구를 진미로 여기기에 육즙을 좋아하는 파리처럼 맛나게 먹는다. 근래에 서해에서 잡힌다.

대구에 대한 중국인들의 열광을 생생하게 묘사했다. 주목해야 할 것은, 말미에 있는 서해에서도 대구가 잡혔다는 기록이다. 영조 후반기에 편찬된 『여지도서(輿地圖書)』에도 함경도, 강원도, 경상도 외에 충청도와 황해도의 물산에 '대구어'가 기재되어 있다. 어느 때부터였는지, 서해에도 대구가 출현하여 어획되었던 것이다. 그렇다면 중국에는 나지 않았을까?

대구, 중국에도 나타나다

본래 중국에는 대구가 나지 않았다. 그렇지만 중국에도 언제부터인지 대구가 출현했다. 도광 『영성현지(榮成縣志)』에는 지방에서 많이 잡히는 바닷물고기를 소개했는데, "가장 늦게 나타나 겨울을 지나서까지 있는 것은 대구(大口)"라고 했다. '대구'라는 단어가 등장한다. '대두어(大頭魚)'라고도 불린 대구는 청대에는 황해 북부의 주요한 경제 어류였다. 기억해야 할 것은 대구의 어명이 '대구'로써, 바로 조선의 그것이라는 점이다. 본래 대구가 나지 않았던 중국 바다에 '어느 때'부터인지 대구가 출현하자, 이를 조선에서 사용했던 '대구(大口)'를 사용했던 것이다. 조선의 물고기 이름이 중국에도 영향을 주었던 것이다.

일본의 대구=鱈, 일본이 만든 한자

청어처럼 일본에서 대구가 본격적으로 알려졌던 것은 17세기였다. 16세기 후반의 『공경

일기(公卿日記)』에 이름이 나오기 시작하여, 에도시대에 중요한 어업으로 발전했다. 일본에서는 대구를 '타라'라고 하는데, 1629년에 간행된 『의금본초(宜禁本草)』에서 '설어(雪魚)', 42년 뒤의 『열보식물본초(閱甫食物本草)』에는 '설(鱈)'이라는 한자를 사용했다. 히토미 히츠타이(人見必大)는 『본조식감(本朝食鑑)』에서 이렇게 설명했다.

> 설(鱈)은 음은 설(雪)이며 뜻은 타라(多良)이다. '鱈'자는 고서에는 볼 수 없는 것으로 일본에서 만든 것이다. 그렇지만 뜻에서는 서로 보완한다. 일찍이 들으니, 설어(鱈魚)는 겨울 첫눈이 내린 이후에 반드시 많이 잡힌다고 한다. 때문에 글자에 '雪'이 붙은 것이다.

겨울철 첫눈이 내리는 때에 많이 잡히기 때문에 '雪魚'라고 했다는 것이다. '설(鱈)'은 이것을 합친 글자이다. 주목해야 할 것은 '鱈'이라는 한자가 일본에서 만든 글자라는 점이다. 조선에서 '대구(大口)'를 합쳐 '夻'라는 새로운 한자를 만들었던 것처럼, 일본도 대구에 대한 자신들의 고유한 한자를 만들었던 것이다.

'大口', '鱈'을 대신하다

청어와 마찬가지로 17세기까지는 '鱈'이라는 한자가 일본의 대구를 대표했다. 그런데 여기에 새로운 변화가 나타났다. 1699년에 간행된 『일본석명(日本釋名)』에서 에키켄은 '설(鱈)'을 대신해 '대구어(大口魚)'를 사용했다. 10년 뒤의 『대화본초』에서는 '鰊'과 '鯡'를 대신해 '靑魚'를, '鱈'을 대신해 '夻魚'를 채택했다. 청어와 대구의 이름에서 모두 조선의 한자가 사용된 것이다. 그렇다면 에키켄이 일본이 만든 한자인 '鱈'을 대신해 조선의 '大口魚'를 사용한 이유는 무엇일까? 그들은 '타라(鱈)'가 조선의 '대구어'라는 것을 어떻게 알았을까? 히츠타이는 그 과정을 다음같이 말했다.

한국(韓國)에는 대구가 많이 난다. 임술년(1682)에 한인(韓人)이 바다를 건너 내조(來朝)했다. 홍세태(洪世泰)가 부사비장(副使裨將)으로 왔는데, 박물강지(博物强識)했다. 내가 세태에게 '鱈魚'에 대해 물으니, "우리나라에서는 대구어라고 합니다. 북지(北地)에서 많이 잡히는데 햇살에 말려서 그것을 팝니다"라고 했다.

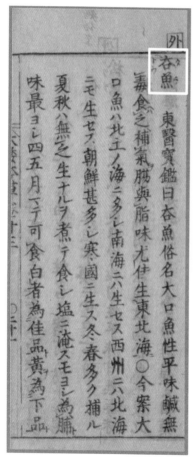

〈그림 5〉『대화본초』의 대구어

일본의 '鱈'이 '大口'임을 확인시켜 주었던 사람은 1682년 조선 통신사의 수행원이었던 홍세태였다. 히츠타이는 '타라(鱈)'의 조선 이름을 조선인을 통해 직접 확인했던 것이다. 에키켄은 『대화본초』에서 '夻魚'를 정식 명칭으로 사용하면서, "『동의보감』에서 夻魚의 속명은 대구어"라고 밝혔다. 청어와 마찬가지로 『동의보감』의 영향을 받은 것이다. 이후부터 일본의 본초서, 어보 등에서는 조선에서 대구를 뜻하는 '大口魚', '旲魚', '夻魚'이 공식 명칭으로 사용되었다.

夻, 일본의 '正字'가 되다

조선과 일본은 대구에 대한 한자를 새롭게 만들어야 했다. '夻'와 '鱈'이 그것이었다. 조선의 학자들도 '鱈'이 일본에서 만든 한자임을 알고 있었다. 일본에서도 '夻는 韓字'라고 하여, 조선에서 만든 한자임을 알았다. 흥미롭게, 이 두 한자는 서로 경쟁했고, 끝내 조선의 한자가 승리했다. 가스키 규잔(香月牛山)은 '夻魚'를 대표한자로 삼으면서 '鱈'이 정자(正字)가 아니라고 했다. 일본식의 한자인 '鱈' 대신에 조선식의 한자인 '夻魚'로 대구의 이름으로 삼았던 것이다. 에키켄도 '鱈'이 일본에서 만든 한자임을 알고 있었다. 그는 일본 고유의 한자에 대해서 대단히 부정적이었다. 에키켄 "구속(舊俗)의 그릇됨을 바루기 위해," 정자(正字)와 정훈(正訓)을 사용하겠다고 했다. 그런 그가 '鰊'과 '鯡'를 대신한 것이 '靑魚'였고, '鱈'을 대신한 것이 '夻魚'였음은 흥미롭다. 일본 본초학이 수립했다는 『대화본초』가 일본에서 만든 한자가 아닌 조선에서 만든 한자를 '정자'로 사용하고 있는 것이다. 그리고 그 영향은 19세기까지 계속되었다.

3) 명태의 어명 박물학

명태, 조선 후기 제일의 물고기

명태(pollock)는 청어, 대구와 더불어 대표적인 한류성 어류이지만, 동아시아에서 그 역사는 청어, 대구와는 많이 다르다. 명태는 분포 범위가 청어와 대구보다 훨씬 북쪽이다. 또한, 서해에 유입된 적이 없기 때문에, 중국에서는 근대 이전까지 명태에 대한 지식이 없었다. 에도시대에는 명태가 나기는 했지만, 중요하게 취급받지 못했다. 중국과 일본이 명태를 주목하기 시작했던 것은 근대 이후의 일이었다. 이에 반해 조선에서 명태는 조선 후기를 대표하는 물고기였다. 명태의 역사에서 조선이 중요한 이유이다.

명태의 어원과 명칭

조선 후기에 명태는 가장 많이 잡히는 물고기로써 전국적으로 공급되었다. 조재삼은 '명태'의 어원과 그 번성함을 다음같이 말했다.

'북어(北魚)'는 우리나라 덕원(德原) 원산도(元山島)에서 난다. 명천(明川)에서는 옛날에 잡히지 않았다. 명천의 '태(太)'씨 성을 가진 사람이 낚시를 하다가 처음으로 북어를 잡았는데, 크면서 살지고 맛난 까닭에 '명태(明太)'라고 이름 붙였다. 겨울에 잡으면 '동태(冬太)', 봄에 잡으면 '춘태(春太)'라 하고, 그 알은 '명란(明卵)'이라고 한다. 대개 물고기 중에서 숫자가 많아서 비록 깊은 산골의 궁벽한 고을이라고 하더라도 물리도록 먹지 않는 곳이 없다.

조재삼은 '명천의 태씨가 잡았다'고 하여 '명태(明太)'라는 말이 만들어졌다고 했다. 유희(柳僖)는 『물명고(物名考)』에서 "북어는 대구어의 작은 것이다. 동해의 북변에서 나기 때문에 이름을 얻었다"고 했다. 서유구(徐有榘)는 생것을 명태, 마른 것을 북어라고 부른다고 했다. 역사적으로 명태는 수요가 컸던 만큼 명칭도 다양했다.

명태와 무태어

'명태'라는 말이 처음으로 등장했던 것은 언제일까? 그것은 17세기 중반이었다. 효종 3년(1652), 강원도의 진상품인 '대구알젓'을 대신하여 '명태알젓'을 바친 것을 문책하면서, '明太'라는 단어가 처음 등장했다. 그렇지만 명태 어업의 연원은 이보다 더 오래되었을 것이다. 멀리는 고려 시대, 가까이는 17세기까지 거슬러 올라간다. 명태 어업의 연원을 밝혀줄 단서로 주목되는 것이 '무태어(無泰魚)'이다. 청어와 대구는 『세종실록지리지』에 이미 기록되어 있다. 그런데 같은 한류성 어류임에도 명태는 전혀 보이지 않는다. 명태로 추정되는 무태어가 처음으로 출현하는 것은 1530년에 완성된 『신증동국여지승람』이다. 이런 사실을 보면 16세기에는 명태 어업이 제법 발달한 것 같다. 다만 이때까지는 함경도의 일부에 잡히는 것에 지나지 않았다. 명태 어업이 발전했던 것은 17세기 후반부터였다. 예컨대 17세기 전반에 간행된 허준의 『동의보감』이나 허균의 『성소부부고』에는 명태에 대한 어떤 흔적도 찾을 수 없다. 당시까지는 중요한 물고기가 아니었던 것이다. 명태 어업은 늦어도 16세기에 등장했지만, 실제로는 17세기 중후반을 기점으로 급속도로 발전하여, 조선 최대 어업으로 성장했던 것이다.

일본의 명태 : 스케토우다라

청어나 대구와는 달리 명태는 중국의 바다나 출현한 적이 없다. 따라서 중국에는 명태를 가리키는 한자가 존재하지 않았다. '명태(明太)'라는 말은 조선 고유의 어명이었다. 일본에서는 명태를 '스케토우다라'라고 한다. 대구(タラ)의 일종으로 본 것이다. 한자는 저(鯳), 좌도설(佐渡鱈), 개당설(介黨鱈), 조종설(助宗鱈) 등이 사용되었다. 일본에서 명태를 가리키는 말이 등장한 것은 17세기 후반이다. 니이카타(新潟)에서 1670년 대구와 명태 어업을 둘러싼 소송에 '鯳(スケト)'라는 단어가 처음 등장한다. 다만 16세기 후반에는 사도(佐渡)에서 명태 어업이 행해졌던 것으로 보인다. 그렇지만 명태는 "형체도 작고, 맛도 나쁜 최하품"으로 여겨졌기 때문에 일본에서는 전혀 주목받지 못한 물고기였다. 조선 후기 전국적으로 공급되어 조선 제일의 어업으로 발전했던 것과는 뚜렷한 대조를 이룬다.

일본의 명태 어업과 조선

일본이 명태에 대해 본격적으로 관심을 가지게 된 계기는 무엇이었을까? 흥미롭게도 여기에는 '조선'이 있다. 1883년 조일 통상 장정의 체결로 함경, 강원, 경상, 전라도의 바다가 일본에 개방되면서 일본 어민들의 조선으로의 진출이 본격화되었다. 초기에 일본 어민들은 대부분 일본 서부에서 진출한 어민들로 이들 한류성 어류는 낯선 것이었다. 그렇지만 일본 어민들이 계속 증가하면서 새로운 어종에 눈독을 들이기 시작했다. 이때 그들이 주목한 것이 명태, 대구, 청어 등의 한류성 어류였다. 그중에서 명태의 조선에서의 수요는 그들을 놀라게 했다. 일본 어민들이 조선의 바다에서 명태를 잡기 위한 시도는 청일전쟁부터 있었다. 그렇지만 본격적인 어업은 1901년부터였다. 일본 정부의 장려정책에 힘입어 지속적인 조업을 시도했지만, 1910년까지 별다른 성과를 거두지 못했다. 오히려 중요한 변화는 일본에서였다.

명란젓(明太子), 일본인의 입맛을 매료시키다

일본에서 명태 어업이 본격적으로 개발되었던 것은 20세기 들어서였다. 1899년부터 북해도에 조업이 시작되어 1903년, 1904년경에는 전업(專業)의 명태 어업으로 발전했다. 에도시대까지 주목받지 못했던 명태가 20세기에 각광을 받은 이유는 무엇일까? 당시 북해도에서 성황을 이루었던 청어 어업이 갑작스럽게 쇠퇴하자 이를 대체할 새로운 어종으로 명태가 떠오른 것이다. 이와 더불어 주목해야 할 것이 있다. 바로 '명란(明卵)'이다. 명태의 밋밋한 맛은 일본인들이 좋아할 수 없는 것이었다. 그렇지만 조선의 명란젓이 일본 어민 및 상인들에 의해 알려지기 시작하면서, 일본인들의 입맛을 매료시켰다. 이로 인해 명태는 일본에서 새롭게 조명되었다. 1907년에 창업한 히구치쇼텐(樋口商店)을 통해 조선의 명란젓이 일본으로 대거 수입되면서 '멘타이코(明太子)'라는 이름이 일본에 정착했다. '명란(明太子)'의 맛에 매료되면서 명태는 1977년까지 일본의 제일 어업으로 성장했다. 일본에서 명태가 각광을 받았던 배경에는 조선으로부터의 '맛의 교환'이 있었던 것이다.

명태의 근대성

'명태'는 조선에서 만들어진 물고기 이름이었다. 청어와 대구와 달리 명태는 근대가 된 이후에야 중국과 일본에 알려졌다. 일본에서 명태는 하찮은 물고기에 지나지 않았지만, 조선에서 전해진 '명란(明太子)'의 '맛'은 일본인을 매료시켰다. 때문에 한국의 '명태(明太)'라는 말이 일본에서도 명태를 의미하고 있다. 중국에서도 명태를 '시아쉬에(狹鱈)'이라고도 하지만, 민간에서는 여전히 '밍타이위(明太魚)'라고 한다. 러시아에서도 명태를 '민타이'라고 한다. 명란젓의 '맛'이 근대를 통해서 일본, 중국, 러시아에 '명태'라는 조선의 어명을 심어주었다.

3. 소빙기의 풍요: 한류성 어종의 부상

1) 한류성 어명의 교류

근세 한류성 어명의 한류(韓流)

〈표2〉 청어, 명태, 대구의 어명(魚名) 박물학

어종	국가	어명(魚名)		
		근세	근대	현대
청어	한	靑魚, 鯖, 肥儒魚, 碧魚	靑魚	靑魚
	일	鰊, 鯡, 靑魚	靑魚→鰊, 鯡	鰊, 鯡 (靑魚)
	중	靑魚, 鯖, 海靑魚	靑魚→鰊, 鯡	鯡魚 (靑魚)
대구	한	大口魚, 呑魚, 吳魚	大口魚	大口
	일	鱈, 大口魚, 呑魚, 吳魚	大口魚→鱈	鱈
	중	大口魚, 大頭魚	大口魚→鱈	鱈 (大口魚)
명태	한	明太, 北魚	明太, 北魚	明太
	일	鯱, 介黨, 須介黨, 佐渡鱈,	鯱, 須介黨, 佐渡鱈, 明太魚	鯱, 須介黨, 佐渡鱈 (明太魚)
	중	×	明太魚	狹鱈 (明太魚)

동아시아 물고기의 이름에서 중국의 한자 어명이 가지는 지배력은 대단했다. 조선의 경우 물고기를 공유하는 황해의 물고기들은 대부분 중국식 한자 어명을 사용했다. 그럼에도 한류성 어류인 청어, 대구, 명태는 조선의 물고기 이름이 중국과 일본에도 영향을 주었다. 조선의 물고기 이름이 동아시아에 공통의 어명으로 사용되었던 것이다. 이른바 '조선 물고기'에서 '동아시아 물고기'로의 변화였다.

근대 수산학의 발달과 청어, 대구의 소멸

19세기 중반까지 조선의 이들 한류성 한자 어명이 일본을 지배했었다. 그렇지만 19세기 후반, 일본은 수산학이 크게 발전하면서 적극적으로 자신들의 어명을 쓰기 시작했다. 조선의 한류성 어류인 청어(靑魚)와 대구(大口)라는 한자 어명은 일본에서 점차로 사라져갔다. 민국 시기 중국도 일본의 근대 수산학의 영향을 크게 받았다. 그 결과 청어와 대구를 대신해 일본의 '鰊'와 '鱈'이 공식적인 어명으로 자리 잡았다. 17세기 이후, 동아시아의 어류 박물학에서 조선의 한류성 어류가 가졌던 지배력은 상실되었던 것이다.

2) 소빙기, 바다, 한류성 어류 어업

소빙기(Little Ice Age)와 한류성 어류

청어, 대구, 명태라는 한류성 어류가 17세기에 동아시아 3국에서 동시에 주목받기 시작했는가를 이해하기 위해서는 보다 근본적인 원인을 찾아야 한다. 바로 기후 변동이다. 지구적인 기후 변동의 역사에서 조선 시대는 '소빙기(小氷期)'에 해당한다. 동아시아의 기후를 살펴보면, 15세기 중반부터 19세기 중반까지 '작은 빙하기(Little Ice Age)'라고 일컬어질 정도로 한랭한 날씨가 계속되었다. 그중에서 17세기는 특히 극심했다. 소빙기의 한랭한 날씨는 해수 수온을 저하시켜 어류의 이동을 가져왔다. 청어, 대구, 명태와 같은 한류성 어종이 대거 남쪽으로 몰려들었던 것이 이런 배경 때문이었다.

청어, 임진왜란을 알리다

17세기를 전후하여 동아시아에 거대한 해양 환경의 변화가 있었음을 증언하는 것이 청어였다. 유성룡(柳成龍)은 『징비록(懲毖錄)』에서 임진왜란의 조짐으로 동해의 물고기가 서해에 출현했던 것을 들었다.

〈그림 6〉『징비록』의 청어 기록

> 또한 동해의 물고기가 서해에서 나서 점차로 한강에 이르렀다. 해주(海州)는 본래 청어가 났는데, 최근 10년 동안 전혀 나지 않고, 요동(遼東)의 바다로 이동하여 났다. 요동 사람들이 그것을 '신어(新魚)'라고 했다.

유성룡은 동해에서 나던 한류성 어류가 서해로 대거 유입되었고, 조선의 서해에서 나던 청어가 중국의 요동으로 이동했다고 지적했다. 이수광도 1570년을 전후하여 서해의 청어가 '산동'의 바다에서 나고 있다고 했다. 16세기 후반부터 동해의 한류성 어류가 서해로 유입되는 거대한 해양 환경의 변화가 있었던 것이다. 이런 현상은 18세기 전반까지 이어졌다.

중국의 '신어(新魚)'와 '청어죽(靑魚鬻)'

유성룡과 이수광의 말에 따르면, 16세기 후반에 서해의 청어가 중국의 요동과 산동의 바다로 대거 이동했음을 알 수 있다. 요동 사람들이 청어를 '신어(新魚)'라고 했다는 것은 그들의 당혹감을 보여준다. 중국에서 바다 청어를 지칭하는 '청어탄(靑魚灘)'이 처음으로 등장했던 것이 이때였다. 요동에서 '해청어(海靑魚)'라는 말을 사용했던 것도 이 낯선 '신어'를 민물 청어와 구별하기 위한 것이었다. 이후에 중국에서 청어 어업의 발전은 눈부셨다. 학의행(郝懿行)은 "그물을 치는 것이 매우 많아 무려 천만에 이를 정도이니, 사들이는 사람들이 그것을 천하게 여겼다"고 했다. 송완(宋琬)은 바닷가 사람들은 이것으로 식사를 대용하여, 이것을 '청어죽(靑魚鬻)'이라고 불렀다고 했다. 16세기 후반부터 출현한 '낯선 물고기'는 이후 3백여 년 동안 중국인을 살찌웠던 것이다.

일본의 청어 어업과 '기타마에부네(北前船)'

일본에서 청어 어업은 더욱 눈부셨다. 청어 어업이 본격화한 것은 마츠마에(松前)번이 홋카이도에서 청어 어업을 시작했던 17세기였다. 18세기에는 에조 깊숙이까지 어업이 확대되면서, 전국적인 유통망을 통해 일본 전역에 판매되었다. '청어알(カドノコ)'은 귀족들에게 공급되는 고급 음식이었지만, 나머지는 너무나 흔해 천민(賤民)이나 고양이의 먹이로 사용될 정도였다. 특히 기타마에부네(北前船)를 통해 전국적으로 유통되는 어비(魚肥)는 근세의 농업혁명을 불러왔다. 에조와 오사카를 잇는 거대한 교역망은 에도시대의 상업발전에 결정적인 작용을 했다. 당시 사람들은 알 수 없었겠지만, 이것은 소빙기가 동아시아에 가져다준 '혜택'이었다.

'왜대구'의 탄생

이러한 변화가 대구에게는 없었을까? 조선 전기까지 대구는 동해와 남해에서만 나는 물고기였다. '어느 때'부터인지 서해에도 출현했다. 오늘날, 수산 학자들에게 서해에서 잡히는 몸체가 작은 이른바 '왜대구'는 하나의 미스터리이다. 주목해야 하는 것은 역시 『징비록』의 기록이다. 유성룡은 동해의 한류성 어류가 서해로 유입되었다고 했는데, 그때 대구도 유입되었던 것은 아닐까? 이와 관련하여 유성룡과 동시대를 살았던 고상안(高尙顔)은 다음과 같이 흥미로운 기록을 남겼다.

대구어는 동해에서 나는 것이다. 백여 년 전에 점차로 남해에서도 났다. 50~60년 전에는 또한 서해에서도 났다. 다만 점차로 잘아져서 동해에서 나는 것만 못하다.

고상안은 동해에서만 나던 대구가 1백여 년 전에는 남해에서 나고, 50~60년 전에는 서해에서도 났다고 했다. 동해의 대구가 남해를 거쳐 점차로 서해로 옮아가고 있는 것이다. 16세기 후반에 대구가 서해로 대거 유입되었던 것이다. '왜대구'의 기원이 이때부터 시작되고 있는 것이다.

〈그림 7〉 홋카이도 에사시(江差)의 청어어업

중국, 황해의 대구를 잡다

17세기를 전후하여 대구가 서해로 유입되었다는 사실은 허균의 기록에서도 확인된다.

그는 "대구는 동해, 남해, 서해에서 모두 난다. 북해에서 나는 것이 가장 크고 누른색이며 두껍다. 동해에서 나는 것은 붉고 작은데 중국인들이 가장 좋아한다. 서해에서 나는 것은 더욱 작다"라고 했다. 소빙기로 인해 해수 저온현상이 초래되자, 동해의 한류성 어류들이 대거 서해로 유입되었던 것이다. 대구는 본래 중국에서 나지 않았기 때문에 중국에는 대구에 대한 이름이 따로 없었다. 17세기를 전후하여 대구가 서해로 대거 유입되고, 어느 때부터인지 중국에도 대구 어업이 시작되었다. 늦어도 19세기 전반에는 '대구(大口)'라는 어명이 중국의 지방지에도 보인다. 조선에서만 구할 수 있었던 대구를 직접 잡을 수 있게 되었던 것이다.

일본의 대구 어업

일본에서 대구 어업도 청어와 마찬가지로 17세기에야 본격적으로 개발되었다. 히츠타이는 대구는 "동, 서, 남해에는 보이지 않고, 단지 북해(北海)의 해변에 많이 출현한다"고 했다. 북해도에 주로 서식하던 대구가 에도시대에는 혼슈의 동해 방면으로 남하한 것은 대구 어업 발전의 한 계기였다. 가가(加賀), 후쿠이(福井)에서는 겨울의 특산품으로 쇼군에게 헌상되었고, 17세기 후반에는 조정에서도 상찬하여 북국(北國)의 다이묘들이 앞다투어 헌상했다. 대구는 담백한 맛으로 에도 사람들이 정월에 그 성찬을 즐겼다.

소빙기와 명태 어업

같은 한류성 어류이지만 명태의 역사는 청어나 대구와는 달랐다. 명태는 분포지역이 청어와 명태보다는 북쪽이었기 때문에 한류가 강했을 때에도 서해로는 유입되지 않았다. 주목해야 할 것은 소빙기 동안 동해에서 분포지역이 남하했다는 사실이다. 조선 전기에는 함경도의 경성과 명천에서만 나던 명태는 17세기 이후에는 강원도까지 내려왔다. '명태'라는 단어가 등장한 것이 17세기라는 점은 이러한 해양 환경의 변화를 반영한 것이다. 서유구는 명태를 "사시사철 모두 잡을 수 있다"고 했다. 그는 "우리나라 팔도에서 번성하게 유통되는 것은 오직 이 물고기가 청어와 더불어 으뜸"이라고 했다. 한류성 어류인 명태가 청어와 더불어 조선 후기에 가장 중요한 물고기가 되었던 것은 소빙기라는 기후 변동 때문이었던 것이다.

한류성 어종, 소빙기의 풍요

17세기 이후, 이들 한류성 어류가 동아시아에 중요하게 부상하게 된 것은 '소빙기'의 관점에서 의미가 깊다. 소빙기의 한랭화 현상은 '지구적인 위기'를 초래했다. 그렇지만 이런 한랭화 현상은 다른 한편으로 이들 한류성 어류의 확대를 가져왔다. 이들 물고기들은 심산유곡(深山幽谷)의 가난한 백성까지 풍족하게 먹을 수 있게 했다. 소빙기의 '위기' 속에서도 이들 한류성 어류는 동아시아를 풍요롭게 했던 것이다. 중국과 일본이 청어, 대구, 명태라는 조선의 어명을 사용했던 것은 이들 물고기에 대한 지식이 일찍부터 발전했던 조선으로부터 중요한 정보를 얻기 위한 것이었다.

지구 온난화 앞에서

한편, 19세기 후반부터 온난화가 지속되면서 성해응이 우리의 '북해'에서만 난다고 했던 청어, 대구, 명태, 도루묵은 20세기 후반에는 우리 바다에서 사라져갔다. 한류성 어류의 북진(北進)현상은 중국과 일본의 바다에서도 뚜렷하게 나타났다. 오늘날 이들 한류성 어류의 공급은 훨씬 북쪽의 베링 해에 의존하고 있는 실정이다. 청어, 대구, 명태의 개체 수가 급격하게 감소한 것은 남획이 주요한 한 원인이다. 그렇지만 보다 거시적으로, 이들 물고기가 동아시아의 바다에 대거 몰려들었다가 현재는 거의 사라져버린 것은 지구적인 기후 변동을 반영하고 있다. 청어, 대구, 명태의 어명 박물학은 이러한 역사를 증명하고 있다. 이들 물고기들은 지구적인 기후 변동의 '무언의 증언자들'인 셈이다.

Ⅱ

만재도의 어로 관행

곽유석 | 前 국립해양문화재연구소 해양유물연구과장

전남 진도에서 출생하여 국립해양문화재연구소 해양유물연구과장을 역임했다. 뉴욕시립대학교에서 인류학과 석사학위를, 국립목포대학교 한국지방사학과 박사 학위를 취득했다. 국립해양유물전시관에서 전시, 유물관리, 사회교육 등을 연구하고 있으며 특히 22년간 섬 문화유산조사 연구(어로도구, 해양민속 등)하고 있다. 저서로는 『고려선의 구조와 조선기술』 민속원 2012 등이 있고, 주요 논문은 「난파선 출토 목제 조새 소고」 『해양문화재』 제6집, 2013 등 40여 편 등이 있다.

1. 개요

만재도는 전남 신안군 흑산면에 속하며, 목포에서 서남쪽으로 105㎞ 떨어진 작은 외딴섬
이다. 면적은 0.63㎢이고, 해안선 둘레는 5.5㎞, 인구는 2007년 조사 당시 47가구 109명이
었고 2016년 현재는 94명이 거주하고 있다. 주 생업은 해조류 채취, 주낙질, 해녀작업 등 어
업이며 그중에서도 미역 채취가 가장 성하다. 마을 허가 어장은 100㏊에 어선 31척을 보유
하고 있었다. 경지면적은 59㏊인데 이중 밭이 8㏊, 임야가 51㏊로 논이 없으며 그나마 밭도
규모가 작다. 따라서 만재도는 전통적으로 어업에 종사하는 어촌 섬이다.

섬 주변 어장에서는 1960년대까지 가라지(전갱잇과 물고기)가 대량으로 잡혀 섬 일대에
는 '가리지 파시'가 형성되어 번성의 시기를 누리기도 했다. 파시는 바다와 섬에 형성되는
전통 수산물 시장으로, 우리나라 유명한 파시는 연평도 조기 파시, 위도 조기 파시, 흑산도

〈그림 1〉 만재도 전경

고래 파시 등이 있다.

1960년대 후반 가라지 파시가 사라지면서는 해조류 채취와 주낙을 이용한 어로 작업이 주요 생업이다. 봄, 가을에는 주낙이나 낚시를 이용한 우럭, 장어, 불복락 등을 잡는다. 여름에는 어촌계 공동작업에 의한 미역, 톳 등 해조류 채취와 해녀 작업에 의한 전복, 홍합, 해삼 등을 잡아 올린다. 만재도 주변이 모두 어장으로 이곳 주민들은 소규모 어선을 가지고도 충분히 어로 활동을 했다.

이 글은 2007년 만재도 현지 조사한 내용을 바탕으로 재구성했으며, 2016년 6월 1일 국립해양박물관에서 「해양로에서 바다로」 프로그램의 하나인 '전통 어로 관행(만재도)'이라는 주제로 강연한 내용을 중심으로 꾸몄다.

2. 어로 관행

1) 가라지잡이

만재도는 섬 주변에 여가 발달되어 물고기 서식처로 안성맞춤이다. 특히 가라지가 집중적으로 잡히는 어장으로 유명한 곳이었다. 1930년대에는 가라지가 하도 많아 배 위에서 참대로 작살처럼 찔러 잡기도 했다고 한다. 그러나 주로 '손낙수'라는 줄낚시로 가라지를 잡았다. 손낙수는 긴 줄에 낚싯바늘 8~12개 정도 매단 낚시인데, 줄은 자새라는 나무틀에 감아 놓는다. 손낙수 규모는 길이 27㎝, 너비 15㎝이다.

가라지 잡이는 6월부터 10월까지 행해지는데, 보통 바닷물 흐름이 약한 조금 무렵에 작업을 한다. 새벽에 바다로 나가 해질 때까지 작업을 하며, 썰물 때는 여 주변에서 낚시를 내

〈그림 2〉 손낚수

리고 민물 때는 여를 조금 벗어나 작업을 한다.

　어로 방법은 낚싯줄을 바다에 넣고 오르락내리락하면 가라지가 낚시 바늘을 물게 된다. 수심은 30~40m로 봉돌이 해저 면에 닿으면 잡아 다니고 다시 내리고 하는 동작을 반복한다. 바닷물이 맑으면 미끼 없이 낚싯바늘만 넣고, 물이 흐리면 잡은 가라지를 토막 내어 미끼로 바늘에 끼워 물속에 넣는다. 손에는 장갑 대용으로 헝겊을 감아 줄을 당기고 내리는 작업을 하였다. 보통 하루에 배 1척에 3명의 인원이 작업하여 1,200~1,500마리 정도 가라지를 잡았다.

　잡은 가라지는 어로 작업에 참여한 사람들이 똑같이 분배하였고, 배를 소유한 사람은 배 몫으로 1몫을 더 받았다. 어장으로 가라지를 사러 다니는 상고선에 넘길 때는 현금으로 나누고, 팔 지 못했을 때는 현물을 나누었다.

　물고기를 집으로 가져오면, 배를 따고 소금을 뿌려 염장을 하여 말린다. 이렇게 말린 가라지는 땅을 파서 만든 '간독'이라는 저장고에 저장하였다. 주민들은 이 염장된 가라지를 가을 추수기에 목포나 영산포 또는 인근 항포구에 내다 팔아 쌀과 생필품을 구입했다.

2) 주낙 어로

　주낙이란 긴 낚싯줄에 수백여 개의 낚싯바늘을 매달아 물고기를 잡는 어로 도구이다. 낚싯줄은 300~400m 정도이며, 여기에 100~120여 개의 낚시 바늘을 매단다. 이 주낙은 원형 목제 틀에 가지런히 정리해 놓으면 주낙 한 세트가 완성된다. 원형 목제 틀 직경은 48~55㎝이고 높이는 12cm 정도이다. 현지에서는 이 한 세트를 '한 바퀴' 또는 '한 고리'라고 한다. 배 1척이 보통 20바퀴 정도를 싣고 다니며 바다에서 작업을 한다.

〈그림 3〉 주낙

어로 작업은 물 흐름이 없는 정조 때 주낙을 바다에 투입하고, 약 3시간 후에 걷어 올리는데, 우럭, 장어, 농어, 볼볼락, 상어 등이 잡힌다. 미끼로는 고등어 토막을 끼운다. 하루에 두 번 작업이 가능하고 주낙 한 바퀴에서 20㎏ 정도의 물고기를 잡았다. 계절적으로 봄, 가을이 주낙 어로 작업 시기이다.

작업 인원은 2~3명으로 주로 가족끼리 구성된다. 역시 잡은 물고기는 말리거나 염장을 해서 저장해두었다가 팔거나 필요시 사용한다.

3) 미역 채취

미역 채취는 여름에 이루어지는 어업 중 가장 비중이 큰 작업이다. 작업은 6월에서 7월 사이에 이루어지는데, 만재도 주변의 작은 바위섬이 주 채취 구역이다. 미역 채취는 마을 어촌계원들 모두 참가하여 공동작업, 공동분배의 형태로 이루어진다. 예전에는 갑똠, 을똠 등

〈그림 4〉 미역 채취

〈그림 5〉 채취한 미역 배에 싣기

〈그림 6〉 미역 만선기를 꽂고 마을로 향하는 주민들

두 개의 작업 조직이 있었으나 현지조사 당시는 인구의 감소로 인하여 하나의 조직으로 통합하여 운영되고 있었다. 똠은 미역 채취 작업반의 소속 단위이며, 채취 구역도 이 똠별로 나누어져 있다. 외지인이 똠에 가입하기 위해서는 1971년 당시 쌀 세 가마를 가입비로 냈다고 한다.

미역 채취는 물이 많이 빠지는 사리 무렵에 한다. 작업 날을 받으면 어촌계 총무는 그 전날 주민들에게 알려주고 작업 준비를 하게 한다. 소형 어선 3~4척에 작업 인원 30여 명이 나누어 타고 주변 바위섬으로 간다.

어촌계원들 중 여자들이 발목까지 바닷물에 빠져 바위에 붙은 미역 줄기를 낫으로 베어내 주변 바위에 걸쳐놓는다. 남자들은 미역이 어느 정도 쌓이면 배를 바위에 대고 싣는다. 한 바위섬에서 작업이 끝나면 배를 이용하여 사람들을 다른 바위섬에 옮겨다 준다. 여자는 미역을 베어내고 남자들은 운반하고 배를 이동시키는 일을 함으로써 철저하게 남녀 분업이 행해진다. 이렇게 한 시간 반 정도 작업을 하면 각 배에 미역을 가득 싣게 되고, 마을로 돌아온다. 마을로 돌아올 때 만선을 알리는 깃발을 올리게 되는데, 대나무에 미역을 묶어 선수에서 높이 들어 마을에서 볼 수 있도록 한다.

배가 해변 자갈밭에 도착하면 대기하고 있던 사람들이 미역을 배에서 끌어 내린다. 그리고 미역을 대야에 담아 건조장 앞으로 운반한다. 나이 들어 바다에 나가지 못하는 노인들이 뭍에서 미역을 운반하는 역할을 한다.

〈그림 7〉 채취한 미역을 마을 해변에 내리는 모습

건조장 앞에서는 건조 받침대인 미역 틀에 가지런히 정리하는 작업이 이루어진다. 가지런히 틀에 놓인 미역을 건조 기계에 넣으면 7~8시간 정도 후에 건조 미역이 완성된다. 불과 몇 년 전만 해도 해변 자갈밭에 자연 건조를 시켰는데, 이때는 이틀 정도 말려야 완성품이 된다. 자연 건조 시는 채취 하루, 건조 이틀 해서 삼 일

〈그림 8〉 건조미역 분배

의 일기를 보고 미역 채취를 하였다.

건조 기계에서 말린 미역은 주민들에게 똑같이 나눠진다. 어촌계는 아무리 적은 양이라도 철저하게 공평하게 각자 몫을 나누어준다. 그날 생산한 양을 작업에 참가한 사람 수로 나누어 한몫씩을 주는데, 나이 들어 바다 작업에 나갈 수 없는 노인들에게는 반 몫을 준다. 반 몫 분배는 일종의 사회보험으로, 마을 구성원들이 최소한의 수입이라도 얻게 하여 생활할 수 있도록 한 것이다. 이는 공동작업, 공동분배의 공동체적인 삶의 원형을 보여주는 것이며, 그 사회를 유지하기 위한 세심한 내부 규칙이 관행화된 것으로 현재 우리 사회에 시사하는 바가 크다. 만재도를 비롯한 어촌마을에서 공동작업과 공동분배가 가구 단위로 이루어지기 때문에 가능하면 일찍 결혼하여 바로 분가하는 것이 유리하다. 결혼해서 독립하면 한 가구의 몫을 받을 수 있다.

미역은 한정된 짧은 시기에 집중적으로 채취해야 하는 속성상, 마을 전체 주민이 다른 일은 다 제쳐놓고 미역 채취에만 매달린다. 때를 놓치면 난류가 들어오고 태풍이 들이닥쳐 미역이 녹아 바위에서 떨어져 나가버리기 일쑤다. 또한 여름철 장마철과 채취 시기가 겹쳐 미역 채취 날을 받기가 어렵다. 그래서 한번 작업을 나가면 어촌 계원 전체가 나선다. 이곳 자연 생태계와 밀접한 영향에 놓인 미역 채취 작업은 이러한 공동작업, 공동분배의 형태가 지속될 수밖에 없다.

만재도 미역을 특히 '기생곽'이라 한다. 이는 장마와 태풍 철이 미역 채취 시기와 겹치니, 짧은 일조량에도 잘 마를 수 있게 미역을 얇고 작게 해서 말리는 것에서 유래되었다. 즉 얄팍하고 작아 예쁘게 생긴 미역이라 기생곽이라는 이름이 붙었다. 이곳 생태계에 적응하는 만재도 사람들의 생활문화이기도 하다.

4) 홍합 채취

만재도 주변 바위섬에는 홍합이 많이 서식한다. 이곳 홍합은 크고 양도 많아 제법 수입원으로 삼을 수 있어 미역 채취와 함께 공동작업을 한다. 역시 어촌계에서 날을 받으면 주민들이 나와 배를 타고 홍합 채취 장소로 이동한다. 배 1척에 7~8명의 주민을 태우고 가는데, 주민들은 홍합 따는 도구로 빗창과 담아올 포대를 지참한다. 바위섬에 배를 대고 주민들을 내려주면 급경사의 바위에 붙어 홍합을 채취한다. 주로 여자들이 홍합을 따고 남자들은 배를 움직이고, 따놓은 홍합 포대를 운반한다.

이런 작업은 2~3시간 지속되는데, 물이 어느 정도 들어 수위가 높아지면 끝마친다. 채취

〈그림 9〉 홍합 채취

한 홍합은 미역과 달리 채취한 사람이 모두 가져간다. 한 사람이 많으면 포대로 3~4개씩을 채취한다. 마을로 돌아오면 바닷가에서 홍합 껍데기를 까서 알을 냉동고에 보관하여 개인적으로 판매하거나 친척들에게 보낸다.

5) 해녀 작업

만재도는 지리적으로 육지와 멀리 떨어져 있고, 섬 주변의 파도가 세어 인근 지선 어장에서 양식 어업이 이루어지지 않고 있다. 따라서 이곳에서는 전통적인 작업 방식으로 자연산 해조류와 패류를 채취하고 있다. 물속에 있는 전복, 해삼 등을 채취하기 위해 일찍부터 이곳

〈그림 10〉 해녀 물질

〈그림 11〉 태왁과 망사리

〈그림 12〉 빗창

출신 자생 해녀들이 물질을 하였다. 미역, 톳 등 자연산 해조류는 해안 바위에서 서식하기 때문에 일반 주민들이 채취할 수 있지만, 물속 10~20m 깊이에 있는 전복, 해삼, 성게 등을 따기 위해서는 전문 잠수가인 해녀들이 필요하다.

만재도에는 조사 당시 6명의 해녀가 있었는데, 대부분 50대 여성들이었다. 예전에는 집집마다 물질을 안 하는 사람이 없을 정도로 그 수가 많았지만 인구의 고령화와 감소로 해녀들의 숫자가 현저히 줄어들었다.

해녀들의 작업 시기는 봄부터 가을까지이며 겨울은 수온이 낮고 파도도 세서 작업을 중단한다. 해녀의 도구는 해녀복, 빗창, 태왁과 망사리 등 비교적 단순하다. 해녀복은 예전에는 삼베나 무명 옷감으로 만들어 입었는데, 지금은 고무옷을 입고 오리발을 착용한다. 빗창은 전복을 바위에서 떼어내는 도구로 길이 25~30㎝, 폭 3~4㎝ 되는 긴 쇠붙이로 끝이 뾰족하다. 태왁은 망사리에 담아놓은 해산물을 가라앉지 않게 해주는 부유물로 예전에는 박 속을 파내고 만들어 사용했다. 지금은 스티로폼으로 만들어 사용한다. 망사리는 해녀가 잡은 전복 해삼 등을 넣어두는 그물망이다.

해녀들의 작업 체계는 두 가지가 있다. 하나는 어촌계에 소속되어 물질을 해서 잡은 양을 해녀 6, 어촌계 4의 비율로 나누는 것이다. 어촌계 4할 중 배를 제공하고 운영한 사람에게 1할을 준다. 대부분 어촌 계장이 배를 운영한다. 또 하나는 만재도 주변의 어장 즉 전복, 해삼 채취권을 일정한 사람에게 대여하는 것이다. 이는 입어권을 개인에게 입찰을 부쳐 판매하는 것인데 보통 2~3년 계약을 한다. 입어권을 산 사람은 그 기간 동안 최대한 생산량을 늘려야 하기 때문에 숙달된 해녀들을 고용하여 팀을 짜서 작업을 한다. 현지에서 해녀를 고용하지 못하면 제주도나 외지에서 구한다. 입어권을 대여한 사람은 대부분 배를 가지고 있는 선주인데, 그는 배를 대고 해녀들의 숙식을 제공한다. 생산량은 해녀 5, 선주 5의 비율로 나눈다.

만재도에서는 입어권을 마을 주민 1인에게 대여해 왔지만, 2007년부터는 어촌계에서 관리하여 직접 마을 해녀들을 동원하여 해산물을 채취하고 있다. 이는 자원 고갈을 막고 어장을 황폐화 시키는 것을 막기 위한 조치라고 한다.

3. 맺음말

만재도는 육지와 멀리 떨어진 외딴섬이다. 목포에서 뱃길로 5시간을 가는 먼 곳이기 때문에 고립성과 함께 전통성과 제법 많은 문화원형을 갖고 있는 섬이기도 했다.

이곳의 주 어로는 전통적으로 손낚수, 주낙을 이용한 가라지, 우럭, 농어, 장어 등을 잡았고, 바위에 붙은 미역과 톳 등 해조류와 전복, 홍합, 해삼 등 해산물을 채취했다. 손낚수는 주낙으로 바꾸어 계속적으로 낚시를 이용한 어로 방법으로 우럭, 농어, 상어 등을 잡고 있다.

미역과 해산물 채취에는 전통 방식인 공동작업과 공동분배의 원칙이 철저히 지켜지고 있었으며, 어장의 공동소유 원칙이 여전히 강하다. 이 마을 주민 누구 하나 소외됨이 없이 바다의 생산물을 분배받는 혜택을 누리며, 노동력이 없는 사람에게도 반 몫을 나누어 줘, 함께 사는 공동체 정신을 여실히 보여주고 있다. 이것은 어촌 공동체의 문화원형이기도 하다.

만재도는 낙도이고 작은 공동체 마을이지만 그들 내부 사회질서를 위한 정교한 장치들이 만들어진 작은 세계이다. 마을 총회 규약은 마을의 일 아주 작은 것까지 합리적이고 효율적으로 만들어진 일종의 그들만의 법전이다. 지금은 우리 사회에서 찾아볼 수 없는 공동체 문화 정신이 깃든 만재도의 생활문화는 그래서 더 소중한 것 같다.

Ⅲ

우리 생선 이야기

옥영수 | 한국해양수산개발원 수산업관측센터장

국립부경대학교 경제학 박사학위를 취득하였으며 한국농촌경제연구원 책임연구원으로 활약하였다. 국무총리실 규제 개혁기획단 전문위원과 한국김연구회 회장을 역임했으며, 현재 한국수산경영학회 부회장, 한국해양수산개발원 연구 위원과 수산업관측센터장으로 활동하고 있다.

1. 우리 민족과 생선

우리 민족의 삶에 있어서 생선은 떼려야 뗄 수 없는 관계에 있다. 유라시아 대륙의 한복판 바이칼에 기원을 둔 우리 민족이 시베리아를 거쳐 최종 정착한 한반도 부근은 그야말로 물고기 천지였다. 수많은 강과 하천에서는 민물고기와 조개류가 넘쳐났고, 삼면의 바다에서는 철 따라 다양한 어종들이 회유해 왔다. 오늘날 한반도 주변 수역은 세계 4대 어장의 하나로 일컬어지고 있다. 캄챠카 반도에서 대만에 이르는 수역이 세계 4대 어장의 하나인 북서태평양 어장인데, 그 한가운데 한반도가 속해 있는 것이다.

그래서 우리 민족은 일찍부터 다양한 수산물을 중요한 먹거리로 활용해 왔다. 그런 사실은 연안이나 강가에서 수없이 발견되고 있는 조개무지와 수산물 포획용 석기 유물을 통해 쉽게 알 수 있다. 하지만 농경시대로 접어들면서 수산물은 생존을 위한 주식 개념에서는 차차 멀어지게 되었다. 쌀의 농업 생산성이 매우 높았기 때문이다. 그런 관계로 우리나라를 비롯한 극동지방에서 수산물은 점차 식도락이나 미식의 방편으로 승화되어 왔다.

이는 서양 역사에서 수산물이 생존의 수단으로 활용되어 왔던 것과 큰 차이가 있다. 청어나 대구가 그 예가 된다. 중세 이후 산업 혁명 초기까지 감자와 청어가 없었다면 유럽은 존재하지 않았다고 할 정도로 청어와 대구는 단백질 공급원으로서 중요한 역할을 하였다. 그렇기 때문에 오늘날에도 유럽에서 먹는 생선의 종류는 매우 한정적이다. 문어나 오징어와 같은 연체류도 식용으로 하는 지역은 지중해 인근 지역에 불과하다. 뱀장어도 대단한 혐오 식품으로 인식되고 있다. 따라서 생선은 일부 어종에 대해서 선호가 집중되는 경향이 있다.

이에 비해 우리의 몸속에는 수산물 선호의 뿌리가 무차별적으로 자리하고 있다고 할 수 있다. 선사 시대부터 하천이나 연안에서 다양한 수산물을 먹거리로 이용해 온 관계로 몸속의 DNA가 수산물 친화적으로 체화된 데 그 원인이 있는 것이 아닌가 한다. 거기다 우리나라와 중국의 경우는 풍류를 즐기는 선비문화가 발달하여 이것이 식도락과 결합된 것도 다양한 수산물을 선호하는 원인이 된다고 할 수 있다.

일찍이 공자가 회를 논하고, 소동파가 농어와 쏘가리를 찬하는 것이 그것을 방증하고 있다. 또 우리나라의 경우에도 허균이나 연암 박지원과 같은 당대의 석학들이 다양한 수산물에 대한 식견을 피력한 것만 보아도 수산물은 미식의 단계를 넘어 풍류의 한 방편으로 삼았다는 것을 알 수 있다.

그리하여 우리나라나 중국에서는 수산물을 이용한 요리가 매우 다양하게 발달하였다. 같은 어종이라 하더라도 지역과 계절에 따라 다양한 명칭을 사용하고 있고, 지역 특성에 맞는 독특한 요리법을 개발하여 전승되어 왔기에 그러한 명칭과 음식을 학습하고 발굴하는 것 자체가 중요한 민속학의 대상이 되고 있다. 오늘날 수산물의 기본 요리법은 날로 먹는 생선회를 비롯하여 찌고, 굽고, 삶고, 볶고, 데치고, 말리고, 훈제하는 다양한 방법을 구사하고 있다. 심지어는 일차적으로만 요리하는 것이 아니라 재료를 다양하게 발효시켜 상기의 제 방법들을 다시 사용하는 이차적 단계까지 진화됨으로써 음식 종류와 맛의 지평을 넓히고 있다.

이런 점에서 우리의 수산물 소비 관습과 그 요리법 하나하나는 소중한 문화생활의 하나라 하지 않을 수 없다. 그렇기 때문에 우리의 수산물을 단순히 아는 것만이 아니라 그것을 이용한 다양한 음식 문화의 깊이를 체험하고, 나아가서는 길이 보전하고 발전시켜 나가야 하는 것은 우리의 무형의 자산을 보전 발전시켜 나가는 것이라 할 수 있다.

2. 귀한 생선 이야기

〈그림 1〉 방어

우리 주위에서 흔히 접할 수 있는 생선의 종류는 매우 많기 때문에 몇 가지 기준을 가지고 분류하는 것이 좀 더 재미있을 듯하다. 그 첫 번째가 우리나라에서 귀하게 대접받는 생선을 골라 보았다. 여기에 속하는 생선으로는 방어, 삼치, 병어와 같은 것을 들 수 있다.

이중 방어는 찬바람이 불어오는 겨울 초입부터 바닷가에서 귀한 고기로 대접하고 있다. 방어라고 하지만 크기에 따라 그 이름이 다르다. 그래서 일반적으로 방어라고 하는 것은 5kg 정도 이상을 말하며, 특히 9~10kg을 넘는 것을 대방어, 그 사이를 중방어라고 한다. 작은 방어는 방어라는 명칭을 사용하지 않고, 지역에 따라 여러 다른 이름으로 부르고 있으며, 귀하게도 여기지 않는다. 그렇기 때문에 여기서 말하는 방어는 적어도 5kg 이상 되는 것을 말한다. 왜 그런가 하면 큰 방어일수록 먼 바다를 돌아다니며 많은 먹이를 먹어 지방의 풍미가 한층 높아지기 때문이다.

방어는 찬바람이 불어오는 11월경부터 제주도와 같은 남쪽에서 많이 나기 시작한다. 좀 더 겨울이 깊어지면 해류를 따라 강원도까지 북상하는데, 연안에 쳐 놓은 정치망(定置網)에서 잡힌 것을 상품으로 친다. 그 외 채낚기로 잡은 것도 몸에 상처가 없기 때문에 고급품에 들며, 저인망과 같은 끌그물에 잡히면 어체에 상처가 나기 때문에 상품 가치가 크게 떨어진다.

삼치를 보자. 삼치는 일반인들에게는 구이 정도로만 알려져 있다. 하지만 남도 사람들, 특히 전라도 해안가 사람들에게 삼치회는 방어에 못지않은 고급회로 인식되고 있다. 더구나 여수 서쪽에서 완도까지, 특히 나로도에서 거문도 사이에서 잡히는 삼치는 불과 10여 년 전까지만 해도 거의 전량 일본으로 수출되었기 때문에 일반인들이 맛보기는 정말 어려운 생선이었다. 여기서 삼치를 말할 때도 방어와 마찬가지로 4~5kg 이상의 큰 삼치만을 삼치라고 한다. 그보다 작은 크기의 삼치는 대량으로 어획되어 그야말로 구이용으로만 쓰이기 때문에 여기서 말하는 고급 어종으로서 삼치라고는 할 수 없다. 대체로 명칭도 별도의 이름으로 부르고 있다.

삼치회도 방어와 마찬가지로 활어보다는 선어로 많이 먹는다. 이는 삼치가 아직 양식이 되지 않을 뿐 아니라 활어로 유통시키기가 어렵기 때문이다. 다른 횟감도 마찬가지지만 우리는 회라고 하면 활어를 우선시하지만 정작 회 맛을 내는 것은 활어보다 선어가 더 좋다. 이는 횟감이 죽은 후 일정한 시간이 지나면 단백질이 숙성되기 때문이다. 적당히 숙성된 회라야 제대로의 감칠맛이 나는데, 이런 점에서 회라고 하면 반드시 활어를 먹어야 한다는 고정관념은 버려야 할 것이다.

삼치는 10월부터 그 다음 해 2, 3월까지가 주로 잡히는 계절이다. 겨울철 선도 좋은 삼치를 회로 떠서 먹으면 입안에서 사르르 녹는 듯한 감칠맛을 느낄 수 있다. 삼치 회 맛도 방어와 마찬가지로 크기에 따라 달라진다. 클수록 삼치 본연의 맛을 느낄 수 있는데 좋은 횟감으로는 70~80cm 이상 되는 것이어야 한다. 삼치는 체형이 커서 1m 이상 되는 것도 많다. 이런 것들은 횟감으로서 그저 그만이다.

선도가 좋은 삼치는 삼치 정치망이나 낚시로 주로 잡는다. 선도 좋은 삼치는 제주도나 통영, 여수, 고흥, 거문도 등 삼치 정치망이나 삼치 채낚기어업이 발달된 남해안 해안가에서 주로 구할 수 있기 때문에 겨울철 이 지역을 찾는다면 반드시 삼치회를 한 접시 먹어볼 일이다.

병어는 원래 비교적 싼 고기였다. 서해안 안강망에서 많이 잡혔기 때문이다. 하지만 안강망 어업이 쇠퇴하고 자원이 감소함에 따라 병어는 점차 귀한 어종으로 변해갔다. 이는 조기도 마찬가지 추세를 보이고 있다. 병어를 이야기할 때 뺄 수 없는 것이 덕대 이야기이다. 덕대, 또는 덕자로 불리는 명칭은 방어나 삼치에서와 같이 아주 큰 병어를 일컫는다. 최근에는 덕대가 병어와는 다른 종이라는 이야기도 있지만 서해안, 특히 전라도 지방에서는 병어 큰 것을 일반적으로 덕대라고 부르고 있다. 덕대는 병어 중에서도 특별한 대접을 받아 큰 요리집이 아니고는 정말 맛보기 어려운 생선이 되고 있다.

병어회는 여름에 먹으면 그 맛의 가치를 한층 높일 수 있다. 그것은 병어가 여름에 많이 잡히기도 할 뿐만 아니라, 먹는 방법이 여름에 적합하기 때문이다. 여름철 냉동실에 꽁꽁 얼려 두었다가 손님이 오면 먹을 만큼 꺼내어 큰 칼로 쓱쓱 썰어 먹으면 입안에서 사르르 녹는 맛이 그저 그만이다. 꼭 냉동을 하지 않아도 얼음에 채워두었던 병어를 뼈 채로 썰어 먹으면 고소한 맛과 시원한 맛이 어우러져 별미로 느껴진다.

〈그림 2〉 병어

경상도나 전라도에서 병어는 된장에 찍어 먹는다. 병어는 된장에 찍어 먹어야 제 맛을 느낄 수 있기 때문이다. 여기서는 된장에 찍어 먹는다기보다는 발라 먹는다는 표현이 더 적합하다. 상춧잎에 얼렸던 병어 한 점을 올려놓고 마치 잼을 바르듯이 된장을 병어 살에 발라 먹으면 세 가지 맛을 함께 느낄 수 있다. 이것이 병어의 참 맛이라 할 수 있다. 우선 입에 한 점을 넣자마자 무엇보다 시원한 맛이 입을 즐겁게 해 준다. 이것이 첫 맛이다. 그다음 씹기 시작함에 따라 병어 살에서 나오는 독특한 지방 성분의 고소한 맛이 입안 가득 느껴진다. 이것이 두 번째 맛이다. 그리고 씹음에 따라 약간은 느끼해질라치면 된장의 구수하면서도 담백한 맛이 입 전체에 퍼져 이내 입안은 깊은 뒷맛과 감칠맛으로 가득 차게 된다. 이것이 바로 세 번째 맛이다. 이때 풋고추라도 한 입 덥석 베어 물면 마지막 매운맛으로 맛의 순서는 끝을 맺게 된다. 병어 한 점을 먹으면서도 이런 세 가지 혹은 네 가지 맛을 볼 수 있다는 것은 대단한 발견의 기쁨이라 하지 않을 수 없다.

3. 국민 생선 이야기

우리 국민들은 다양한 생선을 좋아하지만 그중에서 그다지 비싸지 않으면서도 즐겨 먹는 어종들이 있다. 이런 어종은 일반적으로 국민 어종이라고 한다. 얼마 전 보도에 의하면 연어가 국민 생선으로 등극하였다는 소식이 있었지만, 그것은 대도시 할인점에서 수입산 연어가 많이 팔렸다는 점에서 언론에서 그렇게 표현한 것뿐이지 우리 민족의 정서에 깊이 뿌리박은 진정한 의미에서의 국민 생선이라는 것은 아니다.

우리 국민들이 가장 좋아하는 국민 생선으로는 먼저 조기를 들 수 있다. 요즘 국민 생선으로 먼저 고등어를 생각하는 사람이 많지만 역사적 관점으로는 조기를 먼저 논하지 않을 수 없다. 조기(助氣)는 글자 그대로 먹으면 기운을 북돋

〈그림 3〉 조기

운다는 생선이다. 특히 조기를 적당히 건조시킨 것이 굴비(屈非)인데, 굴비라는 명칭의 유래는 귀양 온 이자겸이 왕에게 굴비를 진상하고, 뜻을 굽히고 비굴하게 살지 않겠다는 마음을 표현한 것이라 한다.

'곡우가 넘어야 조기가 운다'는 말이 있다. 이는 산란 직전이 조기를 곡우철 조기·곡우살조기·오사리 조기라 하여 일품으로 치듯이 조기는 곡우(4월 20일경)가 지나서 잡은 것이 좋다는 뜻이다. 전라도 속담에 '영광 법성으로 돈 실러 간다'는 말이 있고, 경기도 속담에는 '연평으로 돈 주우러 간다'는 말이 있다. 이는 전라도 영광 법성포와 경기도 연평에서 조기가 많이 잡혔기 때문이다. 하지만 이는 과거의 일이고 현재는 전남 법성포에서만 굴비 생산지로서 명맥을 이어 가고 있다. 하지만 법성포 조차도 지금은 목포, 부산 등지에서 반입된 조기를 거기서 가공만 하고 있을 따름이다. 어업 자원이 그만큼 감소했기 때문이다.

고등어도 우리 민족이 가장 즐겨 먹는 어종 중 하나이다. 국민 생선이라고 하면 흔히 고등어를 떠올리지만 사실 50여 년 전만 해도 고등어 먹기는 그렇게 쉽지 않았다. 고등어는 현대화된 대형 선망 어업에 의해 대량 어획되고 나서 흔해졌지 그전에는 비교적 귀한 생선이었다. 대신 계절적으로 회유해오는 조기가 지천이었다. 그렇기 때문에 전통적으로 우리 민족에게는 조기가 첫째, 다음으로 고등어를 들 수 있다. 그나마 요즘 들어서는 고등어 어업 자원도 줄어드는 경향을 보이고 있다. 그래서 먼 노르웨이에서 고등어를 수입하는 경우가 많다. 풍부한 우리의 고등어 어업 자원 대신 지구 반대편에 가까운 노르웨이 고등어에 입맛을 뺏겨버린다는 것을 생각하면 안타까운 마음이 앞선다.

조선 시대에는 고등어를 고도어(古刀魚)라고 하였다. 한자는 아무런 뜻이 없이 발음 나는 대로 적은 듯하다. 요즘에야 고등어가 흔하기 때문에 전국 어디서나 싱싱한 고등어를 손쉽게 살 수 있지만, 5, 60년 전만 해도 내륙지역에서 고등어를 맛보기는 매우 어려웠다. 고등어는 손쉽게 부패하기 때문에 보관이 용이하지 않았던 것이다. 또 조금만 시간이 경과해도 비린내가 많이 나기 때문에 건조하는 것도 용이하지 않았다. 그래서 고안된 것이 염장법이다. 소금에 짜게 염장하여 등짐장수들이 지고 내륙지방에 가서 팔았는데, 이것이 바로 자반이다. 지금도 중부지방에서는 고등어란 명칭 대신 자반이 더 일반적으로 쓰이고 있다.

자반이 선풍적 인기를 끈 것은 20년 전쯤이다. 유홍준의 '나의 문화유산답기' 안동 편에서 자반고등어 소개가 있고 나서부터이다. 당시 문화유산답사기 시리즈는 우리나라 문화 지형을 바꿀 정도로 선풍적인 인기를 얻었기에 덩달아 안동 고등어도 큰 인기를 누릴 수 있었다. 그래서 안동에서는 고등어와 아무런 관련이 없는데도 안동 고등어는 명물이 되어 향토 음식으로 높은 인기를 얻었다.

하지만 정작 고등어의 참맛은 고등어의 주산지인 부산이나 남해안 지역에서 맛볼 수 있다. 싱싱한 생물 고등어를 숯불이나 연탄불에 구워 먹는 '고갈비'야 말로 고등어의 진미라 하지 않을 수 없다. 또 고등어를 이용한 고등어 추어탕도 별미인데 이는 싱싱한 고등어가 아니면 불가능하다. 이런저런 요리법으로 인해 오늘날 고등어는 전국 어디서나 맛볼 수 있는 그야말로 국민 생선이 되었는데, 최근에는 다시 미세 먼지의 주범으로 오해되어 많은 논란을 불러일으키기도 했다.

4. 역사가 있는 생선 이야기

우리나라는 오랜 어식 생활의 결과 역사와 관련된 물고기가 많다. 그 대표적인 것으로서 도루묵과 명태를 들 수 있다. 도루묵의 어원은 조선왕조실록에 기록되어 있기에 일찍부터 인구에 회자되었다.

이 이야기는 불과 20년 전만 하여도 일반인들에게는 잘 알려지지 않았으나 인터넷의 보급으로 지금은 많은 사람들이 알고 있는 이야기가 되었다. 그 내용인즉, 임진왜란 당시 선조 임금이 신의주로 몽진을 가는 도중 야외 수라상에 올라온 생선이 너무 맛이 좋아 이름을 물었는데, 묵(默)이라는 현지 어민의 답을 들었다. 선조는 이렇게 맛이 좋은 생선에 제대로 된 정식 명칭이 없는 것을 탓하며, 은어(銀魚)라는 이름을 하사하였다. 생선에는 '어(魚)'라는 명칭이 들어가야 제대로 된 고기로서 대접을 받는 것이었다. 요즘 우리가 은어라고 부르는 물고기 명칭은 당시에는 은구어(銀口魚)로 통용되고 있었기에 '묵'은 은어로 그 지위가 격상될 수 있었다. 이후 선조가 한양으

〈그림 4〉 도루묵

〈그림 5〉 명태

로 환궁해 당시를 회상하며 은어를 청해 먹었는데, 맛이 예전만 못하여 이름을 원래대로 하라고 해서 도루묵(도로 默)이 되었다는 것은 많은 사람들이 알고 있는 사실이다.

역사가 있는 생선으로는 명태도 **빼**놓을 수 없다. 이 역시 조선왕조실록에 나오는 이야기인데, 16세기경 함경도 함흥 부사가 장궤를 올렸다. 사연인즉, 명천군의 태(太)라는 어부가 고기 이름을 지어달라고 탄원을 올렸다는 것이다. 그 지역에서 흔하게 잡히는 물고기로서 많은 사람들이 잡아 맛있게 먹지만 이름이 없어 팔 수가 없다는 것이다. 당시는 이름이 정해지지 않는 물고기는 거래할 수 없었다. 그래서 정식 명칭을 하사해달라는 청이었던 것이다. 그래서 붙인 이름이 명천(明川)지역의 태(太)서방이 요청했다하여 명태(明太)라는 명칭이 붙

었던 것이다. 이는 분명한 역사적 사실이
다. 함경도 명천·길주지방은 조선 시대
이후 우리나라 최대 명태 산지로 이름을
높이고 있다.

<그림 6> 아귀

이 외에 불과 몇십 년 사이에 신분이 크
게 뒤바뀐 생선들도 있다. 그 대표적인 것
중의 하나가 아귀이다. 1960년대까지만
해도 아귀는 아주 천대받던 생선이었다. 모양도 흉측하거니와 잡아도 별로 쓸모가 없었기
때문이다. 하지만 마산지역을 중심으로 아귀찜 요리가 인기를 끌면서 전국적으로 애호 인구
가 늘어났다. 특히 1990년대 이후 서울에서 아귀찜이 선풍적 인기를 끌면서 요즘은 아귀를
외국에서 수입할 정도가 되었다. 또 우럭도 1970년대까지만 해도 서해안에서 낚시꾼들이
잡으면 매운탕용으로만 사용했는데, 우럭회가 인기를 끌면서 남해안 가두리에서 대량 양식
하는 계기가 되었다. 그래서 지금 우럭은 횟집에서 광어와 더불어 가장 인기 있는 횟감이 되
었다. 이런 운명은 쥐치도 마찬가지이다. 쥐치가 인기를 끈 것은 1970년대 중반 이후이다.
당시 오징어 어획량이 급감하여 서민의 간식거리인 마른오징어 가격이 하늘 높은 줄 모르고
뛰었다. 이에 이를 대용하고자 개발된 것이 쥐포였다. 쥐치를 조미하여 말린 것으로서 오징
어와 같이 구워 먹거나 조미채로 만들어 인기를 끌게 되었고, 그 결과 쥐치 어획이 크게 늘어
나게 되었다. 또 쥐치 생선회도 높은 인기를 얻었는데, 최근에는 어획량이 줄어 횟집에서도
보기 힘들어졌다.

이에 비해 신분이 급락한 물고기도 있다. 동해안에서 많이 잡히던 청어가 바로 그것이다.
청어는 서울 지역에서 서민들이 먹을 수 없는 고급 어종이었다. '비웃'이라고 하여 양반집의
고급 반찬으로 사용되었으나 다른 어종이 많이 어획됨과 동시에 청어 어획이 줄어들면서 구

이로만 소비되는 서민 어종으로 전락하고 말았다.

5. 알고 먹으면 더 맛있는 생선 이야기

우리나라 주변에는 많은 생선이 있기 때문에 이와 관련된 이야기를 할라치면 끝이 없다. 그중에서 알고 먹으면 더 맛있는 생선을 몇 가지 들어보면 홍어가 있다. 홍어는 일반인들은 가오리와 간재미 등과 잘 구분하지 못하는 어종이지만 홍어는 대체로 붉은색을 띠면서 크고, 간재미는 옅은 갈색을 띠면서 대체로 작다. 또 가오리는 그 중간이라고 보면 되지만 크기가 엄청난 것도 있기 때문에 반드시 크기로만 이야기할 수 없다. 다만 홍어는 발효가 잘되기 때문에 제대로 삭았을 때 암모니아에 의한 톡 쏘는 맛에 많은 매니아 층을 형성하고 있다. 우리나라 사람들이 홍어에 얼마나

〈그림 7〉 과메기

〈그림 8〉 홍어

많은 애정을 보이는지, 멀리 남미의 칠레의 홍어까지 싹쓸이해서 먹고 있으며, 최근에는 칠레에서 홍어 어획을 금지시키자 페루에서 홍어를 잡아 올 정도가 되었다.

또 홍어와 같은 발효 생선으로 과메기를 들 수가 있다. 원래 과메기는 동해안에서 많이 잡

히는 청어를 집 뒤 굴뚝 옆에 매달아 일종의 훈제 발효시켜 먹는 고기였다. 청어를 산적 꿰 듯 싸릿대에 꿰어 훈제시킨다는 뜻에서 관목어(貫目魚)가 정식 명칭이었는데 그것이 소리 나는 대로 적다 보니 과메기가 되었던 것이다. 하지만 1960년대 이후 청어 어획이 줄어들자 그 대용으로 꽁치를 훈제 발효시켜 먹었으며, 요즘은 그냥 꽁치를 햇볕에 말려 발효시켜 먹 게 되었다. 과메기는 포항 등 경북지방에서만 만들어 먹던 향토 음식이었으나 2000년대 이 후 서울 등 전국적인 음식으로 인기를 얻게 되었다.

이 외에도 물고기나 수산물에 관한 이야기는 무궁무진하다. 오늘날 서해안에서 인기 높 은 간장게장의 원래 재료는 꽃게가 아닌 민물 참게라는 것에서부터 동해안에 무궁무진했던 고래 이야기, 또한 그와 관련되어 일본이 러일전쟁에서 승리하고, 제2차 세계대전까지 벌이 게 된 이면에는 동해안의 고래와 무관하지 않는 이야기 등 우리 연안의 수산물에는 많은 역 사와 이야기 거리가 있다. 그렇기 때문에 이런 사실을 알고 먹으면 훨씬 풍부한 어식 생활을 즐길 수 있을 것이다.

바다를
읽다

reading the sea

2장. 해양탐험을 읽다

대항해시대의 바람 | 김주식

우리나라의 선박 | 정진술

스페인의 아메리카 '발견(정찰)', 그리고 지배 | 김원중

아직 끝나지 않은 대항해시대, 심해로의 도전 | 김웅서

I

대항해시대의 바람

김주식 | 국립해양박물관 운영본부장

해군사관학교 30기로 입학, 고려대학교 사학과를 졸업하고 같은 대학 대학원에서 석사 및 박사 학위를 취득했다. 파리 솔본느 대학 및 사회과학고등연구원에서 공부했으며 해군사관학교 사회인문학처장, 교수 및 박물관장을 역임하고 현재 국립해양박물관 운영본부장으로 재직중이다. 해양사 관련하여 다수의 논문을 집필했으며 주요저서로는 『서구해전사』, 『장보고시대』 등이 있다.

1. 서 : 바람에 바람을 싣다

세계의 바다를 뒤흔들었던 시대가 있었다. 역사에서는 이 시대를 '대항해시대(The Age of Great Voyage)', '발견의 시대(The Age of Discovery)', '탐험의 시대(The Age of Exploration)' 등으로 부른다. 이 시대는 대체로 유럽인들이 자신들에게 알려지지 않은 지역과 바다를 여러 방향으로 탐험하고 항해하던 시대를 뜻한다. 더 구체적으로 말하면, 포르투갈이 원정대를 파견하여 아프리카 서해안을 탐험하고 동양으로 가는 항로를 발견하며, 뒤이어 스페인의 원정대가 대서양 항로와 아메리카 대륙을 발견한 시기를 뜻한다. 그러나 학자들에 따라서는 15세기부터 18세기를 이 시대로 보거나 20세기 극지 탐험까지 대항해시대로 간주하기도 한다.

이러한 주장이나 이론들은 모두 서구인의 입장을 바탕으로 하고 있다. 서구인들의 입장에서 보면, 이것은 분명히 '발견'이고 '탐험'이었다. 그런데 그곳에는 그들이 '발견'하고 '탐험'하러 오기 훨씬 이전부터 사람이 살고 있었다. 우리는 그들을 원주민이라 부르는데, 그들은 스스로 문명을 보유하고 발전시켜 왔다. 그러기에 '발견의 시대'와 '탐험의 시대'는 보편타당한 용어로 보기 어렵다. 그 대신 원주민이나 서구인이거나 간에 대양을 본격적으로 항해한 경우는 이 경우가 최초였다. 따라서 이 시대를 지칭하는 용어는 '대항해시대'가 보편타당한 것이라 할 수 있다.

그런데 '대항해시대'가 서구인들에 의해서만 주도되어 온 것으로 보는 것은 잘못된 시각이다. 서구인들이 15세기 후반기에 대항해를 시작했지만, 바로 직전인 15세기 전반기에 중국 명나라의 정화가 지휘하는 대함대가 중국해와 동남아 및 인도양을 횡단하는 항해를 했다. 따라서 엄밀한 의미에서 보면, 대항해시대는 중국에서 시작되었고, 서구가 그 뒤를 이었다고 할 수 있다.

〈그림 1〉 메르카토르의 프톨레마이오스식 지도(Mercartor's World map based on Ptolemy) 국립해양박물관 소장

　　대항해를 하는 사람은 경제, 정치, 영토, 종교, 과학 등 그 어떤 분야이건 간에 일종의 희망 즉 바람을 갖고 있었다. 또한 그들이 항해에 이용한 선박은 바람에 의해서만 기동할 수 있는 범선이었다. 게다가 중국은 정화를 통해 근 30여 년 동안 7차에 걸쳐 대항해를 했으니, 4년에 한 번꼴로 대항해를 한 셈이다. 서구인들은 15세기 후반기부터 무수히 많은 원정대를 보냈다. 이것은 동양과 서양에서 일종의 대항해 바람이 불었던 것이다. '대항해시대의 바람'은 꿈이라는 의미의 바람, 범선을 움직이게 한 바람, 사회나 국가에서 집단적으로 일어난 바람, 이 세 가지의 바람에 착안하여 붙여진 제목이다.

2. 중국의 돌풍

1. 명대(明代) 이전의 상황

아랍인들은 인도양을 횡단하고 중국해를 거슬러 올라가는 항해를 하여 일찍부터 중국에 도착하였다. 그들은 역풍 항해가 가능한 삼각돛이 달린 전통 선박 즉 다우선(dhow)을 타고 태양과 달 그리고 별자리를 보고 항해하는 천문 항해까지 할 수 있었기에 대양 항해를 주도할 수 있었다. 그들의 항해 목적은 해상 무역이었다. 광저우(廣州), 첸저우(泉州), 양저우(揚州)에 아랍인 거류지가 건설되었다. 황소(黃巢)의 난(875-84)이 일어났던 878년에 광주에서 이슬람인 12만명이 살해되는 사건이 일어날 정도로 9세기 후반에 많은 아랍인들이 남중국에 와서 살고 있었다. 현재 그들이 거류지에 세운 사원과 묘비들이 많이 남아 있으며, 첸저우의 해상교통사박물관에는 그 묘비들이 일부 수집되어 전시되고 있다.

중국인들은 대양을 동양(東洋)과 서양(西洋) 두 가지로

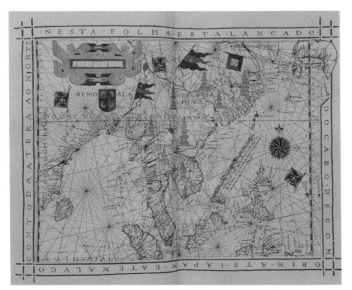

〈그림 2〉두라도 해도첩 중 아시아 해도(Facsimile of Fernao Vas Dourado Atlas) 국립해양박물관 소장

구분했다. 원나라 때 이 두 대양을 구분하는 기준선은 말라카 해협(Strait of Malacca)과 수마트라(Sumatra)의 람부리(Ramburi)를 잇는 선이었다. 그러나 부르나이(Brunei)를 경계로 소동양과 소서양으로 더 세분하여 구분하기도 했다. 아랍인들의 활동과 그들이 가져다준 정보 덕분에 중국인들은 두 대양에 대한 지식을 가질 수 있었다. 그 예로 1350년경 왕대연(汪大淵)이 저술한 지리서 『도이지략(島夷誌略)』에는 동남아, 인도, 아프리카의 지명 98개가 표기되어 있다. 이 수치는 송대의 지리서에 표기된 지명의 두 배이며, 그만큼 해상교역이 융성했었음을 반영하고 있다.

2. 명대의 해양 활동

명나라를 건국한 태조(洪武帝, 1328-98)는 치세 초기에 태창(太倉)의 황도진(黃渡鎭)에 시박사(市舶司)를 설치했다. 또한 1369년에는 조공용 상선의 경우 면세 조치를 취했다. 이듬해인 1370년에는 황도진의 시박사를 폐쇄하고 광저우, 첸저우, 닝보(寧波)에 시박사를 설치했다. 그러나 그 이듬해인 1371년부터는 명 태조가 해금(海禁)정책을 추진하기 시작했다.

해금 정책을 추진한 이유는 여러 가지였다. 절강 지방에서 반란을 일으킨 장사성(張士誠)과 방국진(方國珍)의 세력들이 왜구와 결탁하는 것을 막아야 했다. 원나라 때 중국에 뿌리내린 몽고족 중심의 사회체제를 한족 중심의 왕조체제로 복귀시켜야 했다. 유목민적인 성향을 탈피하고 촌락 위주의 농업경제, 유가적 전통과 가족관계를 복구해야 했다. 사적인 대외접촉을 금지하고 중국 중심의 국제질서를 구축하기 위해 조공제도도 강화해야 했다. 조공은 국가마다 허용 주기가 달랐다. 유구국은 2년이었고, 조선·안남·참파는 3년이었으며, 일본은 10년이었다.

해금 정책의 내용은 법률로 정해졌다(『大明律』). 주요 내용은 두 가지였다. 하나는 "모든 운송 수단, 군용품, 철화, 동전, 직물, 및 면사를 사사로이 관세구역 외로 가지고 나가 매각하거나 바다로 나가서 매매한 자는 장일백의 형"을 가하는 것이었다. 다른 하나는 "만약 사람이나 군기(軍器)를 경외(境外)로 내보내거나 해외로 내보낸 자는 교형"에 처하는 것이었다. 명나라 사람들이 대양으로 나가는 것을 원천적으로 막기 위해 "돛대가 2개 이상인 선박의 건조 금지"를 지시하기도 했다. 이러한 해금 정책을 사용한 결과, 명나라는 중국의 원해인 중국해와 동남아 해역에 대한 제해권을 상실했다. 또한 명나라는 해상교역의 쇠퇴로 경제 발전이 더디고 상대적으로 이전 시대보다 후진국이 되어갔다.

3. 정화함대(鄭和艦隊)의 원정

명나라의 3대째 황제인 영락제(永樂帝, 1360-1424)는 환관정치(宦官政治)를 시행했다. 치세 초기부터 환관을 군에 배치하여 군사령관을 감시하게 했다. 1420년에는 비밀사찰기구로 악명높은 동창(東廠)을 신설하여 조정의 주요 기구인 12감(監) 4사(司) 8국(局)에 환관을 배치했다. 한편 환관을 외교관으로 임명하여 외국에 파견하기도 했다. 실제로 이흥(李興)은 시암에, 이달(李達)은 서역에, 이시하(赤矢哈)는 동북지방에, 그리고 정화(鄭和)는 남해에 파견되었다. 그리하여 명 초기에 100명이었던 환관 수가 말기에는 10만 명으로 증가했다.

영락제는 홍무제의 해금 정책을 계승했다. 민간 상인의 해외 도항과 해외 무역을 금지했으며, 민간인의 원양선 건조를 금지시켰다. 또한 기존 원양선박들을 국내 수송선으로 개조해버렸다. 그 대신 국가가 주도하는 조공 무역은 확대해나갔다. 영락제가 환관인 정화에게 남해 원정을 가게 한 것은 이 조공 무역의 확대와 명나라의 국위를 선양하기 위한 것이었다.

정화는 7차에 걸쳐 원정을 했다. 주요 항로는 남중국에서 출항한 후 동남아시아를 지나 인도와 스리랑카를 경유하여 중동과 아프리카 소말리아 지역까지 항해하고 귀국하는 것이었다. 이 7차례에 걸쳐 그의 함대가 방문한 국가 수는 37개국이었다. 또한 항해한 거리는 10만 해리 즉 185,000㎞였는데, 1회 평균 26,400㎞를 항해한 셈이다. 매 회당 서울과 부산을 30회씩 왕복하는 거리를 항해했던 것이다. 한번 출항하여 귀국하려면 1년 반~2년 반 정도의 기일이 걸렸다. 매회 27,000~37,000명의 인원이 원정에 참가했으며, 원정에 이용된 주요 함선은 약 60여 척이었고, 보조선이 190여 척이었다. 매회마다 250여 척이 함선이 동원된 셈이다. 이러한 원정 규모는 당시까지 전무후무한 것으로 상상하기조차 어려웠다. 이처럼 정화의 대원정이 세인을 놀라게 한 요소는 또 있다.

당시 정화의 원정에 이용된 주요 함선은 보선(寶船)으로 불렸다. 기록에 따르면, 보선 중 대형인 것은 길이가 137m이고, 폭이 56m이었다. 중형 보선의 경우에는 길이가 126m이고, 폭이 51m였다. 이 기록은 그동안 이러한 크기의 함선을 목선(木船)으로 건조할 수 있는지에 대한 과학적 불가능성 때문에 논란거리였다. 목재를 이어 길이가 130여 미터가 넘는 선

〈표 1〉 정화 함대의 원정

회	출발일	도착일	원정기간	인원	선박	지역
1	1405. 겨울	1407. 09	약 2년	27,800~37,000	보선 62 보조범선 190	참파, 수마트라, 캘리컷
2	1407. 겨울	1409. 여름	약 1년 반		249	시암, 자바, 실론, 캘리컷
3	1409. 09	1411. 06	22개월	27,000~30,000	보선 48 보조범선 ?	참파, 말라카, 실론
4	1413. 겨울	1415. 07	약 2년	27,670	보선 63 보조범선 ?	수마트라, 말라카, 호르무즈, 말린디
5	1417. 겨울	1419. 07	약 2년			동남아, 실론, 캘리컷, 모디가시오, 말린디
6	1421. 봄	1422. 08	약 2년			수마트라, 아덴
7	1430. 12	1433. 07	32개월	27,550	보선 61 보조범선 ?	동남아, 실론, 캘리컷, 호르무즈, 동아프리카

박을 건조하는 것은 그 선박이 잔잔한 내해나 호수가 아닌 외해와 대양에서 험한 파도를 받아가며 항해야 했기 때문에 한마디로 너무 과장되었다는 주장이 지배적이었다. 그런데 이러한 의문과 논란을 일거에 잠재우는 사건이 발생했다. 1957년 5월 초 중국 난징(南京) 보선창(寶船廠)에 있는 조선소 유적지에서 길이가 11m인 타봉(舵棒)이 발견되었다. 이 타봉을 기준으로 추론한 결과, 기록에 나와 있는 보선의 제원이 거짓이 아님을 알게 되었다. 한 척의 보선에서 돛, 타, 닻을 다루는 사람만 해도 200명이 필요했다. 오늘날의 기준으로 보면, 대형 보선은 약 8,000톤급의 선박이었다. 정화의 원정이 있은 지 약 60여 년 후에 대항해를 시도한 콜럼버스의 원정선은 3척이었는데, 한 척당 200-250톤이고 승조원은 120명이었다. 바스코 다 가마의 원정선은 4척이었는데, 한 척당 120톤이고 승조원은 170명이었다.

그러나 약 30여 년동안 지속된 정화의 대원정은 중단되고 말았다. 북방의 오이라트족이 침입(1440-49)하여 정통제(正統帝)가 포로가 되었으며, 정통제는 결국 끝까지 복위되지 못했다. 이처럼 북방에서 몽고인의 압박이 강화회자 해양에 대한 관심이 소홀해지게 되었다. 복건(福建)지방에서 등무칠(鄧茂七)이 주동한 농민반란(1648-9)이 일어나 이를 진압하느라고 재력이 고갈되었다. 또한, 조정 대신들이 해양파와 대륙파로 나뉘어 갈등을 야기했다. 해양진출의 재개를 염려한 반해양파 유대하(劉大夏)는 1464년에 베트남 진공에 대해 조정에서 논란이 일어나자 진공 찬성파들이 참고할 자료를 없애기 위해 정화와 관련된 문서를 소각했다. 그리고 그 후부터 명나라는 만리장성을 건축하는 데 힘을 쏟았다. 이로서 해양 팽창의 남방시대가 육상 방어의 북방시대로 변화되고 말았다. 중국에서 불었던 대항해의 바람이 한 차례 아주 강하게 불다가 사라져버렸다. 중국의 대항해 바람은 돌풍으로 그쳐버렸던 것이다.

3. 서양의 지속적인 강풍

1. 바람 불기 직전의 상황

중세 유럽은 교회 중심의 사회였다. 지식과 과학의 진리 여부도 신학에 부합되는 것이어야 했으며, 따라서 교회가 판단하였다. 교회는 지구가 편편하며, 바다 끝까지 가면 바닷물이 끝없는 낭떠러지로 떨어진다고 했다. 또한 원해에 나가면 초대형 바다 괴물들이 나타나 선박을 통째로 집어삼킨다고 보았다. 실제로 중세 유럽인의 지식에는 한계가 뚜렷이 있었다. 그들은 지중해 연안에 대해서만 잘 알고 있었으며, 아프리카 연안에 대해서는 단편적인 지식만 갖고 있었다. 지중해에서도 아라비아인의 북아프리카 봉쇄로 고대 그리스, 카르타고, 로마에서 사람들이 갖고 있던 지식만 갖고 있었다. 아프리카의 케이프 혼(Cape Hon) 너머에 대해서는 모르고 있었고, 그곳에 가면 결코 돌아올 수 없다고 생각하였다.

그러나 중세에서 미풍의 조짐들이 나타나기 시작했다. 베네치아(Venezia), 제노바(Genoa), 아말피(Amalfi) 같은 이탈리아 도시 공화국들이 유럽과 중동 간의 해상 무역을 독점했다. 1271-95년에는 마르코 폴로(Marco Polo)가 중국을 여행했다. 1291년에는 제노아인 2명이 대서양 탐험을 시도한 후 모로코 앞바다에서 실종당하는 사건이 발생했다. 1325-54년에는 모로코인 이븐 바투타(Ibn Battuta)가 아프리카, 중동, 중국을 여행했다. 1439년에는 무슬림 상인 니콜

〈그림 3〉 뮌스터의 『우주형상지』 중 「바다괴물」 삽화(Sea Monsters in *Cosmographie* de Sébastien Müster)

로 데 콘티(Niccolo de Conti)가 인도와 동남아지방을 여행했다. 1466-72년에는 러시아 상인 니키탄(Nikitan of Tver)이 인도를 여행했다. 그러나 이러한 지상 여행들은 14세기에 오토만 제국이 출현하고 유럽에 흑사병이 창궐함으로써 중단되었다.

이탈리아 도시국가들의 해상 무역과 지상 여행들을 통해 유럽은 동양의 향신료가 얼마나 중요한 것인지 알게 되었다. 향신료의 용도는 식품첨가제, 저장제, 약, 종교의식, 화장품, 향수 등 다양했다. 유럽의 상인들은 향신료를 아시아와 아프리카에서 전량 수입했다. 동양의 향신료가 유럽에 오면 원산지의 수십 배 가격으로 매매되어 '상거래의 꽃'이 되었다. 심지어 유럽에서 향신료가 화폐와 동일시되고, 은과 동일한 가치를 지니게 되었다. 이제 향신료는 유럽 상류층의 필수품이 되었다. 그런데 아랍인과 이탈리아 도시 공화국들의 중계무역이 오토만제국 출현으로 중단되어버리자, 유럽인은 향신료 무역을 북아프리카산 올리브유 무역으로 대체했다. 또한, 주화 역할을 하는 금은을 캐기 위해 광산 탐색하기 시작했다. 그러나 유럽 대륙의 대서양 연안 끝단에서는 지중해가 아닌 다른 바다를 이용하여 향신료에 대한 해상 무역을 할 수 있는 길을 찾으려는 노력이 시작되었다.

2. 포르투갈의 바람

포르투갈이 대항해를 최초로 개시한 이유는 여러 가지이다. 첫째, 지리적 여건이 좋았다. 이 나라는 유럽 남서부 끝단에 위치하여 천혜의 항구와 긴 해안선(850㎞)을 갖고 있어 지중해와 대서양의 교차점 역할을 하고, 타 대륙과 접촉을 할 수 있었다. 둘째, 국민에게 해양지향적 기질이 있었다. 그들은 토질이 척박하기에 바다에서 식량을 해결해야 했다. 또한, 그 나라는 페니키아, 그리스, 카르타고와 같은 고대 해양민족들의 정착지였고, 그 국민은 그들의 후손이었다. 셋째, 정치 경제가 대내적으로 한계에 도달한 상황이었다. 14세기에 동 페르난도가 실시한 해운업 장려정책의 주요 내용은 조선업자에게 왕유림의 자유 사용권, 목재와 선박 수입세 면제, 해양 관련 종사자의 군 복무 면제였다. 1411년에는 스페인과의 평화협정이 체결되어 영토 팽창이 불가능하게 되었다. 전쟁이 사라지자 전쟁 귀족이 실직하고, 귀족의 소득도 감소했다. 또한, 13세기에는 상업 보호 정책의 집행으로 유산자층 출현했으며, 이 계층이 해상교역의 발전과 시민혁명(1383-5)의 발발에 기여했다. 넷째, 과학기술이 발전했다. 항해 학교가 신설되었다. 리스본 대학은 과학 강좌를 신설하고, 과학자를 초청했다. 정부는 지리기술정보를 축적해나갔다. 이러한 학문 활동을 바탕으로 천체측정술과 방위측정법의 이용 그리고 항해 도구의 발달로 항해술이 발전했다. 14세기에 나침반이 전래되었지만, 그러나 연안 항해 위주의 항해가 여전히 지배적이었다. 그러다가 1496년에 자쿠토크(Abraham Zacutotk) 천측력을 발간하여 '항해의 혁명'을 일으켰다. 다섯째, 선박이 개량되었다. 13세기에 타륜이 발명되었다. 15세기 중엽에는 카라벨선이 도입되어 역풍 항해와 원양 항해를 할 수 있게 되었다. 15세기 말에는 돛대가 2개에서 3, 4개로 증가했으며, 각 돛대마다 상, 중, 하 3부분에 돛이 걸리고, 그밖에 사형범(斜型帆)까지 걸렸다.

포르투갈은 이처럼 조건들이 어느 정도 구비되기 시작한 14세기 전반기부터 해상 탐험을 하기 시작했다. 1325~1357년의 기간 동안 알퐁소(Afonso) 4세는 해상 무역을 장려하면서 해상 탐험을 하라고 최초로 지시했다. 당시 알퐁소는 이 탐험으로 카나리아 제도를 발견했다고 주장했다. 그러나 제노아와 카스티야는 이 주장을 반박했다.

1415년부터는 북아프리카의 세우타(Ceuta) 정벌작전을 시작했다. 이 작전은 동 주앙(Don Juan) 1세가 중앙집권제를 강화하는 것에 대한 각 계층의 불만을 해소하기 위한 방책이었다. 작전에 동원된 병력은 전함 200척과 병사 2만 명이었다. 이 작전에 엔리케(Henrique, 동 주앙 1세의 3남)도 참전했다. 이 작전은 포르투갈이 북아프리카 팽창과 대서양 식민정책을 추진하는 계기가 되었다.

〈그림 4〉 엔리케 왕자(Dom Henrique)

엔리케 왕자는 대항해 활동을 본격적으로 장려하기 시작했다. 그는 미지의 땅에 대한 호기심을 갖고 있었으며, 특히 카나리아제도와 아조레스 군도 너머에 대해 강한 호기심을 갖고 있었다. 새로운 상품시장을 확보하는 것도 필요했다. 유럽을 위협하고 있는 무어인의 세력권을 파악하는 것도 중요했다. 유럽 이외의 지역에 기독교를 전파하고, 남쪽 먼 바다에 강력한 기독교 왕국(Prester John)이 존재한다는 전설도 확인할 필요가 있었다.

이 모든 것을 위해 그는 먼저 새로운 해상교통로에 관심 있는 상인, 상점주, 주주를 모집하여 모리타니아 해안 탐험에 투자할 것을 권유했다. 자르코(Joao Goncalves Zarco)가 지휘한 이 탐험대는 1419년에 마데이라(Madeira) 제도를 그리고 1427년에는 아조레스(Azores) 제도에 도착했다. 이는 유럽국가들 중 대서양방면으로 팽창한 것 중 최초의 사례였다. 1421년에는 그가 보낸 탐험단이 케리프 보자도르(Cape Bojador)에 도착했고, 1434년에는 질 에아네스(Gil Eanes)의 탐험대가 그곳을 통과하여 더 나아갔다. 포르투갈 탐험대는 1년에 2도씩 전진했으며, 그 결과 베르데 곶에서 보쟈도르 곶까지 항해 거리를 확장하는데 12년간의 기간이 소요 되었다. 보쟈도르 너머에는 악마의 섬이 존재한다고 믿었다. 이 악마의 섬에 가면 인간이 순식간에 타버린다고 믿었으며, 그 증거로 흑인을 데려왔다. 또한, 이 해역에 암초가 많아 항해하기가 곤란했기 때문에, 원주민을 잡아 관련된 정보를 획득하였다. 이렇게 해서 아프리카 원주민들에 대한 '인간 사냥과 노예 매매가 시작'되었다. 그 후 1456년에는 디에고 가메스(Diego Gomes)가 케이프 베르데 군도에 도달했으며, 1460년대에는 탐험대들이 기니 만(Gulf of Guines)과 시에라레온(Sierra Leon)에 도달했다.

포르투갈의 대항해는 엔리케 왕자의 사후에도 계속되었다. 1469년 상인이었던 고메스(Fernao Gomes)는 기니아 만의 교역을 독점하는 조건으로 매년 100마일(161㎞)씩 5년간 탐험 항해하는 것을 허락받았다. 1471년에는 사옹 토메(Sao Tome)가 황금해안(Gold Coast, 현 Ghana)에 도달하여 사금 교역을 활발하게 전개하였다. 1478년이 되자 포르투갈은 기니아 교역을 둘러싸고 카스티야 함대와 벌인 엘리미나(Elimina) 해전에서 승리하였다. 이 승리로 1479년에 알카코바스(Alcacovas) 조약이 체결되었는데, 이는 서아프리카에 대한 포르투갈의 영토권을 공식적으로 인정했다는 의미가 있었다. 또한, 이 해전은 유럽 강대국들이 자기들끼리 벌인 최초의 식민지 전쟁이었다.

1482년에는 디오고 카옹(Diogo Cao)이 콩고 해안과 나미비아(Namibia)까지 항해하였다. 1488년에는 바르톨로뮤 디아스(Bartolomeu Dias)가 폭풍의 곶(Cape of Storme)을 통과하여 그레이트피시강(Great Fishriver)에 도달하였다. 이로써 대서양에서 인도양으로 항해가 가능하다는 것이 입증되었다. 포르투갈의 주앙 2세(John II)는 후에 폭풍의 곶을 희망봉(Cape of Hope)으로 개명하였다.

희망봉을 넘자 인도로의 항해는 수월했다. 1497년 7월 바스코 다 가마(Vasco da Gama)가 출항했으며, 11월에 희망봉을 통과하여 1498년에 인도의 캘리컷에 도착하였다. 이는 인도 항로의 발견으로서 3개 대륙의 연결과 교류가 가능함을 입증한 사건이었다. 그러나 다 가마는 1498년 7월 기존의 아랍 상인과 지중해 상인의 방해로 귀국할 수밖에 없었는데, 귀국 후 올린 수익은 지출경비의 60배였다. 다 가마의 항해는 베네치아의 동방 교역 독점을 파괴하는 의미가 있었다.

포르투갈은 인도로의 항해를 지속하였다. 1500년 2차 원정대(알바레스 카브랄)가 캘리

〈그림 5〉 바스코 다 가마(Vasco da Gama)

컷에 도착했는데, 아랍 상인의 방해로 코친으로 이동했다. 1501년에는 3차 원정대(주앙 다 노바), 1502년에는 4차 원정대(바스코 다 가마), 1503년에는 5차 원정대(알부르케 형제)가 인도로 출항하여 도착하는 데 성공했다. 포르투갈은 5차에 걸친 원정으로 인도의 말라바르 해안을 장악할 수 있었다. 이 해안은 동서교역을 석권하는데 열쇠 역할을 할 수 있는 곳이었다. 포르투갈은 선 지배 후 교역을 기본적인 동양 정책으로 삼았다. 1506년에는 인디아국 건설하고, 동 프란시스코 드 알메이다를 부왕으로 임명했다. 인디아국은 희망봉, 페르시아, 인도네시아, 일본 사이에서 발견하는 지역들을 총괄하여 지배했으며, 이 지배를 위해 7개의 요새와 2개의 함대를 운영했다. 이로써 인도에 대한 포르투갈의 영구 점령이 가능하게 되었다.

포르투갈은 중국에도 진출하였다. 1509년 디오구로페스 드 세케이라(Diogo Lopes de Sequeira)가 말라카에서 중국 정크를 발견했는데, 이것이 중국인과의 최초 접촉이었다. 1513년에는 알바레스(Jorge Alvares)가 광동 지역에 접근했는데, 이것이 바로 중국에 대한 최초의 접근이었다. 1515년에는 데 안드레데(Fernao de Andrede)가 지휘하는 중국 원정대가 출항하여 1520-1년에 북경을 방문하였으며, 광동에서 무역 활동을 했다. 1521년에는 홍콩에서 둔문(屯門) 해전을 그리고 1522년에는 서초만(西草灣) 해전을 감행했으나, 패배했다. 중국은 이 해전에서 전리품으로 획득한 후장식 선회포를 불랑기(佛狼機)로 명명했으며,

이 불랑기라는 명칭은 후에 조선에서도 그대로 사용되었다.

1533년부터는 포르투갈 선박이 중국을 정기적으로 방문하기 시작했다. 1542년 왜구의 창궐로 중국이 대일교역의 금지를 반포하자, 포르투갈 선박이 일본과 중국의 삼각 중계무역을 담당하게 되었다. 그리하여 1543년 포르투갈인 3명이 일본 종자도(種子島)에 도착했다. 1557년에는 포르투갈인의 마카오 정착이 허용되었다. 1564년에는 포르투갈 함대가 중국의 반란군을 진압했으며, 그 덕분에 포르투갈인 800명이 정착할 수 있다는 허락을 받았다. 1583년이 되자, 마카오에 거주하는 포르투갈인이 2,000명으로 증가했다. 그들은 해적들로부터 광동지역 해안을 보호하고 있었다. 그러나 1639년 일본의 통일세력이 예수회와 상인을 추방함으로써 대일교역이 중단되고 말았다. 마카오도 자연스럽게 쇠락하였다.

이렇게 활발한 대항해와 해상국제무역을 했으나, 포르투갈은 16세기 후반기에 쇠퇴해가기 시작하였다. 1540년 레반트 무역로가 재개되었다. 포르투갈은 이탈리아 도시국가들과 경쟁 체제를 유지할 수밖에 없었다. 또한, 계속해서 대항해 원정대를 파견함으로써 막대한 원정비와 군사비가 소요되었으며, 그 때문에 빌린 돈의 이자가 누적되어 왕실 재정이 빈곤해졌다. 대항해용 선박들이 난파당하는 경우가 많았다. 인력 손실도 증가하여, 16세기 손실률이 40%에 이르렀다. 선박을 부실 건조했으며, 항해전문인력도 부족하게 된 것이다. 이를 보완할 수 있는 것은 선박의 대형화였는데, 선박을 400톤에서 9-900톤이나 1,500-2,000톤으로 대형화하는 기술도 부족했다. 또한, 비대해진 동양제국을 관리하는 것도 갈수록 어려워졌다. 엎친 데 덮친 격으로 스페인, 네덜란드, 영국과 같은 대항해의 신흥강국들이 경제를 위협했다. 1578년에는 북아프리카 원정군을 무모하게 파견했는데, 패배하고 말았다. 결국 포르투갈은 독립을 잃어 스페인에게 합병되고 말았다.

3. 스페인의 바람

스페인에서 대항해의 바람은 16세기 말에 불기 시작했다. 그러나 본 바람이 불기 전에 서곡에 해당하는 징조가 있기 마련이다. 1402년 스페인은 카나리아 제도(Canary Islands)에 대한 지배권을 확립하려고 시도하였다. 그러나 이 시도는 국내 정치의 문제와 이슬람 침공으로 지속되지 못했다. 15세기 후반에는 카스티야(Castile)와 아라곤(Aragon)이 통합되었고, 국토 회복 운동도 완료되었다. 이처럼 국내 문제의 해결로 국내가 안정되자, 스페인은 새로운 해상 무역로의 탐색에 전념할 수 있었다. 특히 1492년 무어인들의 그라나다 왕국을 정복한 후, 스페인은 콜럼버스의 대항해 제안을 곧바로 수락하였다.

콜럼버스(Christopher Columbus)는 서쪽으로 항해하여 인도로 가는 길을 찾겠다는 대항해 계획을 먼저 포르투갈에 1485년과 1488년 두 차례 제안했지만, 거부당한 적이 있었다. 그러나 스페인의 허락을 받은 콜럼버스는 1492년 8월 3일 3척의 선단으로 팔로스(Palos) 항을 출항하여 카나리아 제도 도착하였다. 다시 카나리아에서 5주간 항해하여 1492년 10월 12일에 바하마의 산살바도르(San Salvador)에 도착하였다. 그는 자신이 도착한 곳을 서인도제도(West islands)로 간주하였으며, 그 후 쿠바(Cuba)와 히스파뇰라(Hispaniola)에 도착하였다. 그는 하이티(Haiti)에 라나비다드(La Navidad)라는 정착지를 건설한 후 원주민을 데리고 귀국길에 올랐다. 유럽에 거의 도착할 무렵 불은 폭풍우때문에 1493년 3월 4일 포르투갈의 리스본(Lisbon)에 잠시 정박했다가 3월 15일 스페인의 팔로스 항에 귀항하였다. 콜럼버스가 새로운 땅을 발견했다는 소식이 유럽 전역에 전파되었다. 그러나 스페인은 교역 가능상품이 현지에 없어 발견지를 식민지로 만들기 위해 노력하였다.

포르투갈에 이어 스페인이 대항해 활동을 시작하자 문제가 발생하였다. 두 나라의 항해자들이 같은 섬이나 지역에 도착했으나, 앞과 뒤에 각각 도착했거나 같은 방향이라도 잘 보이지 않는 곳에 도착했을 때 두 나라가 서로 자국 영토라고 주장하는 경우가 빈번했다. 실제로 콜럼버스가 귀국한 후 스페인과 포르투갈 간의 영토 분쟁이 발생하였다. 이에 그가 귀국한 지 2개월 후인 1493년 5월 4일 교황 알렉산더 4세(Alexander IV)가 칙서를 반포하였다. 이 칙서에 따르면, 아조레스 군도(Azores Archpelago)나 케이프 베르데 제도(Cape Verde Islands)로부터 남서쪽으로 100리그 지점에서 양극을 잇는 선이 영토 경계선이 되었다. 이 경계선의 남서쪽 땅은 모두 카스티야 즉 스페인의 소유지였다. 그러나 포르투갈에 대한 언급이 이 칙서에 없어 포르투갈은 소유권을 주장할 수 있는 땅이 어디인지 알 수 없었다. 그러자 포르투갈 왕 주앙 2세가 스페인과 직접 협상하면서 경계선을 서쪽으로 더 이동하고, 그 선 동쪽에서 발견하는 땅의 소유권이 포르투갈에 있다고 주장하였다. 마침내 로마 교황청이 두 나라의 중재에 나선 결과, 1494년에 토르데시야스(Tordesillas) 조약이 체결될 수 있었다. 이 조약에 따르면, 두 나라의 영토 경계선은 케이프 베르데에서 서쪽으로 370리그 떨어진 곳에서 양극을 긋는 선이었다. 이 선의 동쪽에 있는 땅은 포르투갈 소유지로, 서쪽에 있는 땅은 카스티야 즉 스페인의 소유지가 되었다. 이 조약으로 포르투갈과 스페인은 세계를 반분하여 나눠 갖게 되었던 것이다.

콜럼버스는 다시 항해를 추진하여 몇 차례 더 항해하였다. 1차는 탐사항해였으나, 2, 3, 4차는 황금과 경제적 이익을 위한 항해였다. 2차 원정단은 1493년 9월 25일 출항했다. 17척의 함선에 1,200명을 싣고가서 3-4개의 식민지를 건설할 생각이었는데, 가장 조직적이고 규모가 큰 식민사업이었다. 그러나 1496년 4월 20일 귀국했을 때, 그 결과물이 신통치 않아 스페인사람들은 싸늘한 반응을 보였다. 1498년 5월 30일 5척의 선박으로 편성된

〈그림 6〉 토르데시야스(Tordesillas) 조약

3차 원정단이 출항하였다. 3차 항해는 경제적 이익이 아닌 기독교 전파의 임무를 갖고 있었다. 4차 항해는 1502년 5월 11일 출항했다가 1504년 6월 29일 귀국하였다. 콜럼버스는 12년간 4회 탐험했는데, 탐험 목적이 순수 탐험, 경제적 이익 추구, 종교적인 개종 임무의 순으로 바뀌었다. 결국 그는 자신의 항해 결과 경제적 이익이 적어 죄인으로 식민지에서 스페인으로 압송되었으며, 지위를 박탈당하자 신비주의에 탐닉하여 말년을 보냈다.

스페인의 항해자들은 태평양을 발견하였다. 1513년 데 발보아(Vasco Nuflez de Balboa)가 소형 범선 1척과 원주민 카누 10척에 190명을 태우고 콜롬비아에서 파나마(Panama) 지협으로 항해했다가 9월 25일에 태평양을 발견하였다. 1515-6년 후안 데 솔리스(Juan de Solis)의 함대가 다시 태평양으로 항해했는데, 같은 시기에 포르투갈인들은 필리핀의 루손섬을 확인하였다. 1519년 8월 10일에는 마젤란(Ferdinand Magellan)이 270명을 5척의 선박에 태우고 세비야(Sevile) 항을 출항하였다. 그는 아메리카 대륙의 최남단인 마젤란 해협을 지나 태평양에 진입하는 데 성공하였다. 그는 자신이 새로 본 바다가 잔잔하다고 하여 태평양으로 명명했는데, 필리핀에서 발생한 막탄(Mactan) 전투에서 사망하였다. 그리하여 18명만 1척의 배로 귀국하였는데, 그리하여 그는 세계 일주를 최초로 성공했다는 영예를 가질 수 있었다.

곧이어 태평양 횡단항로도 발견되었다. 1564년 11월 마누엘 로페즈(Manuel Lopez de Legazpi)가 지휘하는 원정대가 필리핀으로 출항했는데, 1565년 6월 1일부터 10월 8일까지 세부(Cebu) 섬에서 아카풀코(Acapulko)까지 항해하였다.

4. 북유럽의 바람

포르투갈과 스페인이 대항해를 주도하고, 토르데시야스 조약으로 지구를 절반씩 니

뉘 갖게 되자, 다른 유럽 국가들은 이 조약에 대해 반발하였다. 프랑스와 네덜란드는 오랜 해양 전통을 갖고 있었으나, 대항해에서는 후발 주자에 속하였다. 그러나 이 조약 때문에 다른 나라의 항해자들은 탐험 항해를 할 곳이 없었다. 그들은 아시아로 가는 북서항로(northwest passage)에 관심을 가졌다. 후자의 경우를 보면, 1524년 다 베라자노(Giovanni da Verrazzano)가 지휘하는 프랑스 원정대가 북미 뉴펀들랜드(Newfoundland) 인근 해역을 항해하였다. 1594년에는 바렌츠(William Barentsz)가 지휘하는 네덜란드 원정 선단 3척이 시베리아의 카라고(Karago)를 향해 항해하였다. 1595-6년에는 네덜란드 원정선단이 중국으로 갈 수 있다 하여 대중국 교역품을 선적하고 다시 출항하였다. 1603년 12월에는 네덜란드의 얀순(Willen Janszoon)이 지휘하는 12척의 원정 선단이 출항하였으며, 후에 인도와 동남아의 반탐(Bantam)에 도착하였다. 1606년 2월 26일에는 퀸즈랜드(Queensland)에 도착하여 오스트레일리아에 상륙한 최초의 유럽인이라는 영예를 갖게 되었다. 1642-4년에는 네덜란드 동인도회사 선원인 아벨 타스만(Abel Tasman)이 뉴질랜드와 피지섬을 최초로 발견하였다. 1609-11년에는 허드슨(Henry Hudson)이 지휘하는 네덜란드 원정 선단이 허드슨 만과 허드슨 해협을 발견하였다.

한편 프랑스와 네덜란드보다 더 후발 주자였던 영국은 북쪽으로 항해할 수밖에 없었다. 그러나 북쪽에는 눈에 덮인 곳들밖에 없었다. 그리하여 영국의 함선들은 포르투갈과 스페인의 독점을 무시하고 주로 해안 지역이나 양국의 선박들을 대상으로 사략행위(privateering)를 하게 되었다.

4. 대항해의 바람이 미친 영향

대항해의 바람이 세계에 미친 영향은 대단히 크고 지속적이었다.

첫째, 유럽은 전 세계의 대양항로를 장악하여 제국주의 시대가 도래하게 했다. 스페인은 유럽 대륙의 제국들을 붕괴시키고, 그 대신 스스로 아시아, 아프리카, 아메리카 대륙에 자체의 제국을 건설하고, 원주민을 강제로 개종하도록 만들었다. 이어서 후발 주자였던 네덜란드, 러시아, 프랑스, 영국도 세계에서 영토를 팽창하고, 그 대신 원주민들을 소수 민족으로 전락시켰다. 둘째, 원주민들을 노예로 만들고, 노예 무역이 성행하게 만들었다. 특히 아프리카 해안지역의 원주민을 노예화하여 아메리카 대륙으로 강제 이송하였으며, 그 바람에 대서양에서 노예 무역이 번성하게 되었다. 셋째, 원주민의 인구가 크게 감소하였다. 그 예로, 아메리카 대륙의 원주민의 50~90%가 유럽인의 질병으로 사망하였다. 넷째, 이른바 '콜럼버스 교환(Columbian Exchange)'이 이루어졌다. 유럽에서 신세계로 전래된 것은 소, 말, 양 등이었고, 신세계에서 유럽으로 전래된 것은 담배, 감자, 옥수수, 사탕수수, 면직물, 금은 등이었다. 다섯째, 세계적으로 인간의 식생활이 변모시켰다. 옥수수와 카사바가 아메리카 대륙에서 아프리카로 전래되었고, 현재까지도 아프리카인의 주식으로 이용되고 있으며, 이러한 식량 부족의 해결로 아프리카의 인구가 증가하였다. 스페인은 중국에 고구마, 옥수수, 땅콩을 전래했으며, 특히 고구마는 1560년에 전래된 후 전통음식의 재료가 되었다. 여섯째, 신세계와 원격지의 문화들이 서로 접촉하였다. 그 결과, 대량살상과 질병의 만연 그리고 노예 제도의 번창이라는 부정적인 영향을 주었는데, 그 정도가 심각하였다. 긍정적인 영향도 부정적인 영향 못지않게 컸다. 세계 지도의 제작이 가능해졌다. 동방의 향신료로 유럽에서 문화 혁명이 도래하였다. 향신료가 음식물이나 그 재료의 저장, 요리 방법, 마약, 강장제, 자극제 등으로 사용되었던 것이다.

일곱째, 세계적인 차원의 교역이 발전하였다. 중국산 동·식물, 곡물, 상품이 세계 교역의 상품이 되었다. 유럽은 중국산 비단과 자기를 수입했는데, 1602~82년의 80년 동안 중국에서 수입한 자기는 600만 점 이상이었다. 유럽은 중국산 자기를 모방하여 생산하기까지 했는데, 메디치(Medicci) 자기와 델페어(Delfware) 자기가 그렇게 해서 탄생하게 되었다. 그러나 명나라가 몰락한 후에는 중국산 자기가 일본과 페르시아산 도자기로 자리바꿈하였다. 여하튼 이 자기 무역으로 유럽과 일본의 은이 대량으로 중국에 유입되었으며, 포르투갈과 스페인이 동남아-중국-일본의 중계무역을 하는 남만 무역시대가 야기하였다.

여덟째, 유럽의 경제 중심지가 지중해에서 서유럽으로 이동했다. 안트워프(Antwerp)가 국제 경제의 중심지와 가장 부유한 도시로 발전했다. 이 도시에는 매일 수백 척이 출입했으며, 매주 2천 대의 마차가 하선하는 무역품을 유럽 전역에 실어나르기 위해 이 도시에 도착하였다. 유럽의 경제중심지는 후에 안트워프에서 암스테르담(Amsterdam)으로 이동하여 '네덜란드의 황금시대(Dutch Golden Age)'를 구가하였다.

아홉째, 유럽에서 인플레이션과 가격 혁명이 발생하였다. 16세기에 스페인은 아메리카 대륙에서 1조 5천억 달러의 은을 자국에 들여왔다. 이 은은 유럽의 전쟁 비용과 예술 진흥에 소진되었으며, 이 은이 이런 방식으로 유럽 전역에 유입되어 광범위한 인플레이션이 발생했다. 결국, 물가 상승과 인구 증가로 지방 산업이 파괴되었다. 실제로 스페인은 16세기 후반기에 1557년, 1560년, 1575년, 1596년 4차례에 걸쳐 국가 파산을 하게 되었다.

중국의 바람은 당대의 세계인들이 상상조차 할 수 없는 엄청난 규모의 원정 선단에 의해 태평양 동부해역과 동남아 해역 및 인도양에서 불었다. 그러나 이 바람은 30년간의 단기간 동안 불다가 사라져버렸다. 중국인들은 세계 역사상 최초로 한 차례 거센 바람을 일으켰지만, 그뿐이었다. 중국은 바다를 포기했던 것이다.

중국의 바람이 잦아질 무렵, 유럽에서 바람이 서서히 불기 시작하였다. 바람이 먼저 포르투갈에서 먼저 불었고, 이어서 스페인에서 불었다. 포르투갈은 아프리카 해안을 일주하여 인도양에 들어서고, 동남아시아를 거쳐 남중국과 일본에 이르는 태평양 동부 해역에서 큰바람을 일으켰다. 스페인은 대서양을 횡단하여 아메리카 대륙에서 엄청난 바람을 일으켰으며, 이 바람을 아메리카 대륙 남쪽을 돌아 태평양으로 진입한 후 횡단하는 것으로 이어갔다. 유럽의 바람은 이후 강풍 상태로 계속 불었다.

유럽의 강풍은 유럽사와 유럽인의 활동 무대를 유럽에서 전 세계로 확장시켰으며, 중세의 몰락과 근세의 태동을 가져왔다. 바람을 돌풍으로 끝내버린 중국과 이 바람을 생각하지도 못한 다른 지역들은 모두 국가의 쇠락과 멸망 혹은 식민지가 되어버렸다. 유럽의 바람은 현재까지도 불고 있으며, 미국을 포함한 유럽인들이 세계의 거의 모든 분야와 지역에서 영향력을 행사하고 있는 것도 바로 이 바람 덕분이라고 할 수 있는 것이다.

II

우리나라의 선박

정진술 | 해군사관학교 충무공연구회 자문위원

1974년 해군사관학교(28기)를 졸업한 후 동아대학교 대학원에서 고고학을 전공하여 문학석사 학위를 취득하였다. 해군사관학교 박물관 기획실장과 전사학과 강사 및 전임강사를 역임하였고, 문화재청 문화재 전문위원 겸 감정위원으로 활약하였다. 현재 순천향대학교 이순신연구소 선임연구원 및 해군사관학교 충무공연구회 자문위원으로 활동하고 있다.
주요 저서로는 〈한국해양사(고대편)〉, 〈한국의 고대 해상교통로〉 등 11권의 저서와 〈조선 수군의 전술 신호 체계에 대한 연구〉 등 37편의 논문이 있다.

1. 선박의 출현

선박이 언제부터 출현하였는지는 정확하게 알 수 없다. 그러나 구석기시대 네안데르탈인의 지브롤터해협 도항설(渡航說)이나 5-6만 년 전 오스트레일리아로의 인류 이동설로 미루어 볼 때, 구석기시대부터는 어떤 형태로든 인류가 바다를 이동할 수 있는 수단을 가졌던 것으로 보인다.

고대 선박에 관한 연구에 의하면, 인류가 최초로 사용한 수상 이동 수단은 통나무였으며, 손이나 발을 물갈퀴(paddle)로 이용하여 그 추진력을 얻었다. 그 후 차츰 발전하여 동물의 가죽으로 만든 가죽배, 갈대나 대나무를 묶어서 만든 뗏목배, 통나무를 파내서 만든 통나무배 등이 출현하였는데, 이러한 원시적인 선박들이 등장한 시기는 서기전 8000년까지 거슬러 올라간다. 이보다 발전된 모습으로서 고고학적으로 드러난 오래된 선박의 증거는 이집트 선왕조시대(先王朝時代)인 서기전 3500년경의 유물이다(〈그림 1〉).

〈그림 1〉 이집트의 선박

〈그림 2〉 메소포타미아의 바구니배

〈그림 3〉 일본의 환목주

그러나 이집트에서 이루어진 이러한 조선술의 발전이 전 세계적으로 일반적인 현상은 아니었다. 서기전 3400년경 메소포타미아 하천에서 사용되던 선박의 모습은 나뭇가지로 만든 바구니 형태이며(〈그림 2〉), 일본의 죠몽시대(繩文時代, 서기전 1만년-서기전 400년) 유물인 환목주(丸木舟)는 전형적인 통나무배다(〈그림 3〉).

중국의 경우는 상(商 : 殷)나라 시대의 갑골문자에 이미 배('舟')나 돛('帆')을 표시하는 문자가 등장하였다. 선박의 유물로는 전국시대의 통나무배가 출토된 바 있고(〈그림 4〉), 또 전국시대의 구리병(銅壺) 표면에 새겨진 누선도(樓船圖)에도 상당히 발달된 구조선(構造船)의 모습이 나타난다(〈그림 5〉).

〈그림 4〉 중국의 독목주(전국시대)

〈그림 5〉 중국의 누선도(전국시대)

우리나라는 2005년에 경상남도 창녕군 부곡면 비봉리의 신석기 시대 유적에서 서기전 6000년경으로 추정되는 통나무배가 출토되었다(〈그림 6〉). 또 함경북도 서포항의 신석기 시대 유적에서 출토된 고래뼈로 만들어진 노의 연대는 서기전 3000년 후반으로 추정되고 있다. 이러한 유물들로 보아 우리나라에서도 매우 이른 시기부터 선박이 사용되었고, 그 선박의 형태는 중국이나 일본의 출토 사례와 비슷한 통나무배였음을 알 수 있다. 청동기 시대(서기전 1000-300년)에 들어서면 울주 대곡리 반구대의 암각화에서 보듯이(〈그림 7〉) 고래잡이 선박이 등장하였다.

〈그림 6〉 창녕 비봉리의 통나무배

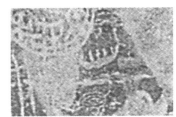

〈그림 7〉 울주 반구대 암각화의 선박

한편, 오늘날에도 남아 있는 제주도의 티우나 강원도 정동진의 토막배는 여러 개의 통나무를 엮어서 만든 고기잡이용 뗏목배인데, 돛을 달아 사용되기도 한다. 이것은 우리 민족이 일찍부터 사용하였던 원시 선박의 형태가 오늘날까지 잔존되어온 것으로 보인다.

선사 시대에 해로는 육로에 비하여 매우 유리한 교통로였다. 육로는 숲과 해충, 맹수와 적대적인 이민족, 그리고 지형 장애물들에 의해 가로막혀 있었다. 그러나 해로는 이러한 장애물들이 없기 때문에 손쉽게 목적지에 도달할 수 있다는 이점이 있었다. 그렇기 때문에 선박의 출현이 수레보다도 빨랐던 것이다.

2. 삼국시대 주형토기

삼국시대 선박의 모습을 알 수 있는 자료가 문헌이나 그림들로 전해오는 것이 없다. 다행히 삼국시대 고분에서 출토된 주형토기(舟形土器)가 당시에 사용되었던 선박의 모습을 전해주고 있다. 주형토기는 고분에서 출토된 선박 모형의 토기를 말하며, 주형토기를 실제 선박으로 복원한 상태는 주형토기선이라 할 수 있다.

〈그림 8〉 경주 금령총의 주형토기

〈그림 9〉 가야의 주형토기

〈그림 8〉은 경주 금령총에서 출토된 5세기경 신라의 주형토기이다. 선박발달사적 측면에서 볼 때, 이 토기들의 구조는 여타의 주형토기들과 세 가지 점에서 다르다. 첫째는 이 토기들에는 노질할 때 지렛대의 지점 역할을 해주는 놋좆(pin)이 없다. 둘째는 선수·선미가 협소하다. 셋째는 여타의 주형토기들이 통나무배의 좌우 뱃전에 보조 판자를 붙여 선수와 선미를 마치 사다리 모양으로 추켜세운 것에 반하여, 이 토기들은 통나무배 그대로의 모습이다.

〈그림 9〉는 가야 지역에서 출토되었다고 전하여지는 5-6세기의 주형토기이다. 이 토기는 놋좆이 12개나 있는 대형 목선의 모습을 띠고 있다. 용골(keel)과 비슷한 모양의 선저는 앞뒤가 뾰족한 유선형의 형태로 만들어져 있다. 이러한 선저 구조는 물의 저항을 줄이고 무게 중심을 낮추어 안전하게 항해하기 위한 것이며, 이와 비슷한 것이 일본의 나가하라(長原) 유적에서도 출토된 바 있다. 선수·선미의 네 모서리에 비스듬히 추켜세워진 구조물은 밧줄을 걸어 육지와 연결시키기 위한 설비이다. 뱃전 위에 설치된 놋좆의 숫자와 선체 내부에 보이는 2개의 횡강력재(橫强力材)의 숫자가 서로 다른 것은 이 선박의 노잡이들이 노를 앉아서 젓지 않고 서서 저었음을 의미한다.

〈그림 10〉은 놋좆이 6개 달린 주형토기로 앞의 주형토기에 비해서 놋좆이 절반에 불과하다. 이것은 선박의 길이가 그만큼 짧다는 것을 의미한다. 그런데 양쪽에 주둥이가 열려 있는 모습이다. 이러한 형태는 선체 구조상 이해되기 어려운 것이다. 그러나 이 토기가 분묘에 부장되었던 점을 고려한다면, 죽은 자의 영혼이 저승으로 향하는 머나먼 여정에서 선박을 타고 가면서 동시에 술도 한잔할 수 있도록 배려하여 제작된 것으로 이해될 수 있다. 이 토기는 고고학적으로 5~6세기의 가야토기로 편년되고 있다.

〈그림 10〉 가야의 주형토기

〈그림 11〉은 선수 · 선미가 쉽게 구별되는 구조이며, 선체 외판에 수레바퀴가 달려있는 모습이 특징적이다. 그런데 선수 아래에 움푹 패여 뾰족하게 앞으로 나와 있는 부분 때문에 이러한 모습의 선박으로 항해한다면 침수가 잘 되어 빨리 침몰할 것이

〈그림 11〉 가야의 주형토기

다. 그러나 이 주형토기는 고분 부장품으로서 죽은 이의 영혼을 위한 수레이자 선박이며 술잔의 의미를 갖고 있다. 즉 영혼이 이것을 타고 저승으로 갈 때 강과 바다는 선박으로 건너고 육지는 수레를 타고 가라는 뜻이 담겨 있는 것이다. 그러므로 이 선박의 원래 모습에는 선수의 뾰족한 부분이 없었을 것이다.

이 선박은 선저가 둥근 것으로 보아 통나무를 파서 만든 것임을 쉽게 알 수 있다. 좌우 뱃전에는 판자로 외판이 올려 붙여져 있으며, 그 위에는 파랑막이가 설치되어 있다. 그리고 선수에는 각각 1개씩 모두 2개의 놋좆이 좌우 뱃전에 설치되어 있다.

이 선박은 여러 주형토기선 가운데 선수·선미가 가장 확실하게 구별되는 것이며, 선미가 낮고 선수가 높이 솟아올라 있는 것으로 보아 주형토기선 가운데 가장 발달된 것이다. 또한 선수 구조로 보아 적어도 1개 이상의 판자를 올려붙여 뱃전이 만들어졌다. 이 선박은 높은 선수 구조와 파랑막이 뱃전 구조로 보아 항양선(航洋船)으로 짐작되는데, 2개의 놋좆이 있는 것으로 보아 노는 2개만 설치되어 있었을 것으로 추정된다. 그러나 이처럼 적은 수의 노로 낼 수 있는 추진력은 대양을 헤쳐 나가기에는 너무 약하다. 따라서 필수적으로 돛을 겸용하였을 것으로 보인다.

이 주형토기는 통나무배로부터 구조선으로 발전되어 가는 모습을 보여주는 것으로서 현존하는 주형토기 가운데 선체 상부 구조가 가장 진보된 모형이다. 고고학적으로 4-5세기의 가야토기로 편년되는 이 주형토기는 당대의 선박 구조에 관한 중요한 모습을 알려주고 있다.

삼국시대 주형토기선의 실제 크기는 어느 정도였을까? 〈그림 9〉와 같이 노를 12개 가진 주형토기선을 실물로 복원할 경우에 놋좆의 간격을 보편적인 90센티미터로 가정하면, 선박의 길이는 최소한 8미터 이상이 된다. 한편, 〈그림 9〉의 승조원은 놋좆의 숫자로 보건대 노잡이 12명과 조타수 2명으로 최소한 14명 이상으로 구성되었을 것이다. 〈그림 10〉처럼 노가 6개 달린 선박은 인원이 그 절반 정도였을 것이다.

삼국시대 선박이 모두 주형토기선처럼 작은 규모였다고 볼 수는 없다. 고구려와 백제가 이미 3~4세기부터 서해 연안을 따라 멀리 중국 남조(南朝)와 교섭하고, 광개토왕이 대규모의 수군을 동원하여 백제를 공격한 것은 상당한 규모의 선박이 아니면 불가능한 일이었기 때문이다. 실제로 아유타국의 공주 허황옥이 타고 왔던 선박은 뱃사공 15명과 공주 일행 20여 명 등 도합 35명이 승선하였으며, 이것으로 미루어 수로왕대 가락국 무역선의 규모를 유추해 볼 수도 있다. 삼국 가운데 가장 뒤떨어졌던 것으로 추정되는 신라의 조선술도 5세기경에는 상당히 진보되었던 것으로 보인다. 『일본서기』 응신(應神) 31년에 무고수문(武庫水門)에 모여 있던 왜국의 많은 선박들이 신라 사신의 실수로 불타버린 사건이 발생하자 신라는 뛰어난 장인들을 보내 다시 건조해준 적이 있었다. 이것은 5세기경의 사실로서 당시에 신라의 조선술이 선박기술자를 왜국에 보낼 정도의 실력을 갖추었던 것으로 보인다.

삼국의 문화가 발달되고 해상 활동이 활발해지면서 조선술도 더욱 발전하였다. 예컨대, 왜국이 백제선 2척을 만들기 시작하였는데 3년 뒤인 653년(의자왕 13년)에 완성하였다. 또 676년에 신라 수군은 기벌포 해전에서 승리하여 당나라 군대를 몰아낸 적도 있다. 이러한 사례들은 삼국시대 말기에 이르면 우리 민족의 조선술이 상당히 발전하여 대형선을 건조할 수 있는 능력을 갖추었음을 보여준다.

3. 통일신라시대의 무역선

통일신라시대의 무역선은 청해진 대사 장보고가 운영했던 교관선(장보고 무역선)이 그 대표적인 선박이라 할 수 있다. 장보고의 활약상으로 미루어 볼 때, 당시의 선박에 관한 자료가 꽤 있음직도 하나, 거의 찾아보기 어려운 것이 현실이다. 현존하는 통일신라시대의 선박에 관한 유물은 1975년에 경주의 안압지에서 발굴된 한 척의 배가 대표적이다[1]. 흔히 안압지선(雁鴨池船)으로 불리는 이 배는 목재를 깎아내서 이어 붙여 만든 매우 간단한 구조의 배이다. 이 배의 길이는 5.9m이고, 폭은 1.2m이며, 그리고 저판(底板)과 양쪽의 현재(舷材) 등 세 조각의 목재로 구성되어 있다(〈그림 12〉).

〈그림 12〉 안압지선

안압지선이 통일신라시대의 유물이지만, 그 선박만 보고서 통일신라시대의 선박이 매우 보잘것없었다고 말할 수는 없다. 신라와 백제는 삼국시대부터 중국 대륙의 여러 나라와 해로를 통하여 활발히 내왕하였으며, 일본에게 조선술을 전해주기도 했었다. 그리고 엔닌의 『입당구법순례행기』에서 보듯이, 통일신라시대 말기에는 장보고의 무역선이 동북아시아의 국제무역을 거의 독점하고 있었다. 이러한 사실들로 미루어 보아, 장보고가 활약했던 통일신라시대의 선박은 대양을 항해할 수 있는 선박이었음을 알 수 있다.

장보고 무역선과 관련하여 2005년에 중국 산동성 봉래(蓬萊)의 고항(古港)에서 14세기 원말명초(元末明初)에 사용되었던 우리나라 선박의 잔해가 발견되었다. 봉래 3호선으로 불리는 이 배의 선저는 전통적인 한선처럼 평저이고, 그 형태는 원양항해에 적합한 유선형이

---

1) 이 외에 2013년에 국립해양문화재연구소가 인천광역시 옹진군 영흥면 소재 섬업벌(무인도) 인근해역에서 통일신라시대로 추정되는 선체편을 발굴하였다.

었다. 비록 사용연대가 9세기 장보고의 활약기와는 멀지만 고려 시대 이전의 우리나라 해외 무역선의 전통을 이어받은 것이라고 보았을 때, 그 선박은 장보고 무역선의 모습을 추정할 수 있는 중요한 근거자료가 될 수 있다.

지금까지 발굴된 고대 선박에 관한 자료와 옛 문헌으로부터 추출한 정보를 종합하고 또한 장보고의 활약상을 참고하여 보면, 장보고 무역선의 몇 가지 특징을 다음과 같이 추정해 볼 수 있다.

첫째, 장보고의 무역선은 선체구조의 높이가 비교적 낮고 갑판 위에 선실을 구비한 선박이었을 것이다. 원양을 항해하는 무역선의 높이가 낮아야 한다는 것은 대양에서 강풍을 만났을 때 선체가 표류하는 것을 막을 수 있으며 또한 선체의 항진(航進) 성능을 향상시킴으로써 조난을 방지할 수 있기 때문이다.

둘째, 장보고의 무역선은 배 밑이 평평한 평저구조선(平底構造船)으로 유선형의 저판이었을 것이다.

셋째, 장보고 무역선의 선수와 선미는 대양을 항해하는데 적합한 유선형의 모습을 띠었으며, 그 끝단은 '방두방소(方頭方艄)' 즉, 네모진 모습의 단면을 가졌을 것으로 추정된다. 이에 대한 증거는 우리나라 선박에 관한 고고학적인 유물, 고대의 회화, 그리고 후대의 한선(韓船)에서 흔히 볼 수 있다.

장보고 무역선의 돛은 어떠한 형태였을까? 우선 두 가지 형태의 돛을 추정해 볼 수 있다. 하나는 이봉(利篷) 돛이다. 이봉 돛은 경범(硬帆)으로도 불리며, 삼실이나 대나무로 짜서 만든 부채형 돛에 활대를 장착한 돛을 말한다. 이봉 돛의 형태는 〈그림 13〉과 같고, 직사각형의 평형범(平衡帆)으로 위에 상활대를 설치하고 아래에는 하활대(질활)를 설치하며, 그 사이에 2-3자 간격으로 대나무 활대를 돛폭에 부착한다. 그리고 활대의 한쪽 편에 밧줄 고리를 만들어 돛대에 건다. 이러한 돛은 조작이 쉽고 역풍에도 항해할 수 있는 특징을 갖고 있다.

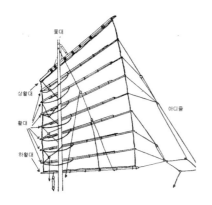

〈그림 13〉 이봉 돛

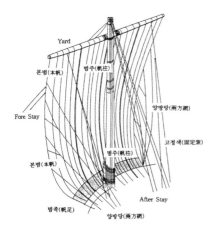

〈그림 14〉 포범

다른 하나는 포범(布帆, 布颿)이다. 포범의 형태는 〈그림 14〉와 같은데, 그 특징은 돛천을 서로 꿰매어 길게 늘어뜨리되 돛폭에 활대가 없다는 점이다.

대부분의 사람들은 장보고 무역선의 돛을 〈그림 13〉과 같은 이봉 돛으로 상상하고 있으며, 장보고 무역선이 역풍을 잘 이용하였다고 본다. 그러나 그 근거가 없으며, 오히려 엔닌의 『입당구법순례행기』에는 신라선이 역풍은 물론 횡풍에도 항해할 수 없었고, 순조로운 바람일 경우에만 항해하였다. 즉 신라선은 이봉 돛을 사용하지 않았기 때문에 역풍뿐만 아니라 횡풍도 이용하지 못했던 것이다. 그러므로 장보고 무역선에 이봉 돛이 아닌 포범이 설치되었다고 추정하는 것이 합리적이라 생각된다.

장보고 무역선이 포범을 설치하였다는 추론은 1123년 송나라 사신 서긍이 관찰한 고려 선박에 포범이 달려 있었다는 사실로도 입증될 수 있다.

4. 고려 시대의 선박

고려 시대의 선박
- 과선(戈船), 검선(劍船), 고려도경의 선박, 일본원정 군선, 조운선 등이 있다.

해저에서 발굴한 고려 시대의 선박
- 완도선 : 1984년 완도군 약산면 어두리에서 인양된 11세기 고려청자 운반선.
- 십이동파도선 : 2004년 군산 십이동파도에서 인양 11-12세기 고려청자 운반선.
- 달리도선 : 1995년 목포 달리도에서 인양된 13-14세기 고려선.
- 안좌선 : 2005년 신안 안좌도에서 인양된 14세기 고려선.
- 봉래선 : 2005년 산동성 봉래수성에서 14세기 고려 무역선 발굴.
- 신안선 : 1976년 신안 앞바다에서 원대의 중국 선박 발굴.

6. 조선 시대의 판옥선과 거북선

1) 판옥선

고려 말에 극성을 부리던 왜구는 조선 왕조에 들어서도 멈추지 않았다. 태조와 태종은 많은 함선을 건조하여 해상에서 적극적으로 왜구를 토벌하였다. 한편으로 삼포개항으로 왜인들에게 무역을 허용하였다. 이렇게 화전양면(和戰兩面) 정책을 통하여 조선은 드디어 왜구를 진압할 수 있었다.

조선은 해상에서 왜구를 제압하기 위해 많은 함선들을 건조한 결과, 세종대에는 829척의 함선을 보유하게 되었으며, 함선의 종류도 매우 다양하였다. 예컨대, 대선 중대선 중선 병선 쾌선 맹선 중맹선 별선 무군선 선 추왜별맹선 추왜별선 왜별선 등 13종에 이르렀다.

세조 대에는 이러한 다양한 함선들을 맹선제도로 통일하였는데, 대맹선(정원 80명), 중맹선(정원 60명), 소맹선(정원 30명)이었다. 이러한 맹선제도는 『경국대전』에 규정으로 삽입되었다. 맹선은 병조선(兵漕船)으로서 전시에는 병선으로, 평시에는 조운선으로 이용되었다.

16세기 중종, 명종 대에 이르자 왜구가 다시 준동하기 시작하였다. 1510년(중종 5)에 일어난 삼포왜란은 왜구가 다시 활개를 치는 계기가 된 사건이었다. 삼포에 거주하던 왜인들이 부산첨사 이우증을 살해하고, 제포를 점령하여 첨사 김세균을 납치하며, 웅천성을 포위하여 성 아래 인가를 분탕하는 등 난동을 자행하였다. 대마도주는 수백 척의 왜선을 보내 부산포, 제포, 거제 등지의 우리 포구를 공격하고, 병선들을 모두 소각하는 만행을 저질렀다. 이후 1522~1523년(중종 17~18)에는 왜구들이 남해와 서해 연안을 약탈하였다.

1544년(중종 39)에는 왜선 70여 척이 경상도 사량진을 침략하는 사량왜변이 발생하였다. 그리고 1555년(명종 10)에는 을묘왜변이 일어났다. 왜선 70여척이 전라도 해남 달량포에 침입하여 전라병사 원적과 장흥부사 한온을 살해하고 영암까지도 침입하는 등 연해를 횡행하며 분탕 살육을 자행하였던 것이다. 을묘왜변은 삼포왜란 이래로 가장 규모가 큰 침략이었고, 왜구들도 매우 강성하여 감당하기가 어려웠다. 이후에도 왜선들은 우리 연해에 수시로 출몰하였다.

왜선들의 침입에 조선의 맹선은 속수무책이었다. 이 당시 왜선은 조선 초기의 왜선들과 달리 고대견실하고, 철포(鐵砲)로 무장하였기 때문에 우리의 맹선이 당할 수가 없었다. 조선은 새로운 전함을 개발할 수밖에 없었고, 1555년에 등장한 판옥선이 곧 그것이었다.

판옥선은 매우 혁신적인 군선이었다. 크기는 대맹선의 승조원이 80명인데 반하여 임진왜란 때 판옥선은 140여 명으로 매우 커서 대포도 장착할 수 있었다. 갑판 위에 판옥을 설치하여 노군들이 판옥 안에서 안전하게 노역을 수행하게 하고, 전투원들은 판옥 위 높은 곳에서 내려다보며 전투를 수행할 수 있었다. 임진왜란 해전에서 판옥선은 그 위력을 잘 발휘하여, 이순신이 거느리는 조선 수군의 승리에 크게 기여하였다.

2) 거북선

거북선의 명칭은 조선 태종 때 처음 보이나 실전적인 거북선의 등장은 임진왜란 직전에 전라좌수사 이순신이 개발한 것이 처음이다. 이순신은 왜적이 침입해올 것을 예견하고 이 거북선을 개발하였다.

거북선의 특징은 모든 승조원을 장갑으로 보호하고, 많은 함포를 장착하여 적선 속으로 돌격작전을 펼 수 있었다는 점이다. 크기는 판옥선만 하며, 위에는 판자로 덮고 판자 위에 십자형으로 좁은 길을 내어 사람들이 올라가 다닐 수 있게 하고, 그 나머지는 칼과 송곳을 꽂아 적이 발붙일 곳이 없게 하였다. 앞에는 용머리를 붙여 그 입으로 현자철환을 치쏘게 하고, 뒤는 거북의 꽁지처럼 만들어 그 밑에서 포를 쏘며, 선체 좌우에도 각각 6개의 포 구멍을 두었다. 안에서는 능히 밖을 내다볼 수 있어도 밖에서는 안을 들여다볼 수 없게 하였다. 이순신은 임진년의 사천해전에서 처음으로 거북선을 투입한 이래 수많은 전투에서 거북선을 돌격선으로 이용하여 승리를 거두었다.

이순신은 처음에 거북선을 3척 건조한 것으로 추정되며, 전쟁이 진행되면서 5척까지 만들었다.

거북선은 1597년 통제사 원균이 거느리는 조선 수군이 칠천량해전에서 패배할 때 모두 사라졌으나, 임진왜란이 끝난 후 다시 5척을 건조하여 각 수영에 배치하였다.

임진왜란 당시의 거북선 모습은 남아있는 그림이 없으나, 다행히 1795년에 편찬된 『이충무공전서』에 '귀선도설'이 있어 그 모습을 상세히 알 수 있다.

7. 맺음말

우리나라의 풍토에서 오랜 세월 동안 독자적으로 형성되어 온 선박을 일컬어 한선(韓船)이라고 부른다. 한선은 예로부터 독특한 구조방식을 가지고 있었다. 두껍고 평탄한 저판을 밑에 깔고 외판을 붙이고 가룡목을 설치한 것으로, 한마디로 평저구조선이라 할 수 있다.

조수간만의 차가 심한 한반도의 지리적 조건에 맞추기 위해서는 평저선이어야 했다. 또 격벽이 없는 대신에 독특한 가룡목을 설치하여 횡강력을 유지하였다. 외판의 접합방식은 턱붙이 클링커 이음방식으로, 아래쪽 외판의 상단면 일부를 따내어 위쪽 외판을 붙여 올린다. 그리고 선수부와 선미부가 사각형 단면으로 되어 있다.

이러한 한선의 특징은 조선 시대까지 그대로 이어져 왔으나 외세의 침투에 따라 선형이 변화되어 오늘날에는 온전한 모습의 한선을 보기 어렵다.

참고문헌

圓仁, 『입당구법순례행기』.

徐兢, 『고려도경』.

국립해양유물전시관, 『목포 달리도배』, 1999.

國立海洋遺物展示館, 『群山 十二東波島 海底遺蹟』, 2005.

國立海洋遺物展示館, 『安佐船發掘報告書』, 2006.

국립해양문화재연구소, 『인천 옹진군 영흥도선』, 2014.

金在瑾, 『韓國船舶史研究』, 서울대학교출판부, 1986.

金在瑾, 『우리 배의 歷史』, 서울대학교출판부, 1989.

金在瑾, 『朝鮮王朝軍船研究』, 일조각, 1991.

김재근, 『거북선』, 정우사, 1992.

金在瑾, 『배의 歷史』, 正宇社, 1993.

金在瑾, 『續韓國船舶史研究』, 서울대학교출판부, 1994.

金在瑾, 『韓國의 배』, 서울대학교출판부, 1994.

文化公報部 文化財管理局, 『莞島海底遺物』, 1985.

이원식, 『한국의 배』, 대원사, 1990.

정진술, 『한국의 고대 해상교통로』, 한국해양전략연구소, 2009.

정진술, 『한국해양사(고대편)』, 해군사관학교, 2009.

山東省文物考古研究所, 烟台市博物館, 蓬萊市文物局編, 『蓬萊古船』 文物出版社, 2006.

스페인의 아메리카 '발견(정찰)', 정복, 그리고 지배

김원중 | 서울대학교 교수

서울대학교 대학원 문학 석사학위를, 스페인 국립 마드리드 콤플루텐세 대학에서 역사학 박사학위를 받았다. 1996년부터 서울대, 인하대, 서울과기대, 연세대 등에서 강의하고 있다.

1. '대항해시대'와 스페인의 아메리카 제국

대항해시대는 15세기 초 이베리아반도 국가들(포르투갈과 스페인)에 의해 시작되고 또 주도되었다. 대항해시대의 문을 연 포르투갈인들은 아프리카를 돌아 아시아의 바다로 들어가 그곳에서 해상제국을 건설하였고('아시아의 바다를 지배했다는 말은 과장'이라는 주장도 있다), 조금 나중에 뛰어든 스페인인들은 아메리카를 '발견'하고 정복하여 그곳에 육상제국을 건설하였다. 본고에서는 그중 스페인의 아메리카 발견과 정복 그리고 지배 과정을 그간 학자들 사이에서 논란이 있었던 문제들을 중심으로 살펴보려고 한다.

스페인의 아메리카 제국 형성과정은 크게 세 단계로 구분해서 살펴볼 수 있다. 첫 번째는 '발견'(혹은 '정찰')의 단계(1492-1510)로서 콜럼버스, 아메리고 베스푸치, 마젤란 등 탐험가들의 활약을 통해 아메리카 대륙에 대해 조금씩 알아가는 단계이며, 두 번째는 '정복'의 단계(1510-1540)로서 '정복자들(conquistadores)'의 활약으로 아메리카의 가장 중요한 정치체들(아스텍 제국과 잉카 제국)이 정복되어 가는 단계이다. 정복자 가운데 가장 중요한 인물은 물론 아스텍 제국 정복을 주도한 에르난 코르테스(Hernán Cortés)와 잉카 제국 정복을 이끈 프란시스코 피사로(Francisco Pizarro)이다. 세 번째, '식민화'의 단계(1540년 이후)는 스페인 국왕이 설치고 돌아다니는 정복자들을 무력화시키고, 관리들을 파견해 아메리카에 대한 실효적 지배를 강화해가고, 동시에 성직자들을 보내 인디언들을 교화시켜가는 과정으로, 상당히 오랜 시간이 걸려서 진행된다.

2. 발견(정찰)의 단계

주지하다시피 스페인의 아메리카 지배는 1492년 콜럼버스의 항해로부터 시작된다. 스페인의 '가톨릭 공동왕(Catholic Kings)'(1474-1516; 이사벨 여왕과, 그의 부군 페르난도를 칭하는 별명이며, 당시 두 사람은 동등한 지위를 가지고 스페인을 통치한 공동왕이었다)이 콜럼버스의 항해를 지원한 이유는 무엇일까? 경제적 동기가 가장 중요했던 것으로 보인다. 즉 향신료(후추, 계피, 생강, 육두구, 정향 등. 그중에서도 가장 중요한 것은 후추였다)를 비롯한 아시아의 산물들을 저렴한 가격에 구입해 유럽에 들여와 비싼 가격에 팔아 이익을 남기겠다는 것이었다. 향신료는 대부분 아시아(동남아시아와 인도)에서 생산되었으며, 이것이 원산지에서는 헐값이었으나 유럽에서는 말 그대로 금값에 팔렸다. 그 가격 차이가 무려 수백 배에 이르렀고 한때는 같은 무게의 금과 후추를 맞바꿨다고 하니 말이다.

산지 가격과 유럽 시작 가격 간의 엄청난 차이의 가장 큰 원인이 여러 차례의 중간 단계를 거치면서 가격이 폭등했다는 점과 상대적으로 위험하고 비용이 많이 드는 육로 운송에 있었기 때문에 누구든 뱃길을 통해서 아시아 원산지에 직접 가서 그것을 대량으로 구입해올 수만 있다면, 다시 말해 중간 유통 과정을 거치지 않고 다량의 향신료를 직접 배로 실어올 수만 있다면 엄청난 수익을 올릴 수 있다는 것을 대부분의 사람들이 알고 있었다. 그래서 콜럼버스는 아시아 항로를 개척하려고 한 것이다. 다만 그는 포르투갈인들이 시도하고 성공을 목전에 두고 있던 방법, 즉 아프리카를 돌아서가 아니라 지구는 둥글다는 가정 하에 곧장 서쪽 바다로 쭉 가다 보면 더 쉽게 아시아에 도달할 수 있을 것으로 생각했고, 그것이 예기치 않게 아메리카라는 신대륙 발견으로 귀결되었던 것이다.

또 하나는 종교적인 동기로서, 기독교를 모르는 사람들에게 기독교를 알리겠다는 것이었다. 중세 이래로 유럽은 유럽의 일부인 이베리아 반도로부터 북아프리카와 지중해 그리고 근동에 이르기까지 무슬림 국가들에 의해 거의 포위되다시피 한 상태였으며, 여러 차례 무슬림들의 공격에 시달리기도 했기 때문에 일찍부터 이슬람 세력을 격퇴하고 기독교를 널리 확산시키겠다는 종교적 열정이 매우 고조되어 있었다. 그리고 11세기 말부터 13세기 말까지 약 2세기에 걸쳐 진행된 중세 십자군 전쟁은 그것을 말해주는 증거라 할 수 있을 것이다. 그런 종교적인 감정은 중세 말 이베리아 반도에서 특히 강했는데, 이곳 이베리아 반도는 8세기 초에 국토의 대부분이 이슬람인들에 의해 정복이 되어 오랫동안 그들의 지배를 받거나 적대적 공존을 감수해야 했다. 이곳에서는 중세 시대 내내 무슬림들을 쫓아내기 위한 싸움이 500년 이상 동안 벌어졌고, 스페인사에서는 이것을 '레콩키스타(revonquista)', 혹은 '재정복운동'이라고 부른다. 그리고 15세기 후반이 되면 재정복이 완료되어 가고 있었고, 그로 인해 종교적 혹은 민족적 열정이 대단히 고조되어 있었다. 이 또한 이베리아 반도인들의 대항해 욕구를 부추긴 또 하나의 요인이었다.

콜럼버스의 아메리카 '발견'은 사실 착각과 우연의 산물이라고 말할 수 있다. 콜럼버스가 지구가 둥글다고 생각하고, 배를 타고 서쪽으로 쭉 가다 보면 아시아가 나올 것이라고 생각한 것은 물론 옳았다. 그러나 그는 유럽과 그가 찾아가려고 했던 아시아 간의 거리를 실제보다 터무니없이 짧게 계산했다. 그는 이탈리아의 천문학자 토스카넬리 등의 계산을 근거로 유럽에서 아시아까지의 거리를 약 5,680킬로미터로 계산했다. 그러나 실제 거리는 그보다 세 배가 넘는 18,826킬로미터였다. 만약 콜럼버스가 실제 거리를 정확히 알았

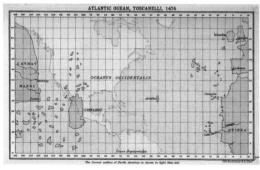

〈그림 1〉 이탈리아 천문학자 토스카넬리가 추정한 유럽과 아시아 간의 거리. 콜럼버스는 이를 근거로 아시아까지의 거리를 계산하였다.

더라도 항해를 감행했을까? 그러지 않았을 것이다. 18,000킬로미터의 거리는 그 당시 선박이나 항해 기술로는 도저히 도달할 수 없는 거리였기 때문이다. 또 그는 유럽과 아시아 사이에 아메리카 대륙이라는 거대한 '장애물'이 가로막고 있을 것이라고는 꿈에도 생각하지 못했다. 그런 점에서 콜럼버스의 '아메리카 발견'은 착각과 우연의 산물이었던 것이다.

오늘날 콜럼버스는 열띤 논란의 대상이 되고 있다. 제2차 세계대전까지만 해도 콜럼버스가 위대한 영웅이라는 견해에 별 의문이 제기되지 않았다. 그러니까 콜럼버스는 온갖 편견과 장애물을 극복하고, 세계 역사를 바꾸어 놓게 될 위대한 항해를 이루어낸 위대한 인물 혹은 신화적인 영웅으로 여겨졌던 것이다. 그러나 제2차 세계대전 이후로 그의 '발견'과 그리고 그 발견이 가져온 영향에 대해 새로운 관점들이 나타났다. 이 새로운 관점들은 콜럼버스의 항해가 유럽인들에게 가져다준 긍정적인 측면이 아니라 그의 항해로 막대한 피해를 입게된 사람들, 그중에서도 특히 아메리카 원주민들의 입장을 많이 반영하고 있기 때문에 "패자들의 관점"이라고 부를 만하다. 콜럼버스의 발견이 유럽의 발전에 긍정적인 영향을 끼쳤다는 데에는 의심의 여지가 없다. 그 영향은 경제 분야에서 가장 분명하게 나타났는데, 아메리카에서 생산된 엄청난 양의 귀금속이 유럽으로 흘러들어가 가난한 대륙이었던 유럽이 세계 경제를 주도할 수 있는 기반을 마련할 수 있게 되었고, 또 아메리카 대륙은 유럽인들이 생산한 상품을 처분할 수 있는 거대한 시장을 제공해주었다. 그리고 그것들은 다른 요인들과 함께 작용하여 유럽의 경제적 근대화와 자본주의 발전에 엄청난 자극을 주었으며, 결과적으로 그것이 비유럽에 대한 유럽의 지배 과정을 촉진시켰다는 데에는 의심의 여지가 없다.

그러나 비유럽인들, 특히 아메리카 원주민들에게는 콜럼버스의 발견과 그것의 속편인 정복이 이루 말할 수 없는 재앙이었다. 우선 유럽인들의 무지막지한 폭력, 가혹한 착취, 유럽인이 가지고 간 역병, 그리고 그로 인한 사회 조직의 붕괴 등은 아메리카 인디오들에게 역사상 유례없는 파괴적인 인구 재난을 안겨주었다. 1492년부터 1575년까지 원주민 인구는 무려

90% 이상이 감소한 것으로 추정된다. 또한, 콜럼버스의 발견과 스페인 정복자들의 정복은 아스텍 문명 혹은 잉카 문명 같은, 당시 전성기를 구가하고 있던 원주민 문명을 철저하게 파괴시켰다. 원주민들의 문명은 오늘날 거의 흔적만 남아 있을 뿐이다.

3. 정복의 단계

아메리카 영토의 대부분이 스페인의 지배하에 들어가게 된 것은 전적으로 스페인 정복자들 덕분이었다. 그러면 정복자들은 어떤 사람들이었을까? 정복자들은 스페인 왕의 명령을 받아 아메리카를 정복하기 위해 스페인으로부터 파견된 군인들이었을까? 그렇게 생각하기 쉽지만 그것은 사실과 다르다. 아메리카 정복은 이론적으로는 국왕이 주도하는 사업이었지만 실제로는 민간인 집단에 의해서 민간인 자신들의 비용으로 수행되었다. 예를 들어, 아스텍 제국의 정복은 당시 쿠바 섬에 살고 있던 민간인들이 원정대를 조직하여 떠난 것이었다. 다만, 그 민간인 원정대는 국왕의 허가를 받아야 했다. 그러니까 정복 원정을 주도하는 사람이 스페인 왕과 일종의 계약을 체결해야 했고(이를 '카피툴라시온Capitulación'이라고 했다), 그 원정 대장이 정복에 필요한 모든 것, 즉 선박, 병력, 무기 등을 마련해야 했다.

계약 내용은 그때그때 달랐는데, 대개 만약 정복에 성공하면 그 원정 대장(대개 그는 왕으로부터 '아델란타도adelantado'라는 직책을 부여받았다)에게 어떠어떠한 권리를 주겠다는 내용으로 되어 있었다. 중요한 원주민 왕국을 정복한 경우 정복 후에 원정 대장이 그 지역에 대한 지배권을 갖게 되는 것이 일반적이었는데, 그러니까 정복하고 나서 그 지역의 지배자가 되어 왕의 고위 관리 자격으로 원주민들을 다스리고, 동료 정복자들에게 엔코미엔다(encomienda; 이에 대해서는 이 글의 뒷부분 참조)를 하사하고, 하급 관리를 임명하는 등의 통치 업무를 맡아보게 하는 것이다.

또 정복 원정대는 초보적 형태의 합자회사 혹은 벤처기업이었다고 말할 수 있다. 원정에 참가하는 사람들은 능력에 따라 군사적으로 그리고 재정적으로 원정에 기여를 하고(즉 기병과 보병으로 정복 전투에 참여하고, 원정에 필요한 모든 물자를 대원 자신들이 마련해야 했다), 나중에 정복에 성공하면, 그러니까 부유한 원주민 왕국을 정복하여 많은 재물을 탈취하는 데 성공하면 먼저 왕의 몫(5분의 1)을 떼고, 들어간 경비를 제한 다음, 나머지는 원정에 참여한 사람들이 각자의 서열과 그 사업에 공헌한 정도에 따라 사전에 약속한 대로 나눠 갖는 것이었다. 그런 점에서 이 원정대는 일종의 합자회사라고 할 수 있다는 것이다.

정복 사업은 비용도 많이 들고 자칫하면 목숨도 잃을 수 있는 위험한 사업이었다. 그럼에도 정복자들은 왜 앞다투어 정복에 뛰어들었다. 왜 그랬을까? 무엇보다도 부자가 되어서 남들 위에 군림하고 지배하고 싶은 마음이 가장 큰 이유였을 것이다. 정복자들을 정복에 뛰어들게 만든 요인으로 자주 거론되는 것이 3G, 즉 God(신앙전파), Gold(부), Glory(명예)인데, 그 가운데 Gold가 가장 중요한 요인이었음이 분명하다. 많은 정복자들이 그 점을 말해주는 글을 남기고 있는데, 예를 들어 아스텍 제국을 정복한 정복자 코르테스는 "나는 여기에 금을 구하러 온 것이지 농부처럼 밭을 갈러 온 것이 아니다"라는 말을 남겼다. 정복자들은 무엇보다도 '엘도라도(El Dorado; 황금의 나라)'를, 그

〈그림 2〉 아스텍 제국을 정복한 정복자 에르난 코르테스와 아스텍의 황제 목테수마의 첫 만남.

리고 그 부를 통해 얻게 될 권력을 찾아 험준한 아메리카 밀림을 누비고 돌아다녔던 것이다.

또한, 스페인 정복자들은 불과 수백 명의 오합지졸이라고 할 수 있는 병력으로 수백만 명의 인구를 가진 원주민 제국들을 단시일 내에 정복했다. 코르테스는 불과 500명가량의 병력으로 수백만 명의 인구를 가진 아스텍 제국을 불과 2년 만에 정복했다. 그보다 10년 후에 피사로는 코르테스의 원정대보다 훨씬 적은 180명의 병력으로 역시 수백만 명의 인구를 가진 잉카 제국을 2년도 안 되는 기간에 정복했다. 이것은 세계 전쟁 사상 유례를 찾을 수 없을 정도로 놀라운 성과였다. 어떻게 그처럼 적은 수의 스페인인들이 그렇게 거대한 제국을 그렇게 단기간 내에 정복할 수 있었을까? 학자들은 이 문제를 두고 오랫동안 논쟁을 벌여왔고 지금도 그 논쟁은 끝나지 않고 있다. 그러나 학자들은 대체로 다음과 같은 결론을 내리고 있다.

첫째는, 군사적 요인이다. 즉 스페인인들이 군사적으로 아스텍인들보다 여러 가지 점에서 우월했다는 것이다. 아메리카 인디언들은 다른 분야(천문학, 수학, 건축 등)에서는 유럽인들 못지않은 수준을 자랑했으나 군사적으로는 원시적인 수준을 벗어나지 못했다. 우선 무기가 그러했는데 그들은 당시 아직 철의 사용을 알고 있지 못했다. 그들의 가장 중요한 무기가 일종의 칼이라 할 수 있는 것인데, 그것은 나무 몽둥이에 날카로운 돌을 박아놓은 것이었다. 이런 원시적인 무기로 스페인인들의 강철 칼과 창을 이겨내기는 어려웠다.

또 스페인인들이 가지고 간 말과 대포는 그 수가 그리 많지는 않았지만 원주민들의 상상을 뛰어넘는 놀라운 것이었다. 원주민들은 소나 말처럼 덩치가 큰 가축을 알고 있지 못했다. 그들은 개나 닭, 오리 같은 작은 가축을 가지고 있었을 뿐이다. 그런 그들에게 전투용 말은 놀라 자빠지게 할 정도로 거대한 짐승이었고, 적어도 전쟁 초반부에는 원주민들을 공포에 떨게 만들었다. 군마(軍馬)를 탄 스페인 기병은 특히 전쟁 초반부에 오늘날의 전차에 상당한 위력을 발휘했다고 전해진다. 대포 또한 무엇보다도 그것이 내는 엄청난 굉음 때문에 원주민들을 혼비백산하게 하여 그들의 전투 능력을 약화시켰다.

전쟁에 대한 개념 차이도 원주민들에게 불리하게 작용했다. 아스텍인들에게 전쟁은 다른 부족들로부터 공납을 받기 위해서(전쟁에서 지면 승자들에게 공납과 부역을 바쳐야 했다), 아니면 신들에게 희생 제물로 바칠 포로를 확보하기 위해서였으며(이를 '꽃의 전쟁'이라고 불렀다), 그러므로 전쟁에서 상대방을 죽이는 것은 전쟁 목적에 위배되는 것이었다. 그에 비해 스페인인들의 전쟁 목표는 상대방을 되도록 빨리 많이 죽이는 것이었다. 인디언들과 유럽인들은 이처럼 전쟁에 대한 생각이 완전히 달랐고, 이 점도 전투에서 원주민들에게 불리하게 작용했다고 하겠다.

그러나 그보다 더 중요한 요인은 정신적 요인이었다. 스페인인들과 원주민들의 전쟁에 임하는 정신 상태가 달랐다. 정복자들은 자신들의 문명과 종교가 원주민들의 그것보다 압도적으로 우월하다고 생각했다. 그들이 볼 때 원주민들은 산 사람을 신에게 희생 제물로 바치고, 식인 관습을 갖고 있는 미개인이고 야만인이었다. 그런 그들에 대해 스페인인들은 자신들의 문명과 종교에 압도적인 우월감을 가졌고, 그 우월감이 정복자들에게 무모할 정도로 성공에 대한 확신과 자신감을 가져다주었던 것으로 보인다. 그에 비해 아메리카 원주민들의 정신 상태는 정반대였다. 그들은 스페인인들을 침입자로 생각해서 맞서 싸울 것인지, 아니면 신이라고 생각해서 영접할 것인지를 결정하지 못한 채 망설이고 주저했다.

기록에 따르면 그들은 '케찰코아틀'이라는 신을 기다리고 있었는데, 정복 당시 아스텍 황제는 여러 가지 징후를 보고 코르테스 일행이 자신들이 기다리던 신이 아닐까 하는 의구심을 갖고 있었던 것으로 보인다. 그래서 인디언 지도부는 다가오고 있는 스페인인들을 위험한 적으로 간주하여 결연하게 대응할 생각을 하지 못하고 계속해서 주저하고 우왕좌왕하는 모습으로 일관했다. 아스텍 제국 지도부의 이런 우유부단함은 결국 스페인 정복자들에 대해 그들과 싸워보지도 않고 영접하여 맞아들이는 결과로 이어졌다(후에 스페인인들이 신이 아니라는 것을 깨닫고 완강하게 저항했지만 그것은 이미 상황이 되돌릴 수 없을 정도로 되고

난 이후의 일이었다).

셋째, 가장 중요한 요인은 원주민 사회의 내분이었다. 당시 멕시코 제국은 수많은 부족들로 이루어지고 있었는데, 아스텍인들은 북쪽에서 이동해 들어와 부족들을 하나하나 정복하여 제국을 완성해 가고 있었다. 그런데 아스텍인들은 지배 영토를 확대시키는 과정에서 제국 곳곳에 불만을 품은 적대 세력들을 만들어놓고 있었다. 아직 아스텍 제국에 정복되지 않은 상태에서 그들에 대항하여 맹렬하게 싸우는 부족도 있었고(틀락스칼라족Tlaxcalas이 대표적이다), 정복을 당해서 어쩔 수 없이 공납을 바치고는 있었지만 아스텍 지배자들을 마음속으로 증오하고 복수할 기회만 노리는 부족들도 많았다. 그러니까 당시 아스텍 제국은 하나로 통일된 사회가 아니었던 것이다. 코르테스는 이런 인디언 사회의 내분을 아주 교묘하게 이용했고, 이 불만 세력들을 자신의 동맹으로 만들었으며, 그럼으로써 코르테스의 원정대는 원주민 아스텍인들에 대하여 수적 열세를 상당히 만회할 수 있었다.

넷째, 전염병의 역할도 중요했다. 스페인인들과 아스텍인들 간에 최후의 일전이 벌어지기 직전에 그 지역에 천연두가 퍼져서 아스텍 쪽의 지도부가 붕괴되는 등 그들의 전투 능력이 크게 약화되었던 것이다.

원주민 제국들이 정복되고 나서 아메리카에서 나타난 가장 놀라운 현상 가운데 하나는 인디언 인구의 급속한 감소였다. 유럽인들이 아메리카에 처음 도착했을 때 아메리카 원주민의 수가 얼마나 되었는가에 대해서는 학자들의 주장이 너무나 다양해서(2,000만에서 1억 명 이상까지) 확실하게 말할 수 없다. 그러나 확실한 것은 유럽인이 도착하고 나서 원주민 인구가 놀라울 정도로 빠른 속도로 감소했다는 것이다. 채 한 세기가 지나기 전에 90% 이상 감소했다는 것이 정설로 되어 있다.

이 같은 인구 급감의 원인에 대해서는 과거에는 '흑색전설'(Leyenda Negra; 영미권에서 생겨난 것으로, 스페인과 스페인적인 모든 것을 부정적으로 설명하는 경향을 말한다)의 한 형태로, 스페인인들의 무지막지한 폭력과 착취가 인구 감소의 가장 중요한 원인이라는 것이 지배적인 설명이었다. 정복 과정에서 스페인인들이 저지른 무자비한 만행과 학살, 그리고 그 후 지배자가 된 스페인인들이 저지른 학대와 착취가 인구 감소에서 어느 정도의 역할을 했는가는 이미 당시 스페인인들 사이에서 치열한 논란거리가 된 바 있으며, 그것은 지금도 계속되고 있다. 당시 스페인인들이 저지른 만행에 대해서는 많은 기록들이 남아 있는데, 스페인 인들의 무자비한 폭력이 인구 급감의 한 원인이었음은 의심할 여지가 없다.

그렇지만 그보다 더 중요한 원인은 유럽인들이 자기들도 모르게 아메리카로 들여온 전염병이었다는 것 또한 의심의 여지가 없다. 원주민들은 오랫동안 유라시아 대륙의 질병으로부터 격리되어 있었고, 그래서 유럽인들이 가지고 온 구대륙의 병들에 대해서 면역력을 전혀 갖고 있지 않았기 때문에 그런 병들에 쉽게 죽어 나갔던 것이다. 그러니까 유럽인들에게는 치명적이지 않은 병이 면역 체계를 갖고 있지 않은 원주민들 사이에서는 엄청난 사망자를 만들어 냈던 것이다. 그중에서도 특히 천연두로 인한 인명 피해가 가장 컸던 것으로 보인다.

그리고 역사적으로 이런 원주민 인구의 감소 못지않게 중요한 현상이 원주민들의 몰살로 노동력이 부족해지자 그것을 보완하기 위해 대규모의 아프리카 흑인들을 노예로 데려온 것이다. 아프리카에서 아메리카로 팔려간 흑인 노예의 수는 1500년경부터 약 300년 동안 적어도 1000만에서 1200만 명으로 추산된다.

4. 지배(식민화)의 단계

아메리카와 아메리카 원주민들은 스페인인들에게 완전히 새롭고 낯선 현상이었다. 유럽인들의 인식 체계에 들어있지 않은 사람들이었다. 아프리카와 아시아에 대해서는 유럽인들이 비록 매우 부정확하기는 했지만 약간은 알고 있었다. 그런데 아메리카와 그 주민들에 대해서는 그들의 존재조차 모르고 있었다. 그러기 때문에 16세기 스페인에서는 이들이 누구이고, 어떻게 대해야 하는가가 중요한 논쟁거리로 대두되었다.

16세기 스페인 지식인들 사이에서 벌어진 논쟁의 초점은 "인디언들이 진정 유럽인들이 생각하는 그런 의미의 완전한 인간인가, 아니면 여러모로 불완전하여 유럽인들의 노예가 되어 마땅한 하급 인간인가"에 대해서였다. 이에 대해서 학자들은 인디언들을 "고귀하고 완전한 인간"으로 보는 입장과, "비천하고 불완전한 인간"으로 보는 입장으로 의견이 갈렸다.

1550년-51년 열린 이른바 '바야돌리드 논쟁'은 이 문제를 둘러싸고 벌어진 논란의 정점이라고 할 수 있다. 그러니까 스페인 국왕이 양쪽을 대표하는 두 이론가를 바야돌리드라는 도시로 불러 각자의 견해를 개진하게 한 것이다. 여기에서 궁정사가인 후안 히네스 데 세풀베다(Juan Gines de Sepulveda)는 아리스토텔레스의 "천부적 노예론"에 입각하여("사람들 중에는 우월한 사람이 있고 열등한 사람이 있으며, 우월한 사람이 열등한 사람을 지배하는 것은 당연하다"는 것이 그 요지이다), "문명이 야만을 지배하는 것은 당연하고 정당하다. 원주민은 야만인이다. 그들이 하고 있는 우상숭배, 인신공희, 그리고 식인풍습 등의 악습이 그 증거이다"라고 말하면서 인디언들의 노예화는 정당하다고 주장했다.

이에 대해 "인디언들의 보호자"라는 별명을

〈그림 3〉'인디언의 보호자' 바르톨로메 데 라스 카사스
(Bartolomé de las Casas)

갖고 있었던 바르톨로메 데 라스 카사스(Bartolomé de Las Casas) 신부는 역시 고대 사상가들과 초기 기독교 사상가들의 이론을 인용하면서 세풀베다의 견해를 조목조목 반박하고, "법과 통치 기구를 가지고 있는 인디언들은 결코 야만인이 아니다"라고 주장했다. 그러므로 사랑과 관용과 친절로, 그리고 평화적인 설득을 통해 원주민들을 기독교로 인도하고 문명으로 이끌어야 한다고 주장했다.

이 두 주장 가운데 결국 스페인 정부의 공식적인 입장으로 채택된 것은 후자였다. 그러니까 적어도 이론적으로는 아메리카 원주민도 스페인 왕의 다른 백성들과 마찬가지로 자유로운 백성으로 간주해야 된다는 점이 인정되었고, 그 원칙에 입각하여 제정된 법이 공포되기도 했다. 그러나 이론과 현실은 많이 달랐는데, 이런 공적인 원칙에도 불구하고 현실에서는 원주민들이 사실상 노예나 다름없는 신세가 되어 백인들의 가혹한 착취에 시달려야 했던 것이다.

그렇다면 왜 그런 일이 벌어지게 되었을까? 앞서도 언급했지만 스페인 지배자들은 법적으로는 아메리카 원주민들도 스페인 왕의 다른 백성들하고 똑같은 신분의 사람들이고 똑같이 대우해야 한다는 입장을 견지했다. 또 그들은 스페인인들이 신이 선택한 민족이며, 따라서 신법이나 자연법에 반하는 행동을 해서는 안 된다고 생각했다. 인간을 노예로 만들어서 부려먹어서는 안 된다고 생각했으며, 기독교를 모르는 사람들에게 복음을 전파하고 문명을 모르는 사람들에게 문명을 알게 하는 것이 신이 자신들에게 부여한 소임이라고 생각했다. 적어도 공식적으로는 스페인 왕과 교회가 그런 입장을 견지하고 있었다.

그런데 생각과 현실은 달랐다. 스페인 왕은 아메리카에서 정복이라는 공을 세운 정복자들에게 보상을 하지 않으면 안 되었고, 그 보상은 원주민들로부터 공납과 노동(부역)을 제공받게 하는 것 말고는 달리 없었다. 그래서 아메리카 원주민들의 공납과 부역을 누가 어떻게 수취하고 통제할 것인가를 둘러싸고 이해당사자들 간에 날카로운 갈등이 나타났는데, 그 갈

등의 주요 당사자는 정복에 참가한 정복자들(그리고 그 후손들), 국왕, 그리고 교회(탁발수도승들)였다.

먼저, 아메리카 현지의 정복자들은 정복자로서 자신들이 바친 봉사에 대해 국왕이 합당한 보상을 해주기를 원했다. 구체적으로 그들은 무수한 피정복민들, 즉 원주민 백성들에 대해 영주권(지배권)을 행사하고, 스페인의 귀족들 못지않은 부를 쌓고, 사회를 지배하는 세습적인 귀족이 되기를 원했다. 왕도 이들의 요구를 무시할 수만은 없었기 때문에 식민 초기에 국왕은 엔코미엔다(encomienda) 제도를 통해 인디언들에 대한 그들의 지배를 인정했다. 이 제도는 원래 중세 시대 스페인에서 생겨난 것으로서, 정복의 공을 세운 백인 정복자들에게 일정 지역의 원주민들을 보호하는 책임을 맡게 하는 대신 그 주민들로부터 공납과 부역을 수취할 권리를 부여하는 것이었다.

그런데 문제는 엔코멘데로들(encomenderos; 엔코미엔다를 하사받은 사람들)이 이 제도를 악용해서 자신들에게 맡겨진 인디언들을 사실상 노예로 만들어 무제한적인 착취와 폭력을 저질렀고, 그로 인해 수많은 원주민들이 죽어 나가고, 그 때문에 원주민 인구가 급속도로 감소한 것이다. 정복 초기 엔코미엔다 제도는 끔찍한 노예제와 다르지 않았으며, 스페인인들이 아메리카 원주민들을 노예로 만들어 부려먹는 도구에 불과했다.

이렇게 변질된 엔코미엔다 제도에 대해 국왕과 가톨릭 교회가 방관자적 태도를 취할 수만은 없었다. 먼저 국왕은 아메리카가 장차 가져다줄 엄청난 경제적 이익에 큰 관심을 갖고 있었고, 또 정복자들과 그 후손들이 엔코미엔다 제도를 이용하여 봉건영주처럼 되어 자신의 영향권에서 벗어나도록 놔둘 생각도 없었다. 또한, 인디언들의 영혼을 구원하겠다고 교황에게 한 약속도 간과할 수 없었다. 그러므로 왕은 아메리카의 새로운 백성들의 문제에 적극적으로 개입하게 되었다.

또 하나의 당사자가 가톨릭 교회였다. 스페인 왕이 아메리카에 대한 지배권을 교황으로부터 인정받게 된 근거가 아메리카 원주민들에 대한 전교였기 때문에 이 인디언들의 기독교화는 스페인 왕에게 무엇보다도 중요한 문제였다. 그런데 당시 스페인 왕은 이 사업을 재속사제들(주교들)에게 맡기지 않고 탁발수도회들(프란체스코회, 도미니코회 등)에게 위임했는데, 그것은 그들이 16세기 초 활발한 개혁으로 도덕적 혹은 지적 자질 면에서 훨씬 더 적합하다는 판단에서였다. 당시 탁발수사들은 재속사제들보다 더 많이 알고, 더 충성스럽고, 더 양심적인 사람들로 인정받고 있었던 것이다.

이 탁발수사들은 정복자들과는 달리 대체로 아메리카 원주민들의 자질을 상당히 높게 평가하였고, 아메리카 대륙에서 순진무구한 원주민들을 통해 이상적인 기독교 사회를 만들어 보겠다는 바람을 품고 있었다. 그런데 원주민들이 스페인 정복자들의 학대와 폭력으로 급감하고 있는 상황에서 그런 추세가 계속된다면 자신들의 바람은 실현되지 못할 것이고, 그렇게 되면 교회의 체면은 땅에 떨어지고 말 것이라는 우려를 갖고 있었으며, 어떻게든 그런 사태를 막아야만 했다.

결국 엔코미엔다 제도의 악화와 인디언들의 노예화에 먼저 제동을 걸고 나선 것은 이 탁발수사들이었다. 그중에서도 이 움직임에 앞장선 인물이 앞에서도 언급한 라스 카사스 신부였다. 라스 카사스 신부는 원주민들에 대한 엔코멘데로들의 야만적인 폭력을 신랄하게 비난하고, 엔코미엔다 제도의 폐지를 위해 죽을 때까지 노력했으며, 그리하여 "인디언들의 보호자"라는 별명을 갖게 되었던 것이다.

기본적으로 엔코미엔다 제도에 대한 국왕의 생각도 탁발수사들과 크게 다르지 않았다. 그렇지만 왕은 정복자들과 그 후손들의 강력한 반발도 고려하지 않을 수 없었기 때문에 그들의 눈치도 보지 않으면 안 되었다. 그렇지만 장기적으로는 스페인 왕들도 개혁적인 성직자들의 지지를 등에 업고 여러 차례의 법 제정을 통해서 이 엔코미엔다 제도의 부작용을 줄이고 궁극적으로는 폐지를 위해서 애를 썼고(1542년의 '신법'은 장기적으로 엔코미엔다 제도의 폐지를 약속하는 것이었다), 결국 이 제도는 개혁 성직자들과 국왕들의 끈질긴 노력으로, 그리고 무엇보다도 역병에 따른 원주민 인구의 급감으로 점차 약화되고 소멸되어 갔다. 그러나 그렇다고 원주민들에 대한 스페인인들의 착취가 없어진 것은 물론 아니었는데, 왜냐하면 백인들은 엔코미엔다 제도 대신 다른 착취 도구들을 계속해서 만들어냈기 때문이다.

아직 끝나지 않은 대항해시대, 심해로의 도전

김웅서 | 한국해양과학기술원 책임연구원/한국해양학회 회장

현재 한국해양과학기술원 책임연구원이며 과학기술연합대학원 대학교(UST) 교수. 서울대학교 생물교육과와 해양학과에서 공부하고 같은 학교 대학원에서 해양학을 전공하였으며, 미국 뉴욕주립대학교(Stony Brook)에서 해양생태학으로 이학박사를 받았다. 한국해양연구원 선임연구본부장과 한국해양과학기술원 부원장을 역임하였으며, 현 한국해양학회장이다. 심해잠수정을 타고 수심 5,000미터가 넘는 태평양 해저를 탐사하였고, 해양실크로드 탐험대장도 하였다. 바다가 없는 서울에서 태어나 평생 바다와 인연을 맺으며, 바다에 관한 많은 책을 저술하였다.

시대가 바뀌면서 바다를 보는 시각도 변해왔다. 바다를 잘 모르던 시절, 깊이와 넓이를 알 수 없는 바다는 두려움과 동경의 대상이었다. 수평선 너머 멀리 배를 타고 가면 폭포로 떨어진다고 생각했다. 지금 들으면 어처구니없지만, 그 당시 지식의 한계로는 그럴듯했을지 모른다. 항해술의 발달로 15세기 들어 열린 대항해시대에 바다는 모험과 개척의 장소였다. 바닷길이 열리자 부를 얻기 위한 물자 교류와 식민지 쟁탈전이 벌어졌다. 해양에서 힘을 기른 강대국들이 세계를 지배하기 시작했다. 20세기 중반 들어 해양과학기술이 발달하고 유엔해양법 기초가 만들어지면서 바다는 육지처럼 영토로 인식되고, 자원 개발의 각축장으로 변하였다. 대항해시대는 범선을 이용한 2차원 바다 탐험시대였다. 대항해시대는 아직 끝나지 않았다. 지금은 잠수정을 이용해 심해까지 탐사하는 3차원 대항해시대다.

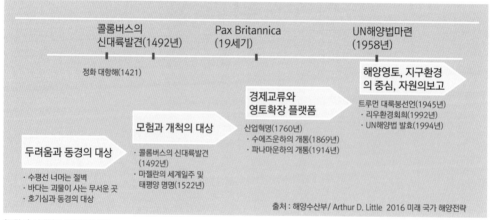

〈그림 1〉 시대별로 본 바다의 의미

멀리 있는 것을 보려면 망원경이 필요하다. 아주 작은 것을 보려면 현미경이, 물속에서 물 밖을 살피려면 잠망경이, 우리 몸속을 들여다보려면 내시경이 필요하다. 2차원 대항해시대에는 새로운 세계를 찾기 위해 돛을 달고 바람의 힘으로 달리는 범선이 필요했다. 3차원 대항해시대에는 심해저 자원을 찾아 무시무시한 압력을 견디며 깊은 바다 속으로 잠항할 수 있는 잠수정이 필요하다. 잠수정에는 사람이 탈 수 있는 유인잠수정과 사람이 타지 못하는 무인잠수정이 있다. 무인잠수정은 다시 원격조종무인잠수정과 자율무인잠수정으로 나뉜다. 이런 장비가 있어 우리는 바다 깊은 곳까지 손길을 뻗칠 수 있다.

우주개발 경쟁을 하듯 선진국들이 심해개발 경쟁을 하는 것은 미래 자원 확보와 무관하지 않다. 심해에 잠자고 있는 무궁무진한 자원을 개발하기 위해서는 심해 유·무인잠수정이 필요하다. 해양과학기술 발전을 위함은 두말할 나위 없다. 현재 미국, 프랑스, 일본, 러시아, 중국만이 6,000m 이상 들어갈 수 있는 심해유인잠수정을 보유하고 있으며, 인도, 오스트레일리아 등은 개발 중이다. 중국과 일본은 경쟁적으로 11,000m급 심해유인잠수정 건조 경쟁을 하고 있다. 우리나라는 과학자들이 직접 타고 심해 탐사를 할 수 있는 심해유인잠수정은 보유하고 있지 않지만, 6,000m급 심해무인잠수정은 '해미래'를 가지고 있다.

한국해양과학기술원과 부설 선박해양플랜트연구소 탐사팀은 2016년 4월 괌 주변의 마리아나 해저분지에서 '해미래'를 이용하여 약 보름간의 심해 탐사를 마쳤다. 해미래는 2006년 우리나라가 만든 6,000m급 원격조종무인잠수정이다. 해미래는 2015년 동해 심해탐사에 이어, 수심이 더 깊고 해저 지형이 복잡한 바다로 탐사 영역을 넓혔다.

괌 주변 바다는 아주 역동적인 곳이다. 수심이 11,000m에 달하는 지구에서 가장 깊은 마리아나 해구가 이 근처에 자리 잡고 있다. 괌 인근 해저분지에는 마그마가 흘러나와 만들어진 해저산들이 있다. 화산활동이 활발하여 섭씨 350~450도의 뜨거운 물이 솟아 나오는 열수분출공도 여럿 있다. 미국 정부는 이 심해온천 해역을 천연기념물로 지정하여 특별 관리하고 있다.

해미래는 뜨거운 물이 솟아 나오는 열수분출공을 탐사하였다. 갈라진 해저지각 틈 사이로 스며든 바닷물은 마그마에 의해 덥혀져 열수분출공을 통해 솟아 나온다. 이때 뜨거운 물에 녹아있던 유용금속은 심해의 찬 바닷물을 만나 침전된다. 시간이 지나면서 열수분출공 둘레에 굴뚝 모양의 열수광상이 만들어진다. 열수광상에는 금이나 은 등 귀금속과 구리, 아연 등 유용금속이 들어있기 때문에, 자원 개발이 진행 중이다.

열수분출공 주변에는 입추의 여지 없이 많은 심해생물이 밀집해 살고 있다. 열수에 녹아있는 황화수소를 이용해 유기물을 만드는 황화 박테리아가 있기에 가능하다. 육지로 치면 식물의 역할을 하여 생태계를 부양하는 것이다. 심해 열수분출공은 사막의 오아시스 같은 곳으로, 과학자들은 지구상의 생명체가 여기서 처음 생겨난 곳으로 추정하고 있다. 자연히 해양과학자들의 관심이 쏠릴 수밖에 없다.

〈그림 2〉 6000m급 심해무인잠수정 해미래

해양과학기술의 결정체이며, 새로운 대항해시대를 열고 있는 심해유인잠수정에 대해 좀 더 자세히 알아보자. 앞서 언급한대로 심해잠수정은 사람이 탈 수 있는 유인잠수정과 사람이 타지 못하는 무인잠수정으로 구분된다. 각각은 장단점이 있다. 유인잠수정은 사람이 타고 현장에서 직접 상황 판단을 하면서 탐사하므로 작업의 정밀성을 높일 수 있다는 장점이 있는 반면, 무인잠수정은 사람이 타지 않으므로 안전사고에 대한 부담감이 적고, 더 오랜 시간 수중탐사를 할 수 있다는 장점이 있다. 무인잠수정은 모선과 케이블로 연결되어 원격조종을 할 수 있는 원격조종무인잠수정(ROV; Remotely Operated Vehicle)과 스스로 움직일 수 있는 자율무인잠수정(AUV; Autonomous Underwater Vehicle)으로 세분된다.

최근 심해를 놓고 해양력 경쟁이 점점 치열해지고 있다. 2007년 러시아는 심해유인잠수정 '미르'를 이용해 북극해의 바닥에 러시아 국기를 꽂았다. 〈타이타닉〉, 〈아바타〉 등을 만든 미국의 영화감독 제임스 카메론은 2012년 3월 심해유인잠수정 '딥시챌린저'를 타고 마리아나해구 수심 10,898m를 다녀왔다. 2012년 6월 중국의 심해유인잠수정 '자오룽'은 마리아나해구 수심 7,062m까지 탐사하는 데 성공하였다. 일본은 바다 가장 깊은 곳까지 탐사할 수 있는 심해유인잠수정 '신카이12000'을 만들겠다고 발표했다. 중국 역시 질세라 11,000m까지 들어갈 수 있는 심해유인잠수정을 개발 중이다. 1964년부터 탐사를 시작한 미국의 심해유인잠수정 '앨빈'은 벌써 개발된 지 50년이 넘었다. '앨빈'은 개발 당시에는 4,500m까지 잠항 가능하였으나, 2013년 6,500m까지 들어갈 수 있도록 개선되었다. 이처럼 세계 해양강국은 더 깊은 바다로 인간의 활동 영역을 넓혀가고 있다.

인류는 언제부터 바닷속에 호기심을 가졌을까? 기록은 아주 오래전으로 거슬러 올라간다. 기원전 325년 마케도니아의 알렉산더대왕은 인도 원정에서 돌아오는 길에 에메랄드빛으로 빛나는 페르시아만 바닷속 수심 10m까지 밧줄에 매단 잠수통을 이용해 내려갔다. 원통 또는 종 모양의 잠수통은 바닷속으로 들어가더라도 안에 남아있는 공기로 숨을 쉴 수 있다. 그렇지만 잠수통을 이용해 물속에서 머물 수 있는 시간은 아주 짧았다.

20세기 초 사람이 타고 바닷속을 들어갈 수 있었던 장비는 쇠줄에 매달려 물속으로 내려지는 공 모양의 심해잠수구(배시스피어, bathysphere)였다. 윌리엄 비브(William Beebe)와 오티스 바턴(Otis Barton)은 두께 3.8㎝의 강철로 지름이 1m 34㎝인 공 모양의 잠수구를 만들어 1930년 6월 6일 버뮤다 근처에서 수심 240m까지 들어갔다. 이 잠수구에는 석영유리로 된 3개의 창이 있어 밖을 내다볼 수 있었다. 비브의 잠수구는 1934년 8월 11일 수심 908m까지 들어가는 기록을 세우고 퇴역하였다. 그 후 바턴은 새로운 잠수구를 만들어 1948년 1,360m까지 잠수하였다. 심해 잠수구는 쇠줄에 매달려 깊은 바닷속으로 내려가므로 만약 줄이 끊어지면 인명사고가 날 수 있다.

이러한 단점은 부력재를 사용하여 스스로 물 위로 떠오를 수 있는 심해잠수정(배시스카프, bathyscaphe)이 만들어지면서 해결되었다. 1960년 1월 22일 자크 피카르(Jacques Piccard)와

〈그림 3〉 알렉산더대왕의 잠수, www.cabinetmagazine.org

〈그림 4〉 배시스피어 www.clarksvilleonline.com

돈 월시(Don Walsh)는 미 해군의 '트리에스테(Trieste)'를 타고 마리아나해구의 수심 10,916m까지 잠수에 성공하였다. 1962년 7월 26일에는 오비른, 사사키, 들로즈가 프랑스의 '아르키메데스(Archimedes)'를 타고 쿠릴-캄차카해구 수심 9,545m까지 내려갔다. 비록 수심은 '트리에스테'의 잠수 때보다 깊지 않았지

〈그림 5〉 배시스카프 트리에스테 www.watchtime.com

만, 수백 장의 심해 사진을 찍고, 심해 퇴적물을 채집하고, 심해 동물의 관찰 기록을 남기는 등 과학적으로는 더 의미 있었던 잠수였다. 그러나 당시 심해잠수정은 단지 깊이 들어가는 데 목적이 있었다. 부력재로 가솔린을 사용하여 크기가 컸으며, 수중에서 자유롭게 이동할 수 없고, 심해에 체류할 수 있는 시간이 너무 짧아 과학 탐사에는 한계가 있었다.

프랑스의 자크 쿠스토는 무겁고 사용하기에 거추장스러운 바티스카프의 단점을 개선한 잠수정을 고안하였다. 2~3명이 탈 수 있는 강철로 된 구형의 선실과 속이 빈 아주 작은 유리구슬과 합성수지로 만들어진 부력재가 사용되었다. 이 부력재는 부피가 작아도 큰 부력을 가질 수 있어 잠수정 크기를 줄일 수 있었다. 크기가 작아진 잠수정은 모선으로 운반하여 원하는 장소에서 잠수가 가능하다는 장점도 있다. 지금의 심해유인잠수정은 수 시간 동안 자체 추진력으로 자유롭게 움직이며 로봇팔로 생물과 퇴적물을 채집할 수 있으며, 카메라로 사진과 동영상을 찍을 수 있어 과학 탐사에 사용되고 있다.

우리나라는 1987년 수심 250m까지 들어갈 수 있는 유인잠수정 '해양250'을 개발한 바

〈그림 6〉 해양250. 국립해양박물관 소장

있다. 이 유인잠수정은 1996년 퇴역하여 한국해양과학기술원 남해연구소에 보관되어 있다가, 현재 부산 영도 소재 국립해양박물관 야외에 전시되어 있다. 이후 우리나라는 오랜 동면에서 깨어나 2013년 10월부터 한국해양과학기술원을 주축으로 6,500m급 심해유인

잠수정 개발을 위한 준비 작업을 시작했다. 2016년 심해유인잠수정 건조를 위한 기술성 평가는 통과하였으나, 경제성 평가를 통과하지 못해 개발은 난항을 겪고 있다.

선진국들은 심해유인잠수정으로 어떤 일을 할까? 미국 우즈홀 해양연구소(WHIO)는 1964년 수심 4,500m까지 잠항하여 과학탐사를 할 수 있는 심해유인잠수정 앨빈(Alvin)을 만들었다. 앨빈은 만들어진 지 2년 후인 1966년 3월 스페인 인근 지중해에서 사고로 잃어버렸던 수소폭탄을 찾았다. 수소폭탄은 수심 910m에서 발견되어 안전하게 회수되었다. 앨빈은 1968년 10월 와이어가 끊어지면서 수심 1,500m 바다에 가라앉는 사고를 당했다. 배에서 앨빈을 내리던 쇠줄이 끊어져 발생한 사고였다. 다행히 타고 있던 3명은 탈출하여 무사하였다. 이듬해 큰 피해 없이 앨빈이 구조되었으며, 찬 바다 밑바닥에 가라앉아 있었던 잠수정

안의 샌드위치가 상하지 않고 보존되어 화제가 되기도 하였다.

앨빈은 심해생물 연구에 커다란 업적을 남겼다. 1977년 앨빈을 타고 화산활동이 활발한 갈라파고스 인근 해저산맥을 조사하던 과학자들은 350℃가 넘는 뜨거운 물이 솟아오르는 열수분출공(hydrothermal vent)을 발견하였다. 1835년 찰스 다윈의 방문으로 진화론의 산실로 주목받은 갈라파고스는 그로부터 약 140년 후에 열수분출공 생태계 발견으로 다시 한 번 생물학사에 커다란 발자취를 남겼다. 우리가 사는 지구의 생태계는 햇빛을 에너지원으로 광합성을 하는 식물이 스스로 영양분을 만들기 때문에 유지된다고 알고 있었다. 그러나 수심 2,700m 바닷속 열수분출공에서 솟아 나오는 황화수소(H2S)를 이용한 화학합성에 의존하는 생태계가 알려졌다. 햇빛이 없이도 유지되는 생태계가 지구에서 처음으로 발견된 것이다.

앨빈은 1912년 북대서양에서 침몰된 호화여객선 타이타닉호를 찾는 쾌거도 올렸다. 2007년 1월 26일에는 우즈홀 해양연구소의 생물학자 팀 생크(Tim Shank)가 우주정거장에 있던 미항공우주국(NASA)의 우주인과 교신하였다. 심해와 우주를 연결하는 역사적인 순간이었다. 앨빈은 그동안 계속 개선되어 2013년에는 수심 6,500m까지 들어갈 수 있는 성능을 갖추었다.

프랑스 국립해양개발연구소(Ifremer)가 보유하고 있는 심해 유인잠수정의 이름은 노틸(Nautile)이다. 프랑스 소설가 쥘 베른(Jules Verne)의 과학소설 『해저2만리』에 나오는 잠수정의 이름 노틸(노틸러스)에서 따왔다. 노틸은 프랑스어로 앵무조개란 뜻이다. 앵무조개는 바다에 사는 연체동물 가운데 오징어나 문어처럼 두족류의 한 종류이며, 그리스어 어원을

심해 유인잠수정 개발 사례				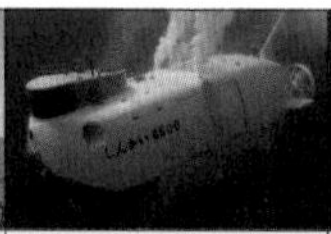	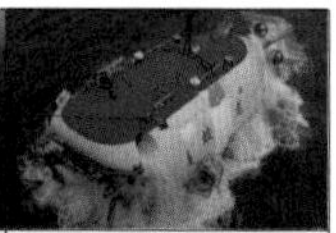
잠수정이름(국가)/ 운용기관	앨빈Ⅱ(미국)/ 우즈홀해양연구소 (WHOI)	노틸(프랑스)/ 국립해양개발연구소 (IFREMER)	미르(러시아)/ 쉬르쇼프 해양연구소	신카이6500(일본)/ 해양연구개발기구 (JAMSTEC)	자오롱(중국)/ 중국과학부, 국가해양 국, 중국대양협회 외
최대심도	4,500(6,500)m급	6,000m급	6,000m급	6,500m급	7,000m급
개발연도	1964(2013)	1984	1987	1989	2010
탑승인원	3(조종사1, 과학자2)	3	3	3	3
특징	4,500회 이상 임무수행 : 심해열수분출공 발견(1977) 타이타닉호 조사 (1986) - 6,500m급 Alvin Ⅱ 건조(2013)	1,500회 이상 임무수행 - 장항수심 6,000m	1,000회 이상 임무수행 - 영화 타이타닉 촬영에 이용	1,500회 이상 임무수행 -6,492m 최대수심 잠수기록 보유	2012. 6. 28 수심 7,062m 잠수, 세계 기록 갱신

〈그림 7〉 세계의 유인잠수정 개발 현황

살펴보면 항해자라는 뜻이다. 잠수함 부력 원리는 껍데기가 격벽으로 나뉘어 있고, 그곳에 기체를 채워 부력을 조절할 수 있는 앵무조개에서 유래하였다. 그래서 잠수함이나 잠수정 이름에 노틸이 많이 사용되었다. 미 해군 최초의 핵잠수함과 2차 대전에 사용되었던 잠수함 이름 역시 노틸러스이다.

프랑스 심해유인잠수정 노틸은 필자와도 인연이 깊다. 지난 2004년 노틸에 탑승하여 북동 태평양 수심 5,000m가 넘는 바닥까지 내려가 탐사할 기회가 있었기 때문이다. 당시 로봇 팔로 심해저의 생물, 퇴적물, 해수, 망간단괴를 채집하고, 심해의 지형과 저층 해류 등을 조사하였다. 노틸의 모선 아탈랑트를 타고 5월 18일 멕시코의 만자니오 항구를 출발하여 6월 28일 뉴칼레도니아의 누메아 항구에 도착할 때까지 6주간의 탐사활동은 『바다에 오르다』

에 상세하게 기록되어있다.

러시아 과학아카데미 소속 시르쇼프 해양연구소(Shirshov Institute of Oceanology)는 심해유인잠수정 미르 1, 2호를 보유하고 있다. 미르는 러시아어로 평화라는 뜻을 가지고 있으며, 러시아 우주정거장 이름도 미르이다. 다른 나라의 심해유인잠수정과 달리 잠수정 두 정을 동시에 운영할 수 있어 하나가 심해 탐사 중 비상사태에 처하더라도 적절하게 대처할 수 있다. 또한, 잠수정의 심해 탐사 모습을 서로 촬영할 수 있고, 작업 효율을 높일 수 있는 장점도 있다.

미르는 과학탐사를 목적으로 만들어졌으나, 영화촬영을 비롯해 침몰된 잠수함 구조 등 다양한 목적으로도 활용되었다. 제임스 카메론 감독이 1997년 만든 〈타이타닉〉과 2003년 만든 다큐멘터리 〈심해의 유령(Ghosts of the Abyss)〉, 그리고 2차 대전 당시 수심 4,700m에 가라앉은 독일 전함 비스마르크호의 다큐멘터리를 만드는 데 사용되었다. 잠수정에는 5,000W 조명등이 6개 달려있어 캄캄한 심해에서 영화 촬영하기에 충분하였다.

제임스 카메론 감독은 북대서양 수심 3,821m에 가라앉은 타이타닉호의 선체를 직접 영상에 담기 위해 미르 1,2호와 모선 켈디쉬호를 임대하였다. 영화 〈타이타닉〉 제작진은 잠수정 내부에 카메라를 장착하고 두꺼운 아크릴 현창을 통해 촬영하였다. 그러나 이렇게 찍은 영상은 한계가 있을 수밖에 없다. 그래서 타이타닉 내부로 들어가 촬영을 할 수 있는 카메라 시스템을 개발하였다. 엄청난 수압을 견디면서 자유자재로 돌아다니며 광각으로 사진을 찍을 필요성을 느꼈기 때문이었다. 카메라를 티타늄 합금으로 된 케이스에 넣어 심해의 엄청난 수압을 견디게 하였으며, 원격조종이 가능한 무인잠수정을 만들어 원하는 장면을 촬영할 수 있었다. 이렇게 촬영한 자료를 바탕으로 실제 크기와 비슷한 타이타닉호 세트장을 만들 수 있었다. 우리가 영화를 보면서 감동을 느낀 것도 이와 같은 제작진의 열정과 과정이 있었기 때문이다.

러시아 심해유인잠수정 미르 1호는 2007년 8월 2일 북극점 인근 북극해 수심 4,261m 바닥에 로봇팔로 티타늄 합금으로 만든 높이 1m의 러시아 국기를 꽂았다. 이 장면은 텔레비전 화면을 통해 방영되어 세계인의 이목을 집중시켰다. 1969년 미국 우주선 아폴로가 달에 착륙하여 우주인 닐 암스트롱이 인간으로서 첫발을 내딛는 것을 보았던 장면을 떠올렸다.

블라디미르 푸틴 러시아 대통령은 총리 시절이었던 2009년 8월 1일 심해유인잠수정 미르 1호를 타고 러시아 시베리아 남쪽에 위치한 바이칼 호 수심 1,400m 아래까지 내려갔다. 바이칼호는 세계에서 가장 깊은 담수호다. 이날 탐험은 바이칼 호 바닥에 있는 가스하이드레이트를 직접 확인하기 위한 것이었다. 가스하이드레이트는 높은 압력과 낮은 온도에서 기체가 고체 상태로 존재하는 것으로, 불을 붙이면 타는 성질이 있어 '불타는 얼음'으로 불린다. 가스하이드레이트는 새로운 화석연료로 주목받고 있다.

일본 해양연구개발기구(JAMSTEC)는 심해유인잠수정 신카이 6500을 보유하고 있다. 신카이 6500은 심해 6500이라는 뜻이며, 이름처럼 수심 6,500m까지 잠수가 가능하다. 중국의 심해유인잠수정 자오룽이 개발되기 전까지는 세계에서 가장 깊은 곳까지 들어가 과학탐사를 할 수 있는 유인잠수정이었다. 미쯔비시중공업에서 1987년 제작을 시작해서 1990년 6월에 완성하였다.

신카이6500은 모선 요코스카 호에 실려 2012년 여수세계박람회 기간 동안 박람회장을 방문하여 일반인도 구경할 수 있는 기회가 있었다. 앞서 이야기한 대로 신카이6500은 가장 깊이 과학탐사를 할 수 있는 심해유인잠수정이었으나, 한국 방문 바로 며칠 전 중국의 심해유인잠수정 자오룽(蛟龍)이 기록을 갱신하였다. 자오룽이 2012년 6월 15일 서태평양 마리아나 해구 인근 해역에서 수심 7,062m 잠수에 성공한 것이다. 이제 중국은 전 세계 바다의 99.8%를 탐사할 수 있는 능력을 확보하였으며, 자오룽은 그동안 가장 깊이 들어갈 수 있는 일본의 심해유인잠수정 신카이6500을 제치고 1위의 자리를 차지하였다. '바다에서 일어선다.'는 중국의 해양굴기가 이루어졌다. 참고로 신카이 6500은 6,527m까지 내려간 기록을 가지고 있다. 잠수정 이름은 중국 전설에 나오는 바다에 사는 용의 이름 자오룽에서 따온 것이다.

중국의 심해유인잠수정 개발은 미국과의 경쟁심도 작용하였다. 2007년 2월 1일 중국은 세계 최초로 수심 7,000m까지 잠수할 수 있는 심해유인잠수정 개발에 성공했고, 하반기에 시험 탐사를 한다고 발표하였다. 미국이 심해 3,200m에서 심해생물을 탐사하고 있던 심해유인잠수정 앨빈에 탑승한 과학자와 지구 상공 400㎞에 떠 있는 국제우주정거장(ISS; International Space Station)에 있던 우주인과 대화를 나눴다는 기사가 1월 29일에 나간 지 며칠 안 되어서였다.

이처럼 강대국들은 심해를 대상으로 최첨단 해양과학기술 분야에서 자존심을 지키기 위해 소리 없는 전쟁을 치르고 있다. 대항해시대에 앞선 항해술을 바탕으로 식민지를 개척하고 자원 확보 경쟁을 하던 그 시대와 배경은 크게 다르지 않다. 당시 2차원적인 대양 탐사가 지금 3차원적인 심해 탐사로 바뀌었을 뿐이다.

우리나라는 해양과학기술이 앞선 일본, 러시아, 중국에 둘러싸여 있다. 세계 역사가 말해 주듯이 해양력을 가진 나라가 세계를 지배해왔다. 중국은 명나라 때 해안 항로를 폐쇄하고 해군을 무력화시키는 정책을 폈다. 이러한 결과 1840년 영국과의 아편전쟁에서 패배한 후 약 100년 동안 외세에 시달려야 했다. 중국은 그동안 지향해왔던 폐쇄적인 대륙 국가에서 개방적인 해양국가로 방향을 틀었다. 중국은 잠에서 깨어 바다를 향해 기지개를 켜고 있다. 일대일로 정책으로 신 해양실크로드를 구축하고 있다. 중국의 해양굴기는 우리에게는 위협 요인이다. 우리 나라 주변 국가의 정치적 상황을 볼 때, 바다에서 힘을 기르지 않으면 우리의 미래는 불안할 수밖에 없다. 우리나라도 전 세계 해양에 우리나라 면적보다도 넓은 심해저 광물자원 탐사 광구를 확보했다. 이제 이곳에서 부를 캐낼 수 있는 기술과 장비 개발이 필요 하다. 우리는 언제쯤 우리가 만든 심해유인잠수정으로 심해의 신비를 밝힐 과학탐사를 하고 심해저 자원개발을 위한 탐사할 수 있을까? 언제쯤 우리는 신 대항해시대를 맞이할 수 있을 까?

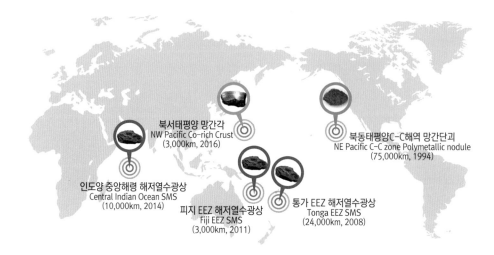

〈그림 8〉 전 세계 바다의 우리나라 심해저 광물자원 탐사 광구

바다를
읽다

reading the sea

3장. 해양인물을 읽다

명제국의 해상대원정과 정화 | 김상범

발견의 시대(The Age of Discovery)와 해양 영웅들 | 최영수

해상왕 장보고 | 고경석

세계 속의 이순신 | 김주식

I

명제국의 해상대원정과 정화

김상범 | 한국외국어대학교 교수

역사학회 운영이사, 한국중국학회 연구이사 등을 역임하고 한국외대에서 사학과 교수를 맡고 있으며 역사문화연구소 소장이다. 주요 논저로는 『唐代國家權力과 民間信仰』, 『新史料·新觀點·新視覺―天聖令論集』(공저, 2011, Taipei:元照 出版社), 『송원시대의 고려사자료』(공저, 2010, 신서원), 『바다의 실크로드』(공저, 2003, 청아출판사), 「唐代 自然災 害와 民間信仰」(2009,『東洋史學研究』106)외 다수를 썼다.

1. 들어가는 글

　15세기 초, 세계 항해사에 있어 한 페이지를 장식하는 대사건이 발생하였다. 1406년, 원정 대장 정화(鄭和, 1371-1435?)가 이끄는 명나라 함대가 인도 서안의 캘리컷(Calicut)에 입항하였다. 한 해 전인 1405년 6월 소주(蘇州) 인근의 유가항(劉家港)을 출발한 원정 함대가 인도차이나 반도 남부의 참파를 거쳐 쟈바와 수마트라 · 말라카 · 실론 등지를 경유한 뒤 인도에 도착하였던 것이다. 콜럼버스가 신대륙 산살바도로에 도착하기 86년 전, 바스쿠 다 가마(Vasco da Gama)가 희망봉을 돌아서 동일한 항구 캘리컷에 도착한 것보다는 81년 전의 일이었다. 정화의 대항해는 일 회로 끝나지 않았다. 1405년부터 1433년까지 28년 동안 일곱 차례에 걸쳐 해상대원정이 이루어졌다. 4차 원정 이후에는 인도를 거쳐 페르시아 만의 호르무즈까지 항해했는데, 이곳에서 다시 분견대를 파견하여 아라비아 반도의 아덴과 메카 그리고 아프리카 동해안에 위치한 모가디슈와 말린디, 몸바사 등지를 방문하기도 했다. 남중국에서 아프리카에 이르는 이 뱃길은 대략 15,000마일 정도 되는데, 훗날 바스쿠 다 가마에 의해 개척되는 아시아 항로의 거리와 대체로 일치한다.

　포르투갈이나 에스파냐보다 80-90년 전에 이루어진 항해였지만, 정화의 대원정은 항해의 규모에 있어서도 콜럼버스나 바스쿠 다 가마를 압도했다. 콜럼버스가 산타마리아(Santa Maria) · 니냐(Nina) · 핀타(Pinta) 세 척의 함선을 이끌고 탐험에 나섰고, 바스쿠 다 가마도 상 가브리엘(São Gabriel), 상 하파엘(São Rafael), 카라벨 베히우(Caravel Berrio) 등 세 척으로 원정대를 구성한데 비해, 정화는 매 원정 때마다 전장 138미터, 선폭 56미터로 추정되는 거대한 모함과 대형 선박 40~60여 척을 포함하여 200여 척의 함선으로 선단을 꾸렸다. 콜럼버스 함대가 약 120명, 바스쿠 다 가마의 원정대가 약 160명의 선원들로 이루어진 데 비해서, 정화는 매번 2만 7천에서 2만 8천여 명에 달하는 대규모의 인력을 동원하였다. 시기적으로나 함대 규모에 있어서나, 정화 원정은 '대항해시대'의 서막을 연 것으로 평가되는 역사적인 두 항해를 월등히 능가했던 것이다.

그렇다면 15세기 초에 명나라는 어떤 이유로 이와 같은 전대미문의 해상대원정을 시도하였고, 어떻게 이를 실현할 수 있었을까? 원정을 주도한 정화는 도대체 어떤 인물일까? 에스파냐와 포르투갈의 탐험과 원정이 '대항해의 시대'를 견인한 후, 네덜란드와 영국의 합류와 상호 경쟁은 세계 경제를 하나로 연결시키면서 근대 문명의 서막을 연 것으로 평가된다. 이보다 훨씬 앞서서 28년간 지속되었던 정화의 항해가 7차 원정 이후 돌연 중단된 까닭은 무엇일까? 정화의 해상대원정은 향후 동아시아사 전개에 어떤 영향을 미치게 될까? 이러한 몇 가지 질문을 제기해 보면서 정화가 주도했던 해상대원정의 역사적 실체와 의의에 대해 접근해보고자 한다.

2. 해금시대의 개막

송·원대까지 중국인과 아랍인 그리고 동남아인들에 의해 활발히 전개되던 해상교역은 명나라(1368-1644)의 성립과 함께 커다란 변화를 겪게 된다. 세계제국을 건설했던 강력한 몽골 세력을 북방으로 몰아내면서 건국한 명조는 국가 시스템을 구축하는 과정 중에 과거 한족 왕조들이 지향했던 가치와 제도를 복원하겠다는 종족 중심주의적 성향을 분명하게 드러냈다. 빈농의 아들로 태어나 걸식승으로 전전하다 미륵불을 숭상하는 백련교에 가입하여 점차 세력을 넓혀간 주원장(朱元璋)은 "오랑캐를 쫓아내고 중화를 회복한다"는 구호를 기치로 반란세력들을 규합한 바 있다. 유교적 전통 가치를 실현하고 농업생산력을 제고하기 위해서 명정부는 우선 엄밀한 토지와 인구조사를 통해서 토지·부역 대장을 작성하였고, 이

〈그림 1〉 L'Empire De La Chine. 국립해양박물관 소장

를 기층의 이갑(里甲) 조직과 연계시켜 전국을 표준화된 향촌 공동체로 편성하였다. 유교식 교육제도를 강화했으며, 관리는 종전의 한족 왕조들처럼 과거(科擧)를 통해서 선발하였다. 한편 호유용(胡惟庸) 사건을 기회로 연관된 많은 고위 관료들을 숙청하였고, 관료제의 우두머리로 관리 임용에 관하여 최고 권한을 쥐고 있었던 재상제 마저 폐지함으로써 황제 전제 체제를 강화하였다.

신왕조 수립 직후인 홍무(洪武) 4년(1371년), 명 태조 주원장은 연해 주민의 출해(出海)를 엄금하는 해금 정책을 발표했다. "한 조각의 판자도 바다에 떨어뜨리는 것을 불허한다(片板不許下海)"는 금지령은 원말·명초의 군사적 불안과 관계가 있다. 당시 절강과 복건 연해지역을 근거지로 삼고 있었던 장사성(張士誠)과 방국진(方國珍)세력은 한반도와 중국 남동해안 지역에서 횡궐하던 왜구와 결탁하여 건국한 지 얼마 안 된 명 정부를 괴롭히고 있었다. 태조의 해금 정책은 바로 이들이 동남 연안 일대의 지역 주민들과 연계되어 심각한 반란세력으로 성장하는 것을 예방하기 위해서 내려진 조치였다. 물론 명군이 더욱 우려했던 것은 막북으로 철수한 몽골 군대였다. 명조는 몽골 기마군단을 방어하기 위해서 북방 최전선의 만리장성을 견고하게 개축하였고, 군사력을 이곳으로 집결시켰다. 태조 주원장의 군사 및 대외정책은 장성 이북으로 밀려난 몽고 세력에 대처하기 위한 육방 정책과 해금 정책의 강화로 귀결되었던 것이다.

태조는 강력한 해금 정책을 실시함과 더불어 유일한 대외관계의 수단으로 '조공체제'를 강화하는 방안을 채택하였다. 이욕(利慾)의 추구가 불러올 사회적 해악을 미리 예방하기 위해서 내부적으로 말업(末業)인 상업을 억제하고 본업인 농업에 주력하는 경제정책을 선택했듯이, 대외관계에 있어서도 조공체제의 강화를 통해서 전통적인 중국 중심의 세계 질서를 복구하고 국제 교역은 정부 주도로 일원화하는 보수적인 정책을 선택한 것이었다.

물론 이전의 중화제국들도 천하의 중심을 자처했고, 주변국들을 모두 번속국으로 간주했기 때문에 기본적으로 조공을 기조로 한 대외관계를 유지했다고 볼 수 있다. 그러나 가장 큰 차이점은 당·송·원나라가 교역의 실리를 중시하여 개방적이면서도 유연한 태도를 취한 데 반해서, 명나라는 전통과 이념에 집착하면서 조공체제의 운영에 있어서도 종주국과 번속국 간의 위계질서에 기반한 전통적인 국제관계의 원칙을 고수하였다. 국제질서와 교역을 연계한 외교 노선은 오히려 명나라 측에 엄청난 재정 손실을 안겨주었다. 조공국에서 현지의 특산물을 상공(上貢)하게 되면, 종주국의 권위를 유지하기 위해서 몇 배의 답례품을 하사해야 했다. 사절단이나 수행원들의 체재비를 포함한 모든 경비 역시 천자의 하해와 같은 은혜를 과시하듯이 중국 측이 부담했다. 명나라가 얼마나 상하질서를 기반으로 하는 조공의 원칙에 충실했는가는 관세정책에도 반영되었다. 명 정부는 건국한 지 무려 150년이 되는 정덕(正德) 12년(1517)까지도 각국의 조공단이 행한 무역에 대해서 관세를 부가하지 않았다. 외형적으로 조공의 틀을 유지하면서도 개방적이고 유연한 태도로 시박사(市舶司)를 통해서 적지 않은 관세 수입을 올리던 송·원대와는 커다란 차이를 보여주는 것이다.

융통성 없는 대외정책이 결국 재정 부담으로 작용하면서, 명 초부터 이미 조공 관련 규정이 엄격해지고 세분화되었다. 번속국의 조공이 입공시기·선박 수·인원·입공항구·입경경로·기일 등 까다로운 규정에 의해 제한되기 시작했다. 입공시기를 예로 들면 류우큐우(琉球)는 2년에 한 번만 조공단을 파견할 수 있었으며, 조선·안남·참파는 3년 1공, 일본은 10년 1공으로 정해졌다. 사실 주변국의 입장에서는 중국 중심의 국제질서를 받아들여야 하고 조공외교의 까다로운 격식을 준수해야 했지만, 현실의 이익은 막대했다. 무로마치(室町) 막부의 쇼군이었던 아시카가 요시미쓰도 1401년에 명나라에 사절단을 보내 주도적으로 통교를 요청하였다. 왜구의 피해를 입고 있던 명의 요구를 받아들여 막부 차원에서 왜구를 단속하겠다는 약속을 해주고 명나라의 연호를 사용하는 조건으로 공식적인 국교를 체결하였다. 일본은 향후 1547년까지 총 11회에 걸쳐 견명선(遣明船)을 파견하였는데, 10년 1공 때마다 선단은 3척, 인원은 300명 정도가 참여하였다.

조공을 제외한 공식적인 교역이 엄격하게 제한되었기 때문에 조공단을 사칭하는 사태도 빈번하게 발생했다. 이를 방지하기 위해서 감합(勘合) 제도가 시행되었다. 감합이란 명나라 황제가 번속국에 발행해 준 일종의 입항 허가증이다. 조공선이 입항하면 광동이나 영파 등 교역항의 관리들은 진위를 가리기 위해서 엄격하게 도안된 명나라와 번속국 조공단의 감합을 맞추어 봄으로써 공식 사절인지를 확인하였다. 명 정부는 건국한 지 불과 6년 후인 홍무 7년(1374)에 이미 참파·안남·마자빠힛(Majapahit) 등을 지목하면서 멀고 험한 해로를 통한 입공이 어려운 만큼, 너무 빈번하게 사절단을 파견할 필요는 없다는 조서를 내린 바 있다. 명나라는 건국과 더불어 조공체제에 기반한 중국 중심적 세계 질서를 확대해 가면서, 표준화된 외교적 교역을 제외하고는 철저하게 사적 교류를 제한하고 단속하였다. 14세기 말 이후 동아시아는 이렇게 해금 시대로 접어들고 있었다. 그렇다면 해금 시대에 이러한 해상 대원정을 지휘한 정화라는 인물은 도대체 누구일까? 해금 시대의 해상대원정은 어떤 배경 하에 추진된 것일까? 먼저 정화에 대해서 살펴보기로 하겠다.

3. 정화는 누구인가?

　정화의 대항해에 관한 내용은 원정을 수행하며 기록을 남긴 마환(馬歡)의『영애승람』과 비신(費信)의『성사승람(星槎勝覽)』, 공진(鞏珍)의『서양번국지(西洋番國志)』등을 통해 전한다. 그러나 정작 이 원정을 주도했던 정화 개인에 관한 기록은 의외로 소략하며 아직도 많은 부분이 미스터리로 남아있다.『명사(明史)』권304에는 환관 정화와 후현(侯顯)의 전기가 실려 있는데, 대부분은 역시 대원정과 관련된 내용이고, 정화 개인에 관해서는 그가 운남성(雲南省) 출신이고 영락제가 즉위하기 전에 연왕(燕王) 번저(藩邸)에서 왕을 모시다가 '정난의 변'때 큰 공을 세워서 태감으로 승진했다는 정도의 내용만 언급하고 있다.

　사실 절제된 농업 경제를 지향하며 전통적인 유교 국가로의 복귀를 표방했던 시기에 엄청난 국가 재정을 쏟아부으면서 30년 가까이 해상대원정을 주도했던 사실에 대해서, 유교 관료들의 시선은 시종 곱지 못했다. 명대 전 시기를 통틀어 유일한 정복 군주로 일컬어지는 영락제(永樂帝)가 붕어하자 그 불만은 봇물 터지듯이 표출되었다. 원정 대장 정화의 출신 성분 역시 큰 문제였다. 결국 원정 중단이 결정되었을 때, 항해와 관련된 적지 않은 분량의 귀중한 자료들이 지워버려야 할 역사로서 훼손을 면치 못했다. 도대체 이 위대한 원정을 주도했던 정화는 어떤 인물이었을까?

　이와 관련해서 1911년 운남에서 발견된 정화 부친의 묘비명 〈정화부고마공합

〈그림 2〉 정화(鄭和, Zhèng Hé)

지묘지명(鄭和父故馬公哈只墓誌銘))은 우리에게 많은 상상의 나래를 제공해주고 있다. 묘비에서는 고조부이래 정화 일가의 가계(家系)가 "새전적첨사정(賽典赤瞻思丁)-마배언(馬拜彦)-마합지(馬哈只)-마합지(馬哈只)-마문명(馬文銘)·정화(鄭和)"로 이어진다고 언급하고 있다. 이 가운데 첫 번째로 주목되는 사실은 조부와 부친의 이름이 모두 '마합지'로 기록된다는 점이다. 합지(哈只)는 중국어로 '하즈'로 발음되는데, 학자들은 메카 순례를 다녀온 무슬림에 대한 존칭 '하지(Haji)'를 음역한 것으로 판단하고 있다. 당시 중국에서는 불교에 귀의한 승려나 보살들이 불조(佛祖) 석가모니의 첫 글자인 석(釋)이나, 출가 전의 이름인 고타마 싯타르타의 고(중국식 음역은 瞿)를 자신의 성으로 삼았던 것처럼, 무슬림들도 교조 마호멧의 마(馬)를 성으로 삼곤 했다. 이러한 사실과 사료에서 정화의 인상착의를 거구에 수려한 눈을 가진 것으로 묘사한 점 그리고 운남성에 적지 않은 색목인(色目人)들이 거주했다는 점 등을 종합적으로 고려하면, 정화가 색목인 출신 무슬림의 후예였다는 추정이 가능할 것이다.

두 번째로 주목되는 것은 증조부인 마배언(馬拜彦)부터 모든 가족들이 성을 '마씨'로 쓰고 있는데 정화만 유일하게 '정씨'라는 사실인데, 묘비명은 말미에서 '정'이 사성(賜姓) 즉 황제가 하사한 성이라고 밝히고 있다. 그렇다면 '마화(馬和)'는 어떻게 정씨 성을 하사받아서 '정화'가 된 것일까? 이 부분에 대해 연구자들은 문헌 사료와의 비교 분석을 통해서 다음과 같은 단서를 제공하고 있다. 1368년에 명나라를 건국한 주원장은 남경을 수도를 확정한 뒤 내지의 몽골 잔존세력들을 제거하기 위해서, 홍무 14년(1381)에 부우덕(傅友德)과 남옥(藍玉)을 대장에 임명하여 30만 대군을 이끌고 원나라 양왕(梁王)세력을 총공격하게 했다. 이때 운남성의 몽골 세력들이 일망타진되었는데, 지배층의 일원으로 몽골이 제국을 통치하는 데 있어서 협조자의 역할을 했던 적지 않은 수의 색목인들도 사살되거나 체포되었다. 1371년에 곤양주(昆陽州)에서 출생한 마화도 이때 열한 살 나이에 명군에 생포되어 남경으로 압송되었다. 어린 포로들 가운데 일부는 용모와 기지를 가려 환관으로 선발되었는데, 수도 남경으로 호송된 마화도 거세 후 북경 연왕부로 배치되었을 것이다.

마화와 관련하여 "내시 중에 그와 겨룰 자가 없었다(內侍中無出其右)"는 기록은, 그가 연왕 주체(朱棣)의 두터운 신임을 받았을 가능성을 시사해준다. 마화가 후일 영락제로 등극하는 연왕에게 결정적인 공로를 세우는 것은 '정난(靖難)의 변'이라는 황실 쿠데타 때였다. 1398년 주원장이 71세 나이로 붕어한 뒤, 적자 승계의 원칙에 따라 작고한 부친을 대신해 황위를 계승한 건문제 주윤문(朱允炆)은 당초 주원장이 몽골 방어와 내란 진압을 위해서 무장을 허용했던 연왕 주체를 위시한 아홉 명의 숙부들에게 심한 압박감을 느끼고 있었다. 마침내 건문제는 황자징(黃子澄)등 보황파 세력의 삭번정책을 수용하여 세력이 약한 번왕들부터 제거해갔다. 야심가인 연왕 주체는 1399년에 결국 황제 주변의 간신을 제거하고 제실(帝室)의 난을 다스리겠다는 명목으로 반란을 일으켰다. 3년간 크고 작은 전투를 거듭한 끝에, 1402년 주체는 마침내 남경의 황제군을 격파하고 영락제로 즉위하게 된다. 여러 차례 고비가 있었다. 특히 건문 원년(1399) 10월 연왕이 대녕(大寧)으로 출병한 틈을 타서 정북 대장군 이경륭(李景隆)이 10만 대군을 이끌고 북경을 기습했을 때는 그야말로 풍전등화의 위기를 맞았다. 당시 성내 방어군은 부녀자들까지 동원하며 악전고투했는데, 회군하던 연왕 부대와 성내 장졸들이 연합하여 '정촌(鄭村)전투'에서 이경륭 군을 협공하면서 전세를 뒤집을 수 있었다. 영락제는 황실 쿠데타를 통해 즉위한 만큼 측근 세력들을 중용했는데 마화도 영락 2년(1404)의 혁혁한 전공을 인정받아 정 4품에 해당되는 내관감태감(內官監太監)으로 승진하였고, '정촌 전투'의 승리를 기념하기 위해서 정씨 성도 하사받았다. '마화'가 '정화'가 된 것이다.

정화의 원정은 새로운 세계의 발견이라기보다는 과거 아라비아인, 인도인, 동남아인 그리고 중국 해상(海商)들이 개척하였던, 남중국해에서 인도양에 이르는 해상교역 루트를 일거에 하나로 연결한 '대항해'였다. 정화의 인생역정은 영락제에 의해 원정 대장으로 임명되는 데 있어서 황제가 가장 신뢰하는 심복이자, 전투 경험이 풍부한 군사전략가라는 점과 더불어 이 지역 해상교역 루트에 익숙한 색목인의 후예라는 점도 함께 고려되었을 가능성을 시사해준다. 그의 조상들은 중국과 중동을 오가던 무슬림 상업 네트워크의 일원이었던 것이다. 그렇다면 이러한 대규모 원정은 어떻게 가능했을까? 원정은 어떤 방식으로 전개되었을까?

4. 해상대원정의 전개와 그 특징

정화의 원정에 관해 논할 때 무엇보다 궁금증을 자아내는 것은 해상대원정의 목적과 관련된 부분이다. 도대체 명 정부는 무엇 때문에 이렇게 엄청난 인력과 물자를 투자하면서 대항해를 강행했을까? 종전에는 영락제가 수도 남경을 공격하고 조카의 황위를 찬탈할 때, 건문제(建文帝)의 시신을 발견하지 못한 데서 원인을 구했다. 당시 항간에는 건문제가 해외로 피신했다는 소문이 자자했고, 이런 연유로 영락제가 그의 종적을 찾고자 함대를 파견했다는 주장이다. 무섭게 흥기하던 티무르(Timur) 세력을 견제하기 위해서, 동남아와 인도의 여러 국가들과 동맹을 체결하려고 함대를 파견했다는 견해도 제기되었다. 1404년 11월 차가타이칸국과 일칸국을 점령한 티무르가 명나라에 대한 동정(東征)을 선포했기 때문이다. 그러나 건문제의 종적을 찾기에는 원정대의 규모가 지나치게 크고, 더군다나 황권이 안정된 이후까지 계속해서 원정군을 파견할 필요는 없었을 것이다. 후자에 대해서도 1405년에 티무르가 원정길에 급서하면서 이미 원정 계획이 취소되었을 뿐 아니라 티무르의 후계자가 명나라에 대해 우호적이었기 때문에 30년 가까이 지속되는 정화 원정과는 실질적으로 관계가 없다는 것이 중론이다. 정화 대원정의 배경과 성격을 규명하기 위해서, 7차까지 전개된 원정대의 활동 양상을 면밀하게 분석해볼 필요가 있다.

1차 항해는 1405년부터 1407년까지 진행되었다. 정사(正使) 정화와 부사(副使) 왕경홍(王景弘)이 이끄는 원정대는 『명사』 권304에 의하면 27,800여 명의 대규모로 꾸려졌다. 원정대는 소주(蘇州) 인근의 유가항(劉家港)에서 출항하여, 참파, 자바, 수마트라, 말라카, 실론 등지를 경유해서 캘리컷에 도착하였다. 정화 일행은 이곳에서 현지 군주에게 은인(銀印) 하사하였고, 원정을 기념하는 석비(石碑)와 비정(碑亭)을 건립하였다. 항해의 과정 중에 두 가지 특기할 만한 사건이 발생했다. 원정대가 자바에 도착했을 때, 마자파힛(Majapahit) 왕국이 동·서로 분열되어 내전을 벌이고 있었는데, 승기를 잡은 서왕군이 마침 입항하여 교역 중이던 정화 분견대를 동왕군의 구원병으로 오인하여 170명을 살해한 사건이 발생하였다. 사태의 심각성을 인식한 서왕은 배상 명목으로 6만 냥의 황금을 보내 속죄하였는데, 정화는 사죄를 받아들이고 항해를 계속하였다.

수마트라의 구항(舊港, 현 Palembang)에서는 광동 화교들의 영수인 시진경(施進卿)이 말라카 해협 일대에서 전횡을 일삼던 복건 해적 진조의(陳祖義)를 밀고하였다. 귀국 길에 전투가 벌어졌는데, 원정군은 우세한 화력으로 명조의 통제를 거부한 해적 5천여 명을 섬멸하였다. 원정대의 귀국 길에는 수마트라, 캘리컷, 말라카 등지에서 파견한 조공단이 동승하였고, 진조의를 위시한 해적 수령들은 명나라로 압송된 뒤 참수형에 처해졌다. 명 정부는 인도양으로 연결되는 길목인 팔렘방에 구항 선위사(舊港宣慰司)를 설치하고 시진경을 그 책임자로 임명하였다.

2차 항해는 귀국 후 얼마 지나지 않은 영락 5년(1407) 9월에 시작되어 7년(1409)에 귀환하게 되는데, 첫 번째 임무는 중국에 내조한 조공 사절단을 안전하게 귀국할 수 있도록 호송하는 것이었다. 함대는 베트남, 자바, 시암, 말라카, 반다아체와 실론, 코친 등지를 경유해서 캘리컷에 도착하였다. 원정대는 중도에 실론에 들러 현지 고찰인 산불사(山佛寺)에 금, 은, 실크, 향유(香油) 등을 보시하였다. 한문 외에 타밀어와 페르시아어로 새긴 기념비도 건립하였는데, 이 비문은 1911년에 발굴되어 콜롬보 박물관에 소장되어있다. 정화 함대는 동남아와 인도 각지의 군주들이 공납한 기이한 물건들을 싣고 귀국하였다.

3차 항해 역시 2차 원정에 이어 곧바로 진행되었는데, 2만 7천여 명으로 구성된 함대는 영락 7년(1409) 10월에 출항하여 9년(1411) 7월에 귀국하였다. 원정대는 베트남, 진랍, 자바, 보르네오, 수마트라, 파항, 말라카, 시암, 퀼론, 실론, 코친, 캘리컷 등 동남아와 인도 곳곳을 방문하였으며, 기착하는 곳마다 군주에게 황제의 하사품인 고급 견직물을 전달해 주었다. 3차 원정길에는 몇 가지 주목할 만한 사건이 발생하였다. 정화는 시암[暹羅]의 속국이었던 말라카 방문길에 칙명으로 왕에게 은인(銀印)과 관대포복(冠帶袍服)을 하사하였고, 책봉 의례를 거행한 뒤 이곳이 말라카국[滿剌加國]의 강역임을 새긴 기념비를 건립하였다. 말라카는 향료가 집적되는 동남아의 주요 교역항이었을 뿐 아니라 침향(沉香)과 황숙향(黃熟香)의 산지로도 유명했는데, 책봉을 통해서 더 이상 이곳이 시암의 속국이 아니라 중화제국의 조공국임을 공식적으로 선포한 것이다.

실론을 방문할 때에는 칙명을 받들어 사찰을 방문하여 금, 은을 보시하고, 역시 현재 콜롬보박물관에 수장되어 있는 〈포시석란산불사비(布施錫蘭山佛寺碑)〉를 세웠다. 귀국 길에 부처님 사리[佛牙]를 호송할 계획으로 다시 실론을 방문했는데, 실론 왕 알락각코나라가 대군을 동원하여 함대를 포위했으나 기습을 통해 일거에 전세를 역전시키고 실론 왕을 생포해서 귀국하였다. 귀국길에는 말라카 국왕이 처자와 중신 540여 명을 이끌고 내조하였다. 영락제는 실론 전투에서 공훈을 세운 754명의 장군과 병사들에게 성대한 포상을 내렸고, 실론 국왕은 특별히 은혜를 베푼다면서 처형하지 않고 본국으로 귀환시켰다. "해외 모든 번국들이 천자의 위엄과 덕망에 더욱 감복하게 되었다(海外諸番, 益服天子威德)"고 관련 사료에서 언급하는 것을 보면, 원정이 3차까지 진행되면서 많은 국가들이 조공국으로 편입되었고, 중국을 중심으로 한 세계질서도 상당 수준으로 안착되었음을 알 수 있다.

4차 항해는 영락 11년(1413)부터 13년(1415)까지 진행되었다. 해상 원정대는 동남아, 인도를 경유하여 처음으로 아라비아 반도의 호르무즈까지 진출하였고, 분견대를 동아프리카 케냐의 말린디까지 파견하였다. 마환(馬歡)의 『영애승람(瀛涯勝覽)』에는 이번 원정에 보선이 총 63척 동원되었고, 참가 인원은 28,568명이었는데 이 가운데 관리가 868명, 군인이 26,800명이고, 180명의 의료 인력과 140명의 서기, 소수의 통역관과 천문관 등이 참가했다고 기록하였다. 당시 무슬림 통역관인 마환과 서안 청진사(靑眞寺)의 관계자가 동승했던 것을 감안하면 중동 방문이 미리 치밀하게 계획하였을 뿐 아니라, 해당 지역에 대한 지리 정보도 명 조정에서 이미 상세하게 파악하고 있었던 것으로 추정할 수 있다. 사절단은 베트남, 자바, 시암, 말라카, 수마트라, 클란탄, 파항, 반다아체, 퀼론, 코친, 캘리컷, 호르무즈, 몰디브, 말린디, 소팔라 등 방문지의 왕들에게 차등을 두어 천자의 하사품인 고급견직물을 수여했다. 귀국길에는 수마트라 왕 자이누르 아비딘의 요청에 응해 반란을 일으킨 세칸드르를 생포하여 중국으로 압송한 뒤 처형하였는데, 종주국의 무력시위를 통해서 아비딘 정권의 정통성을 인정해준 것이다.

5차 항해는 영락 15년(1417)부터 17년(1419)까지 진행되었다. 역시 동남아와 인도를 경유하여, 4차 원정 때 내조했던 사절단과 구항 선위사의 귀국을 호송하였고, 호르무즈, 아덴, 예멘, 모가디슈와 케냐의 말디니를 방문하였다. 호르무즈에서는 사자, 표범, 아라비아 말 등을 상공하였고, 아덴에서는 기린[지라프]을, 모가디슈에서는 얼룩말과 사자를 진상하였으며, 여러 국가에서 내조하는 조공 사절단을 싣고 귀국하였다. 당시 중국인들은 성군이 통치하는 태평성대에 상서로운 징조 가운데 하나로 기린이 출현한다고 생각했는데, 기린의 상공은 조카로부터 황위를 찬탈한 영락제가 황권의 정당성을 강화하고 정치적 입지를 다지는 데

〈그림 3〉 정화선단(鄭和船團)

도움이 되었다.

6차 항해는 영락 19년(1421)부터 20년(1423)까지 진행되었는데, 16개국 사절단을 호송하여 귀국하게 했다. 이번에도 아라비아반도의 호르무즈와 아덴까지 항해하였고, 분견대를 파견하여 동아프리카 일대를 방문하였다. 귀국길에는 아덴과 수마트라, 시암[暹羅]의 사절단이 함께 내조했다. 영락 22년(1425)에는 영락제가 붕어했는데, 새롭게 즉위한 인종은 재정 파탄을 이유로 해상 원정 활동을 전면 중단시켰다.

마지막 7차 항해는 선덕 6년(1431)부터 8년(1433) 사이에 이루어지는데, 선종 선덕제는 근자에 외번들이 내조하지 않는다면서 정화에게 호르무즈까지 항행할 것을 명령하였다. 선단은 62척의 대형 보선으로 구성되었으며, 2만 7천여 명이 동원되었다. 앞의 여섯 차례 항해와 비슷한 규모로서 동남아와 인도양 일대의 20개여 개 국가와 구항 선위사가 설치된 팔렘방 지역을 방문했다. 방문지에 도착하면 먼저 황제의 조칙을 선포하는 의례를 거행하였고, 고급 실크와 화폐 등 하사품을 전달하였다. 선덕 8년 4월 초 캘리컷에서 30년 가까이 해상 대원정을 이끌었던 정화가 사망했다. 결국 부사 왕경홍이 황급히 함대를 이끌고 남경으로 귀환하였다. 명나라의 해상대원정은 정화의 사망과 함께 더 이상 이어지지 못했다. 전대미문의 해상 대원정에 있어서 원정 대장 정화가 차지했던 위상을 그대로 반영해주는 것이다.

이상의 일곱 차례 항해를 살펴보면 다음과 같은 몇 가지 특징을 발견할 수 있다. 첫 번째는 원정대의 규모와 구성에 관한 부분인데, 매번 2만 7천에서 2만 8천여 명에 달하는 대규모 인력이 동원되었고 그중 절대다수는 관료와 군인들로 이루어졌다. 참여 인력의 상세한 구성에 대해서는 『정화가보(鄭和家譜)』의 7차 원정 관련 내용을 통해서 짐작해볼 수 있는데, 흠차정사태감(欽差正使太監) 7명, 부사감승(副使監丞) 10명, 소감 10명, 내감 53명, 도지휘(都指揮) 2명, 지휘 93명, 천호(千戸) 104명, 백호 103명, 사인(舍人) 2명, 호부낭중(戸部郎中) 1명, 홍려시서반(鴻臚寺序班) 2명, 의관의사(醫官醫士) 180명, 음양관(陰陽官) 1명, 음양생 4명, 기교(旗校)·용사(勇士)·역사(力士)·군력(軍力), 실판(實辦)·서수(書手) 등이 26803명이고, 그 밖에 인원까지 포함하면 총 27,411명에 이른다고 기록하였다. 인력 구성으로 볼 때 황제의 칙명을 받은 정화를 위시한 환관 세력들이 항해의 전 과정을 지휘하였고, 관료와 장졸들이 기능별로 안배되었음을 알 수 있다. 두 번째로는 방문지에서 책봉 의례를 거행하고 매 번 항해 때마다 조공단을 호송한 점이 주목된다. 정화는 방문지의 군주 앞에서 황제의 칙서를 낭독한 뒤 금인(金印)과 은인을 하사하는 책봉 의례를 거행하였고 하사품인 고급비단을 차등적으로 공여하였다. 정화의 함대에 탑승하여 명 제국의 수도 남경을 방문한 조공 사절단은 다양한 특산품을 상공하고 황제를 알현하는 조공 의례에 참례하였으며, 그 대가로 하사품과 더불어 교역을 허가받았다. 세 번째로 팔렘방의 해적 소탕과 자바, 실론, 수마트라 사건에서 확인할 수 있듯이, 정화 함대는 명의 통제를 거부하거나 지역 질서를 어지럽히는 사태가 발생할 시에는 가차 없이 병력을 동원하여 처벌하였다. 이러한 사실들은 정화의 대항해가 애초부터 정치적, 군사적 목적으로 설계되었음을 시사해주는 것이다.

사실 앞에서도 언급했지만 명 태조는 건국 이래로 모든 대외 관계를 조공체제로 묶고자 했다. '조공'과 '해상원정'이라는 것이 일견 서로 모순된 것처럼 보이지만, 원정대의 전후 활동을 살펴보면 해상 원정 역시 중국 중심의 천하 질서를 강화하려는 목적을 지니고 있음을 발견할 수 있다. 영락제는 이전의 문약했던 한족 군주들과는 달리, 직접 만리장성을 넘어 몽골에 대한 친정(親征)을 감행했던 황제이다. 이러한 영락제의 개성을 고려한다면 항해의 기간 중에 정화의 함대가 때로는 대규모 무력시위를 펼치고 때로는 대범한 사여를 베푼 것이 의도된 계산임을 알 수 있다. 즉 각국의 통치자로 하여금 천조(天朝)의 위력과 자애를 동시에 느끼게 함으로써, 중국을 중심으로 한 세계질서에 복종케 하고 조공체제 속에 편입시킨 것인데, 어쩌면 이것이 바로 영락제 식의 조법(祖法) 계승일 것이다. 당연히 이러한 함대의 운영에는 천문학적인 예산을 필요했기 때문에 명 정부에게는 엄청난 재정적 부담을 안겨주었다. 이런 연유로 선덕 연간에 이르러 명조는 대규모 해상 항해 활동을 완전히 중지하게 되었다. 유교 국가 명조의 통치이념을 생각한다면, 정복군주의 카리스마를 갖추었던 영락제와 수십 년간 원정을 이끌었던 대항해가 정화가 사망했을 때 항해의 종결은 이미 예견되었다고 볼 수 있다.

5. 정화 이후의 동아시아 바다

송 원시기를 거치며 발전한 해상 무역은 더 이상 특권층만을 위한 사치품에 제한된 무역이 아니었다. 후추를 위시한 향료나 소목(蘇木)과 같은 염료는 이미 생활필수품으로 자리 잡았다. 이러한 상품에 대한 정부의 독점과 수입량의 근본적인 부족은 당연히 국내외 상인들의 불만을 사게 되었고, 복건과 광동을 중심으로 불법 밀무역이 성하게 되었다. 특히 연해 지역이면서도 산지가 많고 농지가 적어 자급자족이 불가능했던 복건에서는 많은 사람들이 목숨을 걸고 밀무역에 종사했으며, 아예 해외로 이주하는 사람들도 생겨나게 되었다. 지방의 유력자들 가운데 암암리에 박주(舶主)와 선원(船員)을 고용해 자본을 대주고 해외무역에 종사하는 사람도 생겨났다. 심지어는 해외의 무역상들이 부패한 관리들과 결탁하여 조공 사절로 위장하는 사태도 발생했다. 당시 광주의 회원역(懷遠驛) 부근에는 번상들이 머무르는 120여 칸 규모의 대형 숙사가 있었는데, 공식적인 조공단 외에도 지방관들과 야합한 적지 않은 수의 무역업자들이 이곳에 머무르곤 했다.

이렇게 해금령 하에서도 밀무역이 상당 수준으로 진행되고 향신 관료층 가운데에서도 해금령에 반대하는 개양론자(開洋論者)들이 늘어가자, 정부는 1509년 광주를 조공국의 상인들에게 개방했다. 또한 1567년에는 해금 정책이 조법(祖法)으로 준수된 지 200년 만에 마침내 복건순무(福建巡撫)의 요구를 받아들여 사무역을 허락했다. 물론 완벽한 자유무역은 아니어서 대동남아 무역항이 장주(漳州) 한곳으로, 무역선의 출항 횟수도 50회로 제한되었다. 그러나 해금 정책의 철폐로 그동안 폐쇄되거나 숨겨져 있던 교역 루트가 빠른 시일 내에 회복되어 교역량이 급속히 증가하는데, 이에 따라 정부의 허가장도 만력(萬曆) 3년(1575년)에는 100척으로, 만력 25년(1597년)에는 137척으로 늘어났다.

『수역주자록(殊域周資錄)』이라는 책에는 "이번(夷蕃)의 갖가지 물건들 모두가 중국에서 불가결한 것(夷中百貨, 皆中國不可缺者)"이라는 내용이 출현한다. 해상 실크로드를 통해 중국에 유입되던 상품들이 이미 일상생활에서 빠질 수 없는 생활필수품이 된 것을 의미한다. 그중에 가장 중요한 것은 역시 중국의 식문화에 많은 변화를 일으킨 향료인데, 독특한 향기로 식욕을 자극할 뿐 아니라, 육류나 생선의 비린내를 제거하고 방부제로서의 역할까지도 했다.

중국에서 해외로 수출된 상품들을 살펴보면, 사향·차엽·장뇌·금·은·칠기·동전·농기구 등 종류가 적지 않지만, 송·원대를 이어 견직물과 도자기가 가장 환영을 받았다. 견직물은 원단뿐 아니라 완제품도 수출되어 향후 동남아 지역의 복장 스타일에 상당한 영향을 미치게 된다. 또한 앞에서 언급했던 마환의 『영애승람』에는 자바 사람들이 특히 청화백자를 좋아했다는 말이 언급되는데, 당시 세계 최고급의 도자기를 생산하던 경덕진의 청화백자는 중동과 동남아 전역에서 고가에 판매되었다. 특히 동남아인들은 중국의 도자기를 매우 귀중히 여겨 종교의식이나 배장품으로 사용하기도 했으며, 베트남이나 태국에서는 제조술을 익혀 후에 서아시아로 수출하기도 했다. 『명사·외국전(明史·外國傳)』에는 현재 보르네오 남부지역에 자리 잡고 있던 '문랑마신국(文郞馬神國)'에 관한 기록이 남아 있는데, "원래는 바나나 잎을 식기로 삼았는데, 후에 화인(華人)들과 교역하면서, 점차 자기를 사용하게 되었다.(初用蕉葉爲食器, 後與華人市, 漸用瓷器)"는 내용이 보인다. 이 시기를 거치면서 동남아 지역에서도 접시가 보편적으로 식기로 사용되는데, 중국 도자기의 유입이 동남아의 식습관 개선에 미친 영향이라고 볼 수 있다.

이상의 내용을 살펴보면 명나라 건국 이래로 보수적인 대외 정책을 채택했지만, 이제 해상교역은 각국의 경제와 일상생활에까지 중대한 영향을 미치고 있었기 때문에, 때로는 조공무역을 통해서 때로는 금지된 밀무역을 통해 해상 교역이 꾸준히 유지되고 확대되었다. 그러나 서양이 동적(動的)으로 발흥하고 있던 이 시기에, 장시간에 걸쳐 다양하고 풍부한 국제

교역을 '해금'과 '조공'으로 묶고자 했던 명나라의 대외정책은 내부적으로는 안정을 가져왔을지 몰라도 중국인이 점차 해상에서의 주도권을 상실하는 계기가 되었다. 어느 역사학자의 의견을 빌리자면 서양을 포함한 모든 이민족의 자극에 대해 지적 · 심리적 면역성을 불러일으켜 물질문명과 기술 그리고 경제적 · 정치적 조직의 모든 면에 있어서, 서양에 뒤떨어지게 되는 하나의 계기가 되었다.

15세기 말기에 이르러서야 시작된 포르투갈의 항해가 발전을 거듭하며 아시아 각지에 근거지를 설립하고 교역의 네트워크를 확산시켜 나간 데 반해, 정화의 원정은 30년도 채 안 돼 중지되었다는 점에 대해 많은 사람들이 아쉬움과 함께 궁금증을 표명하고 있다. 일부 학자들은 당시 정화 함대가 도착했던 지역들이 비교적 낙후되었고 시장도 크지 않았다는 다소 황당한 주장을 제기하기도 했다. 정화 함대는 이처럼 원정 자체가 정치적 · 군사적 목적으로 설계된 한계를 안고 있었던 것이다.

정화 대원정은 중화제국의 바다에 대한 적극적인 자세가 마지막으로 표출된 사건이고, 송원대 해상 원정의 경험과 축적된 지리적, 역사적 지식이 원정의 동력으로 작용했다. 당 · 송이래 발전을 거듭해온 중국인들의 조선술과 항해술 등 기술력이 총체적으로 반영된 대항해였다. 정화원정은 종전에 다극화되고 분절화되었던 해상 교역이 강력한 국가권력에 의해서 조직적이고 체계화된 해상 원정으로 발전하였다. 중국 상인들이 남 중국해를 무대로 세계 경제(World Economy)에 참여를 확대하는 계기가 되었다.

포르투갈과 에스파냐에 이어 동아시아 해상 무역에 가담한 네덜란드와 영국은 1602년과 1600년에 각각 동인도 회사를 건립하고, 이 회사에 조약의 체결, 요새 및 상관의 설립, 군인의 충원과 전쟁의 선포와 같은 준 국가적인 권리까지 부여해 주면서 해상교역을 적극적으로 지원해 주었다. 이때 남중국의 중국 해상들은 연안의 지방관들에게 '연해로비' 즉 정기적으로 뇌물을 바치는 행위를 통해서 겨우 밀무역을 유지할 수 있었다. 해상교역을 둘러싼 양 진영의 차이는 점점 커져갔다. 이후의 중국은 해상에서의 주도권을 점차 상실해 갔고 아프리카에서 남중국에 이르는 바다의 실크로드는 결국 동으로 동으로 밀려오는 서구세력에 넘겨주게 된 것이다.

참고문헌

王天有 · 徐凱 · 萬明 編, 『鄭和遠航與硏世界文明-紀念鄭和下西洋600周年論文集』, 北京大學出版社, 2005.

王天有 · 萬明 編, 『鄭和硏究百年論文選』, 北京大學出版社, 2004.

孔遠志 · 鄭一均, 『東南亞考察論鄭和』, 北京大學出版社, 2004.

馮承鈞, 『中國南洋交通史』, 臺灣商務印書館, 1981.

李慶新, 『明代海外貿易制度』, 社會科學文獻出版社, 2007.

周寧, 『中西最初的遭遇與衝突』, 學苑出版社, 2000.

榮新江, 『中古中國與外來文明』, 生活.讀書.新知三聯書店, 2001.

萬明, 『中葡早期關係史』, 社會科學文獻出版社, 2001.

Wang GungWu, China and Chinese Overseas. Singapore: Times Academic Press, 1991.

김호동, 『아틀라스 중앙유라시아사』, 사계절, 2016.

김호동, 『몽골제국과 세계사의 탄생』, 돌베개, 2010.

주경철, 『대항해시대-해상팽창과 근대 세계의 형성』, 산처럼, 2015.

케네스 포메란츠 · 스티븐 토픽 저, 박광식 역, 『설탕, 커피 그리고 폭력』, 심산, 2003.

박사명 · 신윤환등, 『동남아의 화인사회』, 전통과 현대, 2001.

정수일, 『실크로드학』, 창작과비평사, 2001.

全漢昇, 「明淸中外交通與貿易」, 『明淸經濟史硏究』, 聯經, 1987.

張廣達, 「海舶來天方絲路通大食-中國與阿拉伯世界的力士連繫的回顧」, 『西域史地叢稿初編』, 上海古籍出版社, 1995.

陳學軍,「宋代廣州的蕃姓海商」, 蔡鴻生主編『廣州與海洋文明』, 中山大學出版社, 1997.

章文欽,「明淸時代荷蘭與廣州口岸的貿易和交往」, 蔡鴻生主編『廣州與海洋文明』, 廣州:中山大學出版社, 1997.

Wang GungWu, "The Nanhai Trade: A Study of the Early History of Chinese Trade in the South China Sea", The journal of the Malayan Branch of the Royal Asiatic Society 31(2), 1958.

Wang GungWu, "Southeast Asian hua-chiao in Chinese History Writing", journal of Southeast Studies, 1981.

고병익,「명청시대의 쇄국정책」,『동아시아문화사논고』, 서울대출판부, 1977.

발견의 시대(The Age of Discovery)와 해양 영웅들

최영수 | 한국외국어대학교 명예교수

단국대에서 이베리아 반도사 연구로 문학박사학위를 받았으며 국립 리스본 대학교에서 문과대과정을 수료했다. 미국 Delaware대학교 역사학과 객원교수로 지냈으며 세계역사문화연구회 회장, 한국외국어대학교 부총장을 역임했으며 포루투갈 카몽이스 재단 초빙 연구교수와 포루투갈-브라질 학회장으로 활동했다. 2014년까지 한국외국어대학교에서 서양어대 교수를 거쳐 현재는 한국외국어대학교 명예교수이다.

일반적으로 '발견의 시대'라 부르는 1400-1600년은 유럽 세계가 정신적으로나 공간적으로 커다란 확장을 이루었던 시기였다. 중세에서 근대로의 이행기에 유럽 사회는 르네상스 정신의 영향으로 새로운 것과 미지의 세계에 대한 인간의 호기심이 매우 컸고, 모험 정신 또한 강했다. 야곱 부르크하르트가 '세계와 인간의 발견'이라고 간결하게 정리한 르네상스의 개념에는 발견의 시대의 시대 정신이 잘 반영되고 있다. 하지만 유럽의 팽창운동이 전적으로 르네상스의 부흥운동에서 비롯되었다고 생각하지 않는 학자들도 다수 있다. 세계를 알고자 하는 욕망이나 과학적 호기심이 큰 자극제가 되긴 하였지만, 그 충동은 이미 오래전부터 이베리아 반도의 작은 나라 포르투갈에서 일어났다는 것이 그들의 주장이다.

일찍이 국부론의 저자 아담 스미스(1723-1790)는 지구상에서 일어난 가장 획기적인 사건은 지리상의 발견이라고 말했다. 그가 살았던 18세기 말까지는 신대륙 발견보다 더 위대한 업적이 없었던 것이다. 금세기까지 그 범위를 넓힌다면 1969년 7월 20일 달에 첫발을 내딛은 암스트롱의 업적이 이에 비견될 수 있을지 모르겠다. 하지만 해양 개척이 인류에게 가져다 준 수많은 결과물들에 비해 본다면 우주 개척은 아직 시작에 불과할 뿐이다.

1. 유럽의 해외 팽창 동기는?

중세 암흑시대의 혼란과 무질서가 휩쓸고 지나간 11세기 말엽부터 유럽 세계는 서서히 자신의 테두리에서 벗어나 넓은 미지의 세계로 진출을 꾀하기 시작했다. 당시의 유럽인들은 지구 실제 크기의 1/4 정도를 알고 있었고, 그 영역에서만 교류가 이루어졌다.

중세 유럽인들의 지구에 관한 지식은 보잘것 없고 부정확했다. 1400년경만 하더라도 유럽인들이 제작한 지도에서는 유럽을 벗어난 다른 지역에 대해서는 완전히 잘못된 관념과 인식을 지녔다. 유명한 역사학자 아놀드는 '포르투갈인들의 발견사'에서 이렇게 말했다.

"200년간 유럽 지도 작성가들에 의해 그려진 지구는 오늘날 우리에게 친숙하고, 쉽게
인지될 수 있는 윤곽과는 달리, 마치 엄마의 뱃속에서 성장 중인 태아처럼 발전되어 왔다"

당시 대중들로부터 가장
인기를 끈 책은 13세기 말
아시아를 횡단하여 원나라
의 황실까지 방문하여 쿠빌
라이를 알현했던 마르코 폴
로의 '동방견문록'이었다.
그는 17년간 원나라에 머물
며 황제를 위해 일했고, 24
년 만에 고향 베네치아로 귀
환했다. 그가 오랜 기간 동

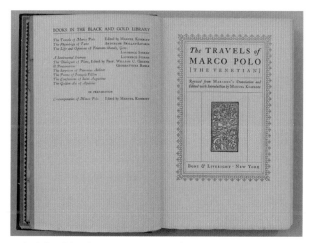

〈그림 1〉 동방견문록(The travels of Marco Polo), 국립해양박물관 소장

양에 머무르면서 경험했거나 보고 들었던 수많은 일화들은 이탈리아 소설 작가 루스치첼로
다 피사에 의해 폴로의 전기 형식으로 유럽인들에게 소개되었다. 이 책은 다소 과장된 부분
이나 실제와는 다른 내용도 있었지만, 유럽인들에게 동양이 발전된 문명을 지닌 매우 풍요
롭고 살기 좋은 곳이라는 인식을 심어주었다. 그의 여행기는 유럽인들의 호기심을 크게 자
극했고, 특히 포르투갈의 항해왕자 엔리크(1394-1460)와 콜럼버스(1451-1506)에게 끼친
영향은 매우 컸다.

2. 이베리아 반도에서는 어떤 준비가 이루어지고 있었을까?

　이베리아 반도의 두 왕국 포르투갈과 에스파냐는 유럽 제국가들 중 가장 빨리 해외 팽창의 제반 조건 및 동기, 즉 정치,경제,사회적 상황과 문화적 현상의 복합적 요인들이 갖추어진 국가들이었다. 포르투갈이나 에스파냐는 지리적 환경이나 역사적 맥락에서 볼 때, 육로나 해로로 아프리카와 대서양을 유럽과 연결짓는 고리와도 같은 곳이었다. 또한, 양국은 지중해의 기독교적 영향을 받아 유태와 아랍과의 오랜 교류로 해양 과학 기술이 축적되었고, 최상의 준비가 갖추어진 곳이기도 했으며 유럽에서도 빈국의 위치에 속해있었기 때문에 유럽 권역에서 벗어나려는 심리적 현상이 컸다.

　팽창을 위한 이베리아 반도의 기술적 준비는 이미 중세 때부터 확립되었다. 당시 지중해의 항해 기술이나 반도 내의 천문학자들이 발전시킨 천지학은 매우 뛰어난 수준에 이르렀다. 포르투갈 왕실은 해양 과학 발전을 위해 바르세로나와 마요르카로부터 저명한 해도작성가들을 초빙했다. 15세기 초에는 지중해와의 활발한 해상교역이 행해졌다. 많은 제노바인, 카탈랑인 그리고 아라곤 상인들이 포르투갈에 정착했으며 이슬람 세계와의 교류도 있었다. 아랍인들은 항해에 필수적인 도구였던 나침반과 오차 측정을 위한 기구 뿐만 아니라 선박 건조술도 제공했다. 당시 포르투갈은 항해하는 선박의 위치를 북극성의 고도와 태양 극점으로 확인하고, 이를 측정하기 위해 '사분의','천문관측의'와 수평선과 북극성 또는 태양 간의 각도를 측정하여 배의 위도를 알아내는 기구 '발레스틸랴'도 사용했다.

　항해술 역시 괄목할만한 성장을 보였다. 포르투갈인들은 대서양 남쪽 아프리카 해안을 여행할 때, 4각 돛의 바르카와 지중해식 돛배를 이용했지만 이런 선박들이 역풍에는 무용지물임을 알게 되자 이를 개량하여 3각 돛배 카라벨라로 대체했다. 이처럼 경험과 새로운 과학 지식을 통해 범선은 후일 인도양 항해 시에는 나우 선으로 거듭났다.

3. 첫 정복 사업은 어떤 의도에서 시작되었을까?

포르투갈의 해외팽창은 1415년 북아프리카의 세우타 공략과 더불어 시작되었다. 이때는 동 주앙 1세의 집권 중반기였고, 카스티야와 평화협정이 체결된 지 3, 4년이 지난 시기여서 전쟁의 여파가 완전히 가시지 않았다. 그런 이유로 전쟁에 참여했던 전쟁 귀족은 그들의 정력을 분출할 일거리를 찾으며 왕권에 위협적인 존재로 남아 있었다. 왕조 설립 시 크게 활약했던 브르즈와지도 경제적 불황을 벗어날 분출구를 찾고 있었다.

근대 국가 성장에 있어 경제적 요인이 아무리 중요하다고 할지라도 사회적, 종교적 요인들도 배제될 수는 없을 것이다. 따라서 세우타(Ceuta) 정복 시도는 동 주앙 1세가 자신의 중앙 집권정책을 강화하려는 의도에서 뿐만 아니라, 기독교 신앙의 확장과 다양한 사회계층을 고루 만족시키려는 방향으로 전개되었다고 보는 것이 타당하다.

4. 중세 유럽의 전설을 깨트린 항해

아프리카 서해안 항해에서 가장 획기적인 사건은 질 이아네스가 보자도르 갑을 남하하는 여행에 성공한 것이다. 중세의 전설적인 바다로 알려진 이 갑은 '무시무시한 바다'라고 불리웠다. 보자도르 갑은 카나리아 군도 남쪽 50레구아(1 레구아는 약 3마일) 떨어진 곳에 위치한 황량한 해안이었다. 중세 시대에는 그 어떤 나라의 배도 접근하지 못했고, 감히 항해하려고 생각조차 못 했던 이곳은 사하라 사막이 실어나른 모래 먼지로 연중 6개월은 시야가 트이지 않았다. 그래서 사람들은 이 갑이 바다의 끝이고 인간이 항해할 수 있는 남하의 한계선이라고 생각했다.

그가 귀환 후 항해 왕자에게 받친 것은 한 움큼의 마른 덩굴식물이었다. 그는 "전하께서 육지를 확인하는 표시로 무언가를 가져오라고 명하셨기에 이 풀을 뜯어 왔습니다. 저희는 이것을 산타 마리아의 장미라고 명하였습니다."라고 말했다. 항해 왕자는 그가 가져온 마른 꽃과 줄기를 마치 귀한 트로피나 되는 것처럼 힘차게 움켜쥐었다. 포르투갈의 한 모험가가 중세 유럽의 전설을 깨트린 역사에 영원히 기록될 승전보였다. 그 순간부터 전통에 기반한 중세의 해양지식들은 차츰 신뢰를 잃어가기 시작했다.

5. 대항해시대의 4대 영웅들

발견의 시대에 가장 위대한 해상발견의 4대 영웅으로는 콜론, 바스코 다 가마, 바르톨로메우 디아스와 마젤란을 손꼽는다. 이 모험가들이 해상 활동의 꿈을 이베리아 반도에서 키워나갔고, 모두가 포르투갈과 에스파냐를 위해 봉사했다는데 주목하지 않을 수 없다. 아울러 콜론을 제외한 나머지 세 사람이 모두 포르투갈 출신이라는 점도 특이하다.

위대한 항해가들이 희망봉, 신대륙, 인도 항로의 발견 그리고 세계 일주 항해의 성공을 이룬 이면에는 수많은 낯선 항해가들의 희생이 수반되었다. 그들의 한발짝 한발짝 내딛음이 있었기에 위대한 발견의 역사가 이룩된 것이다.

희망봉 발견자 바르톨로메우 디아스(Bartolomeu Dias, 1450-1500)

디아스는 아프리카 최남단 희망봉(Cabo da Boa Esperança)을 우회하여 인도양에 이르는 바닷길을 최초로 항해한 유럽인으로 알려진다. 유감스럽게도 그에 대한 정확한 자료는 포르투갈 내에서도 찾아보기 힘들다.

동 주앙 2세에 의해 새로운 원정대의 사령관이 된 디아스는 3척의 배를 이끌었다. 그의 동생 디오구 디아스도 지원 선의 선장으로 임명되어 다른 두 척의 부족한 식량이나 물자들을 보급하는 역할을 수행했다.

1487년 8월 원정대는 테주강(리스본을 흐르는 강) 하구를 빠져나가 대서양 남쪽으로 향했다. 항해가 계속되는 가운데 남동 무역풍이 폭풍우로 바뀌자 디아스는 해안에서 멀리 떨어져 서남쪽으로 항로를 바꾸도록 지시했다. 함대는 며칠 동안 서풍을 만날 때까지 항해했다. 이 바람 덕분에 디아스 일행은 다시 동쪽 아프리카 해안으로 진로를 바꿀 수 있었다. 그러나 며칠을 항해해도 아무 것도 나타나지 않자, 디아스는 북쪽으로 기

〈그림 2〉 바르톨로메우 디아스(Bartolomeu Dias)

수를 돌리도록 지시했다. 그때 일행의 시야에 남아프리카 해안이 나타났다. 그들은 리우 다스 바카스(오늘날 고리츠 강)에서 닻을 내렸다. 그곳에서 디아스 일행은 해안 탐사를 진행하면서 동쪽 방향에 인도양으로 향하는 통로가 있음을 예견했다.

디아스는 사실 유럽인 최초로 아프리카 남단을 우회하여 인디아로 향하는 최초의 항해가가 되기를 염원했었다. 그러나 오랜 항해로 선원들은 지칠 대로 지쳐있었고, 더 이상 나아가면 지구 끝으로 추락할 것이라는 중세시대의 미신이 그들을 두려움으로 몰아갔다. 그리고

당장 급한 것은 식량 보급 문제였다. 보급선이 머무는 곳과 거리가 너무 멀어졌기 때문에 제때에 물자를 공급받기도 힘들었다.

디아스에게는 불만에 가득 찬 선원들을 통제할 힘이 없었다. 더욱이 국왕은 그에게 유사시 사관들의 의견을 경청하고, 다수 의견에 따르라는 지침도 주었었다. 대다수의 사관들은 며칠 더 항해해 보고, 희망이 없으면 회항하자고 제안했다.

며칠 동안 동쪽으로 항해한 후, 디아스 사령관은 조금만 더 나가면 그토록 갈망했던 인디아로 갈 수 있다고 확신했다. 그러나 그를 제외한 모든 선원들은 귀환 길에 오르기를 원했다. 디아스는 후일 다시 이곳을 찾을 항해가를 위해 영광의 순간을 양보해야만 했다.

1488년 2월 초 회항 길에 함대는 서쪽으로 넓게 펼쳐진 해안을 탐사하다가 '폭풍의 갑'을 통과했다. 디아스 일행이 대서양 남하 시 공해로 멀리 원을 그리며 항해했던 터라 채 발견하지 못했던 지역이었다. 후일 동 주앙 2세는 그곳이 인디아로 향하는 중요한 길목이 될 것이라는 생각으로 '폭풍의 갑' 대신에 '희망봉'으로 부르도록 지시했다. 우리가 알고 있는 바와는 달리 아프리카 최남단 땅 끝은 희망봉이 아니다. 실제로는 아굴랴스 갑이 최남단으로 알려진다. 남위 34°49´43" 동경 20°0`9"에 위치한 이곳에서는 자침편차(Magnetic Declination)가 없으며, 나침반의 바늘은 북-남을 가리킨다.

콜럼버스 이전의 대서양 항해

15세기 중엽 포르투갈 도우루 강 하구를 출발한 한 척의 배가 폭풍에 밀려 흘러가다가 한 섬에 도착했다. 선원들은 그 섬에서 뜻밖에도 기독교를 믿는 주민들을 만나게 된다. 주민들은 포르투갈인들을 가까운 교회로 안내하여 서로가 믿는 기독교 신앙의 교리가 동일한 것인지 확인하고자 했다. 그러나 포르투갈인들은 그들의 행동이 두려워 황급히 배로 피신하여 바닷가의 모래만 채집하고 돌아왔다. 그 이후로 이 섬에 대한 전설은 퍼져나가기 시작했고,

사가들은 그곳이 안틸랴일 것이라고 추정했다.

콜럼버스의 아들 동 페르난두 콜롬보가 저술한 '콜럼버스의 생애와 업적'이 1571년 발간되었다. 원본이 분실된 이 이탈리아판 책은 에스파냐 성직자 라스 카사스가 '인디아스의 역사'에 수록하였다. 여기에는 항해 왕자 엥리크의 활동 시절 포르투갈 항해가들의 전설적인 모험 여행과 안틸랴 섬 발견에 관한 내용이 소개된다.

콜럼버스(Christopher Columbus, 1451-1506)

1451년, 지중해의 상업 도시 제노바에서 태어난 콜럼버스는 20대 청년 시절 에게 해를 오가며 동지중해 교역에 종사했다. 당시 이탈리아의 도시 국가들은 전통적인 동지중해 시장에서 벗어나 서부 유럽에서 새로운 시장 개척을 강화하고 있었다. 1476년 콜럼버스도 25살 되던 해에 이탈리아 무역상들이 이끄는 선단에 편승하여 리스본으로 향했다. 마침 포르투갈에는 동생 바르톨로메오가 왕실 지도 제작소에서 일하고 있었다. 콜럼버스는 항해 중에도 마르코 폴로의 동방 견문록을 읽으며 신비로 가득한 동양 여행을 꿈꾸고 있었다. 그러나 선단이 이베리아 반도 남쪽 해안을 지날 때, 길목을 지키고 있던 해적의 기습 공격으로 그가 탄 배가 침몰했다. 가라앉는 배에서 간신히 빠져나온 콜럼버스는 헤엄을 쳐서 포르투갈 남쪽 알가르브 지방의 한 해변가에 도착했다.

이후 리스본에서 동생과 극적인 만남을 가진 콜럼버스는 한동안 그곳에서 제노바 상인들의 대리인으로 일했다. 그리고 1479년에는 무역상 파올로 디 네그로의 요청으로 설탕 중개업을 위해 마데이라 군도에 파견되었다. 1479-1480년에 마데이라 군도에서 거주한 콜럼버스는 포르투 산투 섬의 수증자이며 사령관이었던 바르톨로메우 프레스트렐루의 딸 필리파 모니스와 결혼하며 일약 포르투갈 귀족 가문의 일원이 되었다. 그리고 두 사람 사이에는 장남 디에고 콜럼버스가 태어났다. 콜럼버스가 이 가문과 인연을 맺었을 때는 이미 1458년에 죽은 장인을 계승하여 처남이 카피타니아의 수증자 직책을 계승한 상태였다. 비록 그는 장인과 상면할 기회는 없었지만, 장모인 이사벨 모니스는 사위 콜럼버스에게 소중히 보관하고 있었던 남편의 항해 자료와 해도를 넘겨준 것으로 알려진다.

1470년에 플로렌스의 천문학자 토스카넬리(1397-1482:지구 구형설을 주장한 학자)는 포르투갈 국왕 아퐁수 5세에게 대서양 서쪽으로 항해하여 아프리카 우회 루트보다 더 빠르게 향료군도, 카타이(중세 라틴어에서 중국을 지칭)와 지팡구에 갈 수 있다고 자신했다. 그러나 아퐁수 5세는 이 제안을 거부했다. 이미 차근차근 아프리카 서해안을 따라 최남단 통로를 찾기 위한 탐사 여행을 진행하고 있었기 때문이었다.

하지만 토스카넬리의 이론에 공감한 콜럼버스는 1485년, 자신의 여행 계획을 동 주앙 2세에게 설명했다. 그는 3척의 배를 지원해 주면, 1년 이내에 대서양 서쪽으로 항해하여 카타이와 지팡구에 이르는 항로를 발견하겠노라고 공언했다. 그는 그 대가로 대제독의 직위, 발견지의 총독직과 그곳에서 얻어들일 수익의 1/10을 요구했다.

이미 아프리카 우회 통로에 마음을 빼앗기고 있었던 동 주앙 2세는 그의 계획서를 당대 최고의 전문가들에게 보내 자문을 요청했다. 항해 전문가들은 그가 주장하는 항해거리 3,860km는 잘못된 계산이라고 반박했다. 그러나 콜럼버스는 집요했다. 1488년, 그는 또다시 제안서를 제출했고, 동 주앙 2세는 그를 청문회에 초청했다. 하지만 그 만남도 성공적이지 못했다. 얼마 후, 바르톨로메우 디아스가 아프리카 남단의 희망봉을 우회하는 데 성공했기 때문이었다. 동 주앙 2세는 더 이상 그의 제안에 관심을 보이지 않았다.

콜럼버스는 당대의 학자들이 계산한 유럽과 아시아 간의 거리를 달리 생각했다. 그는 지구 둘레를 30,200km(실제로는 40,000km)로 계산했다. 그는 지구 둘레를 실제보다 17% 적은 33,300km로 계산했던 그리스 수리지리학자 티레의 마리누스(100-150AD)의 이론을 신뢰했다. 이와 같은 믿음 때문에 콜럼버스는 카나리아 군도에서 지팡구까지의 거리도 3,700km로 계산했는데 이는 실제 거리인 19,600km와는 터무니없이 차이가 났다.

콜럼버스는 지팡구를 실제보다 훨씬 크고, 중국에서 동쪽으로 멀리 떨어진 적도 가까운 곳에 위치해 있다고 생각했다. 그리고 지팡구보다 동쪽으로 더 나아가면 많은 유인도들이 있는데, 그들 중 하나가 안틸랴라고 믿었다.

그러나 무엇보다 콜럼버스의 생각에 영향을 미친 인물은 토스카넬리일 것이다. 이 위대한 학자가 죽은 1482년까지 콜럼버스는 그와 서신 교류를 했던 것으로 알려진다. 토스카넬리가 고집했던 아시아를 향한 서부 루트 항해의 실행 가능성은 콜럼버스의 전폭적인 지지를 이끌어냈다. 비록 콜럼버스는 유럽과 아시아 간의 거리 측정이나 위도와 경도 계산에 있어 큰 오류를 범했으나 무역풍에 대한 지식은 뛰어났던 것 같다. 아마도 그것이 대서양 횡단의 성공 요인이었을 것이다.

더 이상 포르투갈에 머무를 이유가 없다고 판단한 콜럼버스는 마지막으로 카스티야 행을 결심했다. 1486년 5월 1일, 이사벨 여왕과의 접견이 허용되었을 때 그는 자신의 계획을 설명했다. 여왕은 즉각 해양 전문가들에게 그의 제안서를 검토하도록 지시했다. 카스티야 왕실의 해양 전문가들 역시 카나리아 군도에서 지팡구까지 거리 계산에 큰 오류가 있음을 지적했다. 비록 콜럼버스의 제안은 받아들여지지 않았지만, 카톨릭 왕들은 12,000마라베디의 연금을 지급하고, 그의 제안이 다른 나라에서 사용되지 못하도록 조처를 취했다. 그리고 1489년, 이사벨 여왕은 에스파냐 땅 어느 곳을 방문하더라도 숙박 시설을 무료로 이용할 수 있는 증서를 콜럼버스에게 발급해 주며 호의를 베풀었다.

그라나다 정복전쟁으로 왕실 국고가 이미 바닥을 드러냈기 때문에 1491년, 페르난도와 이사벨은 전쟁의 승리가 거의 목전에 다가오자 콜럼버스의 제안이 갖는 이점을 생각할 여유가 생겼다. 만약 그의 계획이 성사된다면, 그것은 해외팽창 경쟁에서 포르투갈을 앞서게 될

〈그림 3〉 산타페 협약(Santa Fe Capitulations)

뿐만 아니라 고갈된 국고를 충당하고 남음이 있었다.

　주저하면서도 단호하게 내치지 않은 이사벨의 태도를 보고 콜럼버스는 주변 세력의 도움을 얻어 끈질기고 집요한 설득전을 펼쳐 나갔다. 그라나다 왕국 정복전쟁의 승전보가 울려 퍼질 때, 이사벨 여왕의 고해신부 후안 페레스는 보류상태에 있었던 콜럼버스의 계획을 다시 한 번 고려해 달라고 요청했다. 이교도에 대한 전투의 승리로 신께 감사드리며, 종교적 열정에 휩싸였던 여왕은 콜럼버스의 여행이 성공하면 포르투갈을 앞지를 수 있다는 생각으로 후원을 결정했다.

　1492년 4월 17일, 그라나다 정복전쟁이 막바지에 이르렀을 때, 카톨릭 왕들은 콜럼버스와 산타 페 협정(Capitulaciones de Santa Fe:그라나다의 산타 페에서 맺은 협정)을 체결하고 지루한 협상을 끝냈다. 이것은 절대 군주와 민간인 간에 맺은 가장 중요한 계약으로 알려진다. 페르난도와 이사벨 여왕은 콜럼버스가 성공을 거두면 대제독 칭호, 발견지의 부왕 그리고 총독에 임명한다는 약속을 문서화했다. 이 직책들은 콜럼버스 세대에 끝나지 않고, 세습되는 종신직이었다.

콜럼버스의 대장정

　1492-1503년 사이에 콜럼버스는 에스파냐에서 아메리카 대륙까지 네 차례의 항해를 수행했다. 이것은 유럽인들의 아메리카 대륙 탐사와 식민화의 첫걸음이었다.

1차 항해

1492년 8월 3일, 콜럼버스는 3척의 배와 120명의 선원을 거느리고 팔로스항을 출항했다. 가장 큰 배는 페르난도와 이사벨의 자랑스러운 모노그램으로 장식한 기함 산타 마리아호였고, 선장은 콜럼버스였다. 팔로스 출신의 핀손 3형제도 자신들 소유의 횡범선 핀타 호와 함께 원정대에 참여했다. 일행은 이 여행에서 바하마 제도의 산 살바도르를 발견하고, 쿠바 동북부 해안을 탐험한 다음 히스파니올라 섬을 본거지로 탐사활동을 계속했다.

2차 항해

1493년 5월 24일, 콜럼버스는 폰세카 주교와 함께 인디아 본토와 주변 섬들을 점유하고 개발 사업을 추진하기 위해 세비야와 카디스에서 원정대 편성 작업에 들어갔다. 2차 원정대는 규모 면에 있어 1차 여행 시와 비교가 되지 않을 정도로 컸다. 원주민 복음화와 식민화 사업에 투입될 인력과 장비가 많았기 때문이었다. 콜럼버스 제독은 푸에르토리코, 히스파니올라와 쿠바 남부 해안을 탐사한 다음 자마이카를 거쳐 다시 히스파니올라로 돌아와서 오늘날의 도미니카 수도 산토 도밍고에 식민 통치부를 설치토록 지시했다.

3차 항해

1498년 5월 30일, 콜럼버스는 6척의 배를 이끌고 산루카르(카디스 지방의 항구 도시) 항을 떠나 세 번째 여행에 도전했다. 3차 여행의 목적은 히스파니올라의 금 생산에 만족하지 않고, 새로운 부의 원천을 찾는 것과 더불어 발견지와 아시아의 정확한 연관성을 입증할만한 증거를 찾는 데 있었다. 그런 이유 때문에 보급품을 선적한 3척의 배는 히스파니올라로 직접 보내고, 콜럼버스 제독 자신은 나머지 3척을 이끌고 이전 항해 때보다 훨씬 더 남쪽으로 항로를 취했다. 그는 이미 방문한 적이 있었던 카리브 군도의 남쪽을 답사하면서 아시아 대륙으로 이어지는 통로 찾기에 희망을 걸었다.

4차 항해

1502년 3월 카톨릭 왕들은 집요하게 권리 회복을 요구하는 콜럼버스에게 원정 여행을 허락했다. 그때는 이미 오반도 총독이 30척으로 편성된 선단을 이끌고 히스파니올라로 떠난 뒤였다. 콜럼버스도 동년 5월 11일 카디스 항을 떠나 네 번째 여행길에 올랐다. 4척으로 편성된 작은 원정대에는 동생 바르톨로메오와 아들 페르디난드도 함께 동행했다. 제독은 1498년의 3차 항해 시 발견했던 대륙의 북부와 1493년 2차 항해 시 답사했던 소안틸레스 제도 사이로 항해하면 아시아 대륙에 접근할 수 있으리라고 확신했다. 그의 목표는 말라카 해협이었고, 머릿속은 오직 아시아의 풍요로운 금과 향신료로 가득 차 있었다.

바스코 다 가마(Vasco da Gama, 1460-1524)

포르투갈인들에게 역사상 조국을 빛낸 가장 훌륭한 위인이 누구인가 묻는다면 대다수가 주저하지 않고 바스코 다 가마를 지목할 것이다. 그가 1498년 인디아 항로를 발견한 이후 유럽은 '세계와 인간의 발견'이란 꿈을 실현했고, 모든 면에서 개혁과 진보를 주도하는 세계의 중심으로 부상했다.

1481년에는 동 아퐁수 5세가 서거하고 포르투갈 역사상 최고의 군주들 중 한 명으로 꼽히는 동 주앙 2세가 즉위했다. 다 가마는 이때 10세쯤 되는 어린 소년이었다. 콜럼버스가 한창 각광을 받고 있을 때, 다 가마는 이제 어둠 속에서 서서히 자신의 모습을 드러내고 있었던 것이다. 다 가마는 콜럼버스보다 20세 정도 어렸다.

1493년 3월 6일, 콜럼버스는 서인도 제도 발견의 성과를 거두고 에스파냐로 귀환하는 도

중에 테주강 하구에 잠시 머물렀다. 일부 역사가들은 그가 포르투갈을 먼저 방문한 것은 자신의 제안을 거절했던 동 주앙 2세에게 지팡구가 위치한 새로운 세계의 발견을 과시하기 위해서가 아니었을까 추측하기도 했다.

어쨌든 소식을 들은 동 주앙 2세는 리스본 근교의 발르 두 파라이수 궁전으로 그를 불러들였다. 콜럼버스는 발견지에서 가져온 금과 은을 비롯한 각종 산물들과 그곳 원주민들을 보여주며 은근히 뽐냈다. 아프리카인들과는 사뭇 다른 원주민들을 보자, 동 주앙 2세의 얼굴에는 순간적으로 그림자가 서렸다. 반면에 콜럼버스의 얼굴에는 자신의 계획을 무시하고 경멸한 바 있었던 국왕을 조롱하듯 기고만장한 모습이 엿보였다.

우여곡절 끝에 이듬 해인 1494년, 에스파냐와 포르투갈 사이에 토르데시야스 조약이 체결되자, 많은 유럽 국가들은 분노를 금치 못했다. 훗날 프랑스의 프랑소와 1세(François I,1494-1547)는 뼈있는 한마디를 남겼다.

> "태초에 아담과 이브의 유언장에 지구 상에서 발견된 새로운 땅이 모두 에스파냐와 포르투갈 소유라고 적혀 있었던가?"

동 주앙 2세는 죽기 얼마 전까지 레이리아와 알카세르 왕실림에서 엄청난 양의 선박 건조용 목재를 테주강 하구로 운반해 왔다. 인디아행 항해를 위해 두 척의 나우선을 건조할 것이라는 입소문이 꼬리를 물었다. 이처럼 동 주앙 2세는 죽기 전까지도 희망봉을 우회하여 인디아로 향하는 항로를 개척하겠다는 꿈을 버리지 않았고, 이를 위해 열심히 준비하고 있었다.

새로운 국왕 동 마누엘 1세(D. Manuel I,1469-1521) 집권 초기에도 포르투갈은 여전히 인디아 항로 발견이 왕실 최대의 과제였다. 그는 이 원정대의 사령관으로 바스코 다 가마를 선정했다.

바스코 다 가마의 원대한 야망이 실현되는 날, 그는 국왕 앞에 무릎을 꿇고 크리스토 기사단의 십자가가 새겨진 비단 깃발 아래서 엄숙히 서약했다. 그리고 미지의 세계에서 만나게 될 군주들에게 전달하기 위해 국왕이 내린 아랍어로 작성된 서신을 받았다.

1497년 7월 초, 3각 돛과 4각 돛을 장착한 범선들이 대포로 무장하고 레스텔루 항구를 떠나 대장정에 올랐다. 1499년 9월 길고도 험난한 여정을 마치고 돌아온 바스코 사령관은 벨렝 항구에서 왕실의 많은 고위 귀족들의 환영을 받았고, 9일 후에는 리스본 거리에서 축하 행렬에도 참여했다. 동 마누엘은 왕실을 대표해서 메네시스 백작을 보내 그를 왕궁까지 영접하게 했다. 동 마누엘은 인디아 항로 발견이 포르투갈의 국익을 위해 얼마나 중요한 사업인가를 공개적으로 밝히며, 그에게 최대의 경의를 표했다.

동 마누엘은 카스티야와 아라곤의 군주인 페르난도와 이사벨 여왕에게 인디아 항로 발견 소식을 전했다. 이 두 사람은 마누엘에게는 장인과 장모이기도 했다.

"저는 포르투갈 왕국의 귀족 바스코 다 가마와 그의 형 파울루에게 4척의 배를 맡겨 발견의 임무를 수행토록 했습니다. ... 그들은 인디아와 주변의 다른 왕국들을 방문했습니다. 인도양을 건너 항해한 그들은 인구도 많고, 부유하고, 큰 건물들이 즐비한 대도시들을 발견했지요. 그곳에서는 바다를 통해 향신료와 귀금속들의 거래가 행해진답니다. 메카나 카이로에 이르기까지 수많은 곳에 새앙, 정향, 계피, 육두구, 후추... 그리고 루비를 비롯한 많은 보석류가 팔려 나가지요."

바스코 다 가마의 성공적인 여행과 포르투갈인들의 희망봉 루트 개척은 이슬람 세력의 동양 교역 독점에 커다란 충격을 가했다. 그러나 항로 발견 그 자체가 포르투갈에 부를 가져다준 것은 아니었다. 오히려 발견을 위해서 수많은 인적 손실이 있었고, 사웅 라파엘호와 사웅 미구엘호가 불태워지는 아픔도 있었다. 과연 발견이 포르투갈에 엄청난 부를 보장해 줄 것인가, 아니면 국가적 파멸을 야기할 것인가? 그것은 어느 누구도 예측할 수 없는 일이었다.

1503년 여름, 알렉산드리아로부터 불길한 소식이 베네치아에 전해졌다. 향료 공급양이 현격히 줄어들고 가격 또한 폭등했다는 것이었다. 베이루트에서도 비슷한 소식이 들어왔다. 그해 9월에는 카이로 주재 베네치아 대사가 향료 공급 부족의 원인이 포르투갈의 개입 때문이라고 밝혔다. 바스코 제독이 인디아 항로를 개설한 이래 불과 2년이 지난 시점에서 향료 교역 시장에 엄청난 변화의 조짐이 나타난 것이다.

페르디난드 마젤란(Ferdinand Magellan,1480-1521)

페르디난드 마젤란은 포르투갈 출신이지만 발견의 시대에 경쟁 상대국이었던 에스파냐를 위해 봉사했고, 최초로 세계 일주 항해에 성공한 지구상에서 가장 영향력 있는 인물들 중 한 명으로 손꼽는다. 그러나 적대감으로 충만한 이베리아 반도의 두 경쟁국은 그가 이룬 업적을 결코 높게 평가하지도 않았고, 오히려 폄하하는 경향까지 있었다. 포르투갈 측은 조국의 기밀을 누출시키고 적대국을 위해 봉사했다는 이유와 그로 인한 엄청난 피해 때문에 그를 외면했다. 반면에 에스파냐 측은 마젤란이 행여 자신의 조국을 위해 배신하지 않을까 하는 불신감이 컸고, 이방인 함대 사령관으로서 카스티야인들의 자존심에 상처를 주었다는 점에서 평가를 꺼렸다. 하지만 마젤란은 불굴의 의지와 정신력으로 자신의 상상력을 현실로 입증했고, 그 결과 유럽인들은 콜럼버스 시대까지 잘못 인식되고 있었던 신대륙의 실체를 확인할 수 있었다.

마젤란은 1480년에 도우루강 유역의 우 포르투 시 인근에서 태어난 것으로 추정된다. 그

〈그림 4〉 마젤란(Ferdinand Magellan)

의 부친 루이는 트라스 우스 몬트스 출신 소 귀족으로 아베이루(중서부의 해안 도시)의 지방 장관으로 활동했다. 부친을 여읜 뒤, 그는 어머니의 고향 빌라 레알(북부의 내륙 도시))에서 성장했다. 어린 마젤란은 한 신부의 도움으로 당시 귀족 가문의 자제들이 공부하는 왕실 시동학교에 입학하기 위해 리스본으로 떠났다.

성년이 되면서 고등 교육 과정에서 그가 가장 존경했던 스승은 저명한 독일인 해양 학자 마르틴 베하임(1492년 최초로 지구의

를 만든 독일 출신 지리학자)이었다. 스승으로부터 바스코 다가마가 인디아 항로를 발견한 이후 동양과의 향료 교역으로 얻게 된 엄청난 부에 대한 이야기를 듣고 마젤란은 항해가의 꿈을 키워 나갔다. 스승 베하임은 그에게 나침반, 발레스틸랴(각도를 재어 관측 지점의 위도 와 경도를 알아내는 해양 관측 기구) 그리고 천체 관측기 같은 항해 기구의 사용법도 가르쳐 주셨다. 젊음의 혈기가 넘쳐나는 마젤란은 그의 강의에 매료되어 언젠가는 대양을 누비며 포르투갈 왕실을 위해 봉사하리라고 굳게 다짐했다.

작은 체구의 마젤란은 늠름하고 지모가 풍부하며 매우 강인한 인상의 소유자였다. 마젤 란을 아는 사람들은 그에게는 관대함과 난폭함이 공존한다고 말한다. 말이 없고, 독립심 강 하고, 비밀스러운 성격을 지녔던 그는 자신의 권리에 대해 집착이 매우 강한 사람이었다. 그 의 생애를 전반적으로 관찰해 보면, 부하들을 혹독하게 부리고, 자신의 생각을 끝까지 고집 하는 냉철한 지휘관이었음을 알 수 있다. 청년 사관 시절 그는 무시무시한 알부케르크 총독

휘하에서도 총독의 의견에 맞서 자신의 주장을 굽히지 않는 성격의 소유자였다.

동양의 향료 교역이 포르투갈 왕실의 독점 사업으로 변하면서 마누엘 왕은 신하들을 불신하는 경향이 점차 커졌다. 인디아에서 들여온 향료 판매로 왕실 수입이 엄청나게 많아지자 국왕은 해외 식민지에서 근무하는 자신의 충복들을 믿지 못했다. 마젤란도 이와 비슷한 상황의 희생자였다. 정의감에 불타고, 타협할 줄 몰랐던 그는 결국 조국을 등질 생각까지도 갖게 되었다. 그를 잃은 것이 얼마나 큰 손실이었던가를 예견한 사람은 아무도 없었다. 마누엘 왕이 좀 더 포용력 있고 관대했더라면, 포르투갈은 후일 엄청난 손실을 입지 않았을 것이다.

당시 마젤란이 가장 관심을 표명한 것은 토르데시야스 자오선이 있었다. 구형인 지구의 뒷면을 정확하게 측정하고, 실제로 항해를 한다면 세계 일주 항해가 가능할 것이고, 이로 인해 토르데시야스 조약으로 포르투갈과 에스파냐 사이에 합의된 약속 사항에 심각한 문제가 발생할 것은 명백했다. 이른바 반대 자오선에서 두 나라의 관할권에 관한 문제였다.

마젤란은 조국을 위해 봉사할 마지막 기회를 얻고자 국왕에게 자신의 뜻을 비쳤다. 서인도 제도를 경유하여 남쪽으로 항해한 다음, 남미 대륙을 우회하면 거대한 대양이 나타나는데, 이 대양 서쪽으로 계속 항해해 나가면 인디아에 도달할 수 있다는 설명이었다. 하지만 마누엘은 이미 아프리카 서해안을 따라 남하하여 희망봉을 우회하는 확고한 해상 통로가 있는데 그것이 무슨 소용이 있겠는가? 반문하며 그의 제안을 묵살했다. 그 순간 마젤란은 굳게 결심했다. 카스티야를 위해 봉사하겠노라고.

에스파냐에서의 마젤란

1517년 10월, 마젤란은 은밀하게 에스파냐의 세비야를 향해 떠났다. 국경을 넘어서면서 그는 이름도 에스파냐식으로 마가야네스로 바꿨다. 주변 사람들의 도움으로 마젤란은 카를로스 1세의 가신이 되었고, 형식적으로는 에스파냐 귀화인으로 신분도 바뀠다.

카를로스 황제의 윤허로 그가 원정 함대의 제독에 임명되기까지는 엄청난 시련의 연속이었다. 시기심 강한 통상원 관리들은 방해와 비협조적 태도로 시종일관했다.

선원 모집이 가장 어려운 과제였다. 다른 나라 선원들, 특히 포르투갈 출신 선원들의 지원이 많았다. 그러나 카를로스 황제는 모든 선원을 에스파냐 출신으로 모집하도록 지시했다. 포르투갈인들은 5인의 수로 안내인과 소수의 사환들만 허용되었다. 마젤란은 가까스로 24인의 포르투갈인들을 선발했지만, 정작 항해가 시작되었을 때 파악된 포르투갈인들은 총 40인이었다. 이 숫자는 전체 인원 237인 대비 1/6의 비율이었다.

항해 중에도 포르투갈은 마젤란을 회유하려는 음모를 꾸미고 있었다. 선원 신분으로 잠입한 세바스티앙 알바레스는 에스파냐인들이 카를로스 황제에 대한 마젤란의 충성심을 의심하게 만드는 역할을 맡았다. 물론 명예를 중시하는 마젤란 제독은 확고한 태도로 미래의 신성로마제국 황제에 대한 충성을 맹세했다. 이미 출항 전부터 알바레스는 선원들 간의 불화 조장에 어느 정도 성과를 거두고 있었다. 특히 마젤란 제독이 트리니다드호에 포르투갈 군기를 게양했다는 거짓된 이야기를 퍼트려서 스페인 선원들의 폭동을 조장한 사건도 있었다. 그러나 마젤란 제독은 카를로스 황제에 대한 확고한 충성을 서약함으로서 비협조적이었던 에스파냐 관리들을 이해시켰고, 그들과의 관계를 돈독히 해나갔다.

마젤란 제독의 세계 일주 항해

두 차례의 지연 후, 마젤란 원정대는 세비야를 떠나 과달키비르강 하구를 향해 내려갔다. 그리고 1519년 9월 20일, 산루카르 데 바라메다(카디스 지역의 항구)에 들러 식량을 공급받고, 5주 이상 머문 후, 대서양을 향해 출항했다. 마젤란 제독은 트리니다드호에 자신의 깃발을 게양했다.

제독에게는 몇 가지 지침 사항이 내려졌다. 에스파냐의 장거리 항해 관행에 따라 마젤란 제독에게는 해안 상륙이 허용되지 않았다. 이는 포르투갈의 바스코 제독이 인디아 해안에서 육지에 발을 내딛지 않았던 관행과도 비슷했다. 피치 못하게 상륙

〈그림 5〉 마젤란 지도(The travels of Ferdinand Magellan), 국립해양박물관 소장

해야 할 경우에는 참모들이 사령관의 역할을 대신했고, 볼모를 잡아두는 것도 일반적 관행이었다. 또한, 선원들에게는 원주민 여인들과의 접촉이 허용되지 않았고, 카드나 주사위 놀이도 철저히 금지되었다. 그리고 원주민들에게 무기나 도끼 등을 판매하는 경우에는 엄한 처벌을 각오해야 했다. 마지막으로 제독에게 내려진 가장 중요한 항해 지침은 어떠한 경우라도 포르투갈 관할 수역을 침범하지 않도록 각별히 주의하라는 것이었다. 실제로 그는 포르투갈 수역을 피하기 위해 남위 30°를 넘어설 때까지는 가능한 한 남미 대륙 동해안에서 멀리 떨어져서 항해했다.

함대의 총감독관 카르타헤나는 항상 마젤란 제독에게 오만하고 불손한 태도를 취했다. 그는 자주 규정을 무시하고 행동했으며, 제독에게 보고하는 절차도 생략하는 경우가 많았다. 자존심 강하고 불의를 보면 참지 못하는 성격의 소유자 마젤란은 적절한 기회를 틈타 카르타헤나의 산 안토니오호 지휘권을 박탈해 버렸다.

에스파냐의 세계 일주 항해 성공

1521년 4월 26일 마젤란은 필리핀 세부 섬의 라자를 돕기 위해 막탄 섬을 공격할 때 적군의 창에 찔려 무참히 살해당했다. 이후 엘카노를 비롯한 소수의 생존자만이 장장 81,449km의 대장정을 마치고 에스파냐에 귀환했다. 모든 원정 비용과 손실을 감안하더라도 향료 군도에서 빅토리아호가 가져온 향료는 상당한 이익을 안겨줬다. 엘 카노는 마젤란이 누렸어야 할 명성과 영예를 독차지했다. 그가 얻은 최고의 영예는 계피, 육두구 그리고 정향이 그려진 문장이었다. 엘카노 가문의 문장 한복판에는 '당신은 나를 최초로 일주하였노라 (Primus circumededisti me)' 는 글귀가 새겨졌다.

마젤란 제독은 조국 포르투갈에서 배신자로 낙인찍혔고, 명예 또한 크게 실추되었다. 다행히 에스파냐에서는 엘 카노의 증언과 항해 일지 자료를 근거로 그의 공적이 크게 부인되지는 않았다. 그 누구도 감히 범접하지 못할 탁월한 지도력과 불굴의 정신이 아니었다면, 세계 일주 항해는 결코 실현될 수 없었을 것이기 때문이었다.

마젤란의 세계 일주 항해는 세계 역사에 길이 남을 값진 업적이었다. 당시까지 지배적인 이론이었던 프톨레미의 세계는 완전히 종식되었다. 아시아가 실제보다 훨씬 동쪽으로 확장되게 그려진 그의 지도는 오류였음이 확인되었다. 불행했던 트리니다드호의 항해에서조차 북반구에 끝없이 펼쳐진 넓은 대양이 있다는 사실이 확인되었기 때문이었다.

마젤란의 여행으로 유럽인들은 지구가 둥글다는 사실로부터 마르코 폴로의 동방견문록에 등장한 이야기들의 진위까지도 파악할 수 있었다. 또한, 사람들은 신대륙의 실체를 확인할 수 있었고, 태평양이라는 거대한 바다를 알게 되었다. 마젤란의 항해 후, 수많은 항해가들이 위험을 무릅쓰고 모험에 나섰다. 그러나 그 누구도 마젤란이 했던 것처럼 죽음을 무릅쓰고 지구를 한 바퀴 도는 항해는 실현하지 못했다.

Ⅲ

해상왕 장보고

고경석 | 해군사관학교 충무공 연구부장

서울대학교 대학원 국사학과를 졸업하고 문학 박사 학위를 받았다. 서울대 한국문화연구소에서 특별연구원을 역임하고 현재는 해군사관학교 충무공연구부장으로 활동 중이다. 주요 논저로는 『청해진 장보고세력 연구』 등이 있다.

1. 생애와 활동

1) 연보(年譜)

- 790년 무렵 : 전라남도 완도 부근에서 출생
- 810년 무렵 : 당(唐)에 건너가 무령군(武寧軍)에 투신
- 820년 무렵 : 무령군 소장(小將) 임명
- 828년 4월 : 귀국 및 청해진(淸海鎭) 설치
- 839년 1월 : 김우징(金祐徵)을 제 45대 신무왕(神武王)을 옹립
   신무왕으로부터 감의군사(感義軍使)에 제수되고 식읍(食邑) 2,000호에 봉해짐
- 839년 8월 : 문성왕(文聖王)으로부터 진해장군(鎭海將軍)을 제수받고 장복(章服)을 하사받음
- 841년 11월 : 염장(閻長)에 의해 피살됨
- 851년 2월 : 청해진 폐쇄

2) 출생 및 성장

장보고의 가계와 조상은 알 수 없지만, 대략 790년(원성왕 6)을 전후한 시기에 태어난 것으로 추정된다. 그의 출생지에 대해서 기록상 명확한 자료는 전하지 않지만 '해도(海島)', 즉 섬 출신이라는 사실은 확실하다. 그리고 장보고가 청해진을 설치하면서 이전까지 아무도 주목하지 않았던 완도 지역을 선택한 배경에는, 그가 이 지역 출신으로서 주변 바닷길과 지리

적 특성을 잘 이해하였기 때문이다. 또한 그의 어릴 적 친구였던 정년(鄭年)이 당에서 신라 청해진으로 귀국하면서 '고향(故鄉)'이라 언급한 것으로 보아 장보고가 완도 부근에서 태어난 것으로 추정된다. 장보고의 본명은 궁복(弓福) 혹은 궁파(弓巴)인데 이는 우리말 '활보', 즉 '활을 잘 쏘는 아이'라는 말을 한자로 옮겨 적은 것인데, 어렸을 적부터 활쏘기를 잘하였다는 점을 보여준다. 친구 정년과 함께 바닷가에서 지냈는데, 정년은 물속에서 헤엄치는 잠영(潛泳)에 능하였다고 한다. 그리하여 『삼국사기』에 따르면 '한 번 물 속으로 들어가면 밖으로 나오지 않은 채 수면 아래에서 50리를 너끈히 헤엄쳤다'고 할 정도였다. 정년과 함께 놀고 경쟁하면서도 무술 연마에 주력하였던 장보고는 어려서부터 활쏘기와 무예에 능하여 말을 타고 창을 쓰면 대적할 자가 없었다고 한다.

2. 중국에서의 활동

1) 무령군(武寧軍)에서의 활동

신라는 정치, 경제, 사회, 문화 등 전 분야에 걸쳐 골품제(骨品制)라는 신분제가 강하게 작용하는 사회였다. 골품제는 신분에 따라 가옥의 규모, 수레와 말의 숫자, 그릇의 모양, 그리고 의복의 색깔 및 착용할 수 있는 옷감의 재질까지도 차별을 두었다. 특히 벼슬길에 나아갈 수 있는 자격 및 승진할 수 있는 관직의 상한선도 신분에 따라 달랐다. 그리고 중앙에서 벼슬을 할 수 있는 자격은 수도 경주에 거주하는 사람과, 경주로부터 지방 중심지인 소경(小京)으로 이주하여 정착한 사람들로 한정되었다. 따라서 신라인의 대다수를 차지하는 지방 출신자가 중앙 관직에 나가는 것이 원천적으로 봉쇄되어 있었다. 즉, 지방민의 경우, 장보고나 정년(鄭年)과 같이 뛰어난 능력을 가지고 있었다고 하더라도, 신라 내에서 정치적으로 출세하기는 거의 불가능한 상황이었다.

그리하여 장보고는 20세 무렵인 810년경 친구 정년과 함께 당으로 건너갔다. 그런데 당시 중국 각지에는 절도사들이 군사를 보유한 채 조정에 대하여 독립적 성격을 띠는 번진(藩鎭)을 형성하고 있었다. 이들 번진 가운데 일부는 당 왕조에 반발하여 대립관계를 형성하는 세력도 있었는데, 특히 산동반도 일대를 근거지로 삼고 있던 평로치청(平盧淄靑) 절도사 이사도(李師道)의 번진 세력이 가장 강성하였다. 이에 당 황제는 재정 및 군사력을 강화시킴과 동시에 자신에게 협력적인 번진 세력을 규합하여 평로치청 번진을 진압하고자 하였다. 장보고가 속하였던 무령군은 당 황제의 계획에 따라 평로치청 세력을 토벌하는 데 앞장선 번진이었다. 그리고 그가 당으로 건너갔던 시기는 이러한 토벌작전이 본격적으로 시행될 무렵이었다. 따라서 무예 실력이 출중하였던 장보고와 정년은 무령군 투신 이후 자신들의 능력을 마음껏 발휘하여 혁혁한 전공을 세울 수 있었다. 그리하여 819년 산동반도의 평로치청 번진을 멸망시킨 때를 전후하여 그 공을 인정받아 무령군 소장(小將)에 임명되었다.

2) 당에서의 활동

산동반도의 이사도(李師道) 번진을 멸망시킨 때로부터 얼마 지나지 않아 장보고는 무령군에서 나왔다. 그가 무령군을 그만둔 이유는 확실하지 않지만, 아마도 군대를 감축시키는 소병(銷兵) 정책이 진행되고 무령군 내에서의 발전 전망이 불투명해지자, 과감하게 새로운 활동 영역을 개척하려는 목적 때문인 것으로 추정된다. 그리하여 장보고가 새로이 선택한 분야는 상업과 무역 활동이었다.

장보고가 산동반도 일대에 진출하여 확고한 활동기반을 마련한 사실은 적산 법화원의 건립을 통하여 유추할 수 있다. 장보고는 연간 500섬의 곡식을 생산할 수 있는 장전(莊田)을 기증하여 사찰의 건립 비용과 운영비로 충당하게 하였다. 법화원은 재당 신라인사회에 세워진 신라원(新羅院)으로서, 스님과 신도 모두 신라인으로 이루어졌고, 법회의 의식도 신라식으로 진행되었으며, 강경(講經)도 신라 말로 행해졌다. 매년 겨울과 여름에 각각 법화경(法華經)과 금광명경(金光明經)을 강설하였는데 마지막 날에는 200여 명 혹은 250여 명의 신도가 참여하였다. 이 사찰은 산동반도 일대에 거주하는 재당 신라인들의 종교적 구심처 역할뿐만 아니라, 신라와 당을 오가는 사신이나 선원들의 안전한 항해를 기원하고, 청해진 장보고 선단의 거점기지로 기능하였으며, 일본 승려 엔닌(圓仁)과 같은 외국인들에게 휴식처를 제공하기도 하였다. 그러나 당 무종의 폐불(廢佛) 정책으로 인하여 844년 10월경 사찰이 강제 철거되고 승려들도 환속 되어 폐허가 되었다. 1980년대 말 이 사찰 터에 대한 발굴과 재건이 이루어져 대웅보전(大雄寶殿)을 비롯한 불전과 부속건물이 건립되었으며, 최근에는 주변에 장보고 기념탑과 장보고 기념관도 건립되었다.

3. 청해진 설치와 해적 소탕

1) 장보고의 귀국과 청해진 설치

9세기 초 신라 해안 지역에서는 해적이 빈번하게 출몰하였다. 이들은 신라의 해상교통로를 차단하여 당을 왕래하는 무역선을 약탈하고, 신라 내지에서 생산되는 곡물을 수도 경주로 운송하는 조운(漕運)을 마비시켰다. 그리고 서남해 지역을 습격하여 재물을 약탈하고 신라인을 잡아다 당의 각지에서 노비로 매매하기도 하였다. 이와 같이 해적들의 출몰로 인하여 일반 농민과 어민이 생존의 위협을 받고, 귀족의 경제적 기반이 침탈당하고 국가 재정에까지 영향을 미치게 되자, 국가에서도 해적을 소탕하기 위하여 적극적인 대책을 모색하였다. 그러나 당시 신라 조정은 지방에 대한 통제력이 약화되고 군사력도 유명무실해서 해적들의 활동을 효율적으로 제압하지 못하였다.

이 무렵 당에서 활동하던 장보고는 신라인 동족들이 해적에게 잡혀와 노비로 매매되는 현상에 분노하여, 해적을 소탕하겠다고 결심하고 828년 귀국길에 올랐다. 그리하여 귀국 직후 국왕(흥덕왕)을 만난 자리에서 신라인이 당에서 노예로 팔려가는 현실에 대하여 직접 목격한 현상을 설명한 뒤, 해적 소탕을 위하여 청해(清海, 오늘날의 전남 완도 지역)에 군진(軍鎭)을 설치하고 군사 1만 명을 지원해 줄 것을 요청하였다. 이에 해적을 소탕할 마땅한 방안을 마련하지 못하고 있던 흥덕왕은 장보고의 요청을 받아들여 청해진을 설치하고 그를 청해진 책임자인 '대사(大使)'에 임명한 뒤 군사 1만 명을 지휘하게 하였다.

장보고가 청해진 대사에 임명될 수 있었던 것은 단순히 해적소탕의 당위성 때문만은 아니었다. 흥덕왕은 장보고가 당 무령군에서 활동하면서 군중 소장의 자리에까지 올랐던 경력을 크게 고려하였다. 즉 전투 경험이 풍부한 그의 장수로서의 재질을 인정한 것이다. 그리고 장보고가 산동반도를 중심으로 한 재당 신라인 사회에서 중심적 리더로 활동하고 커다란 영향력을 행사하고 있었다는 사실까지 고려하여 청해진 설치를 허락한 것이다.

2) 해적 소탕

청해진 설치 및 해적소탕 과정에서 장보고 개인의 경제적 능력도 큰 영향력을 발휘하였다. 청해진의 해적소탕 사업이 효과를 거두기 위해서는, 군대를 유지하는 데 필요한 경비를 효율적으로 조달하는 방법이 마련되어 있어야 했다. 이 경우 지방군에 소속되었다가 청해진에 이속된 군사들의 경우에는, 기존에 이들에게 지급되었던 토지나 급료를 함께 이첩하면 되었을 것이다. 그러나 새로이 차출되어 훈련을 받는 군사들의 경우에는 새로운 경제 기반을 마련하여야 했다. 그런데 당시 신라의 재정이 어려운 상황이었음을 고려할 때, 필요한 경비를 모두 조정으로부터 지급받기는 어려웠을 것이다. 따라서 초창기에는 장보고가 사재를 출연하여 청해진 운영에 투입하였을 가능성이 제기되고 있다.

장보고의 해적소탕 과정에 대한 구체적인 자료는 현재까지 확인되지 않았다. 그러나 해적소탕 작업은 매우 신속하고 효율적으로 진행되었던 것으로 추정된다. 당나라 문학가 두목(杜牧)의 번천문집(樊川文集)에 따르면 '태화(太和, 828~835년) 연간 이후로는 해상에서 신라인을 잡아다 파는 행위가 말끔히 사라졌다'고 평가한 것은, 청해진 설치 이후 해적소탕이 성공적으로 마무리되었음을 보여준다.

4. 장보고의 무역 활동

1) 8~9세기 국제무역 환경의 변화

당 초기의 대외교역은 이른바 '실크로드'를 통한 육로(陸路) 교역이 중심을 이루었다. 그러나 8세기 이후 해로를 통한 해상 교역이 활기를 띠었다. 당시 해상교역을 주도한 사람들은 이슬람인이었는데, 이들은 상선을 이끌고 페르시아 연안과 아라비아해에서 출발하여 인도양을 거쳐 동남아시아 각국을 경유한 뒤 남해(南海)를 지나 중국 광주(廣州)에 도착하였다. '남해무역(南海貿易)'으로도 불리는 해상교역이 활발하게 이루어졌던 중국의 항구도시로는 광주(廣州), 천주(泉州), 양주(揚州), 교주(交州), 항주(杭州), 명주(明州) 등이 있었는데, 그중

광주와 양주지역에서 외국 상인들의 활동이 가장 활발하였다. 그리하여 8세기 중엽 이후 이들 도시에는 아라비아와 페르시아 등지 출신의 상인들이 수만 명이나 거주할 정도로 외국 상인들이 활발하게 드나들었다.

이와 같은 당 후기 무역환경의 변화는, 대외교역의 대부분을 당에 의지하고 있던 신라의 무역 활동에도 큰 영향을 줄 수밖에 없었고, 이는 다시 신라의 대일 무역 활동에 연쇄적으로 영향을 주었다. 장보고의 무역 활동은 바로 이와 같은 시대적 배경 하에서 전개되었다.

2) 청해진의 무역 활동

가. 재당 신라인의 상업 활동

청해진의 무역 활동에서 중요한 역할을 담당했던 사람들 중 한 부류가 재당 신라인 출신자들이다. 장보고 역시 재당 신라인으로서 당에서 활동하다가 신라로 돌아온 사람이었으며, 청해진의 조직 구성원 가운데 일부 핵심 인물은 재당 신라인으로 확인되고 있고, 무역행위를 수행하는 과정에서도 이들의 조직과 협조가 확인되고 있다.

그런데 재당 신라인들 가운데 상당수는 무역을 포함하는 상업과 운송업, 그리고 해상교통과 관련되는 선박수리업과 조선업 등에 종사하였는데, 이들 같은 업종은 모두 대외교역 활동과 유기적 연관성을 지닌 것이었다. 그리고 현재까지의 연구 결과 당과 일본을 연결하는 대외 무역의 경우 재당 신라인들이 주도권을 가지고 활발하게 활동하였다는 사실이 확인되었다. 따라서 이들 재당 신라인과 연결되어 무역을 전개할 경우 그 효과는 엄청날 수밖에 없었다.

그런데 장보고는 재당 시절부터 이들 신라인 사회와 밀접한 연관을 맺고 있었다. 그는 무령군 재직 시절 서주(徐州) 일대에서 활동하면서 그곳의 신라인 사회와 접촉하였고, 이후 무령군에서 물러난 뒤에는 초주(楚州)와 연수현(漣水縣) 일대의 재당 신라인과 밀접한 관계를 형성하였다. 그리고 양주(揚州)를 비롯한 장강 하류 일대의 도시에 산재한 신라인들과도 긴밀한 관계를 맺으면서, 이후 활동 중심지를 산동반도 지역으로 옮겨 그곳의 신라인들과도 유대관계를 형성하였다. 그리하여 장보고가 이러한 연계망을 이용하여 대외 교역을 효율적으로 수행할 수 있는 무역 네트워크를 완성시키고, 이를 바탕으로 동아시아의 대외무역을 주도할 수 있는 토대를 구축하였던 것이다.

나. 장보고 선단의 무역 활동

장보고가 법화원을 창건하고 연중 곡식 500섬을 생산하는 토지를 기증할 정도로 상당한 규모의 경제적 부를 축적하였다. 또한 그의 휘하에서 활동한 병마사들의 상당 수가 무역업에 종사하던 재당 신라인 출신이었다는 점을 고려할 때, 장보고는 재당 시절부터 무역 활동에 종사하였음을 알 수 있다.

그런데 청해진의 무역 활동은 국가의 공식 직함을 사용하면서 전개되었다는 점에서 일반적인 사무역(私貿易)과 성격을 달리한다. 장보고가 파견한 무역선단은 '대당매물사(大唐賣物使)' 혹은 '회역사(廻易使)'와 같이 '~사(使)'라는 공식 직함을 사용하였고, 선박도 교관선(交關船)이라 불렀다. 일반 개인이 국왕의 허락 없이 공식 직함을 사용할 경우 중죄로 처벌되었던 정황을 고려할 때, 청해진 선단의 무역 활동은 공식적 활동의 일환이었음을 알 수 있다. 즉, 재정 상황이 열악한 신라 말기의 상황에서 청해진 설치 및 운영과정에서 소요되는 막대한 비용을 국가가 지속적으로 부담하기 어려운 처지였다. 따라서 국가는 무역 경험이 있는 장보고에게 공식적이고 자유로운 교역활동을 인정해 줌으로써 새로이 대규모 경비를 지출하지 않고서도 1만 명의 군사를 보유한 청해진을 운영할 수 있게 한 것이다.

이러한 청해진의 무역 활동은 장보고 세력이 경제적으로 신라 조정에 얽매이지 않은 채

독립적 성격을 유지할 수 있는 주요한 경제적 토대를 제공하였다. 그리고 대외교역을 통하여 얻은 막대한 이익은 단순히 청해진을 유지하는 데 그치지 않고 보다 적극적으로 세력을 확장시킬 수 있는 여력을 제공하였다.

장보고는 청해진 설치 이후 재당 신라인을 조직화하여 무역 연계망을 구축하고 무역 활동을 주도하였다. 특히 당의 무역 중심지에 자신들의 기지를 구축함으로써 청해진과 당의 주요 지역을 유기적으로 연결시킬 수 있는 교두보를 마련한 뒤, 대당매물사(大唐賣物使)를 파견하여 교역을 전개하였다.

이들이 수입한 중국산 물품 가운데 가장 중요한 품목은 비단과 자기였는데, 특히 양자강 이남의 월주(越州) 등지에서 생산된 '햇무리굽자기'는 새로운 고부가가치 상품으로써 인기를 끌었다. 오늘날 청해진 인근 전라남도 해남과 강진 일대에 햇무리굽 자기가 많이 발견되고 고려청자가 이곳에서 발전하였던 사실을 고려할 때, 그 배경에 장보고 무역 선단의 활동이 큰 영향을 끼쳤음을 쉽게 짐작할 수 있다. 장보고 선단은 중국산 물품뿐만 아니라 양주를 비롯한 국제 무역 도시에 몰려드는 페르시아 및 이슬람 상인들의 무역품 확보에도 주력하였다. 이들 상인들이 가져오는 아라비아, 인도, 동남아시아산 진귀한 물품은 신라와 일본의 귀족층 내에서 선풍적 인기를 끌었기 때문이다.

청해진 장보고 선단의 무역 활동은 일본과의 교역 과정에서 가장 큰 영향력을 발휘하였다. 당시 일본은 조선술과 항해술 수준이 미약하였기 때문에 해상을 통하여 당과 직접 교류하는 것이 매우 제한적이었다. 따라서 일본의 대외 무역은 신라 상인이나 당에 거주하는 신라인 출신 무역상들의 사무역(私貿易) 활동에 크게 의존할 수밖에 없었다. 특히 청해진 설치 이후에는 재당 신라인과 긴밀한 연계망을 구축한 장보고 선단이 대일 무역을 주도적으로 수행하였다.

당시 장보고가 일본에 보낸 무역 선단은 회역사(廻易使)라 불리었는데, 이들의 교역 활동은 다자이후[大宰府] 뿐만 아니라 일본 조정의 용인하에 이루어졌다. 장보고는 하카다[博多]의 무역기지를 바탕으로 무역을 전개하였는데, 이들이 가져오는 무역품은 일본 내에서 매우 인기가 높았다. 심지어 가산을 탕진하면서까지 고가의 무역품을 사들이는 현상까지 발생하자, 831년에는 신라 상인들의 무역 활동을 통제하는 일본 조정의 지시가 내려지기도 하였다. 그러나 장보고 선단의 무역품에 대한 구입 열기는 사그러들지 않았다. 그리하여 지방관이 무역품을 확보하기 위하여 국가의 법규를 위반하고 장보고 선단에 선금을 지불하는 사례까지 발생할 정도였다.

5. 장보고 세력의 성장

흥덕왕 사후 왕위계승 분쟁에서 패배한 김우징(金祐徵)은 청해진 장보고에게 보호를 요청하고 정치적 재기를 도모하였다. 그러던 중 838년 정월에 김명(金明)은 시중 이홍과 함께 군대를 일으켜 왕의 좌우를 모두 살해하자 희강왕은 스스로 목숨을 끊었다. 이어 곧 김명이 왕위에 오르니 이가 바로 민애왕이다.

청해진에서 재기를 꾀하고 있던 김우징은 김명이 왕위를 찬탈하였다는 소식을 듣고서 장보고에게 '김명은 왕을 시해하여 스스로 왕이 되고 이홍은 임금을 죄없이 죽였으니 그와 함께 하늘을 볼 수 없다. 그래서 장군의 군사에 의지하여 임금의 원수를 갚겠다'며 도와줄 것을 요청하였다. 이에 장보고는 군사 5천을 나누어 정년에게 주며 중앙의 환란을 평정하게 하였다. 김양과 정년 등이 거느린 장보고 군대는 838년 12월 무주 철야현(나주 남평)에서 민애왕의 군대를 격파하고 이듬해 정월에는 달구벌(대구)에서 민애왕의 10만 대군을 무찌르고 대승을 거두었다. 그리하여 민애왕은 살해되고 김우징이 왕위에 오르니 이가 곧 신무왕(神

武王)이다.

신무왕은 즉위 직후 장보고를 감의군사(感義軍使)에 봉하고 식읍(食邑) 2,000호를 내려주어 군공을 포상하였다. 일반적으로 '△△鎭의 大使'를 '진사(鎭使)'라 하고, '○○軍의 大使'를 '군사(軍使)'라 부르는데, 휘하 병력 규모나 정치적 등급 면에서 군사(軍使)가 진사(鎭使)보다 상위에 속하였다. 따라서 장보고를 감의군사에 봉한 것은 그를 '청해진 대사'보다 한 등급 더 높게 대우함으로써, 국왕 즉위과정에서 세운 공로에 대하여 논공행상한 것이라 할 수 있다.

그러나 신무왕이 즉위 6개월 만에 사망하자 그의 아들(문성왕)이 즉위하였다. 왕위에 오른 문성왕은, 부왕(父王)의 즉위에 결정적 역할을 제공한 장보고를 다시 '진해장군'에 봉하고 장복(章服)을 하사하여 논공행상하였다. '진해장군'은 신무왕이 하사한 '감의군사'보다 정치적으로 더 높은 등급에 해당하였다. 또한 관복(官服)과 유사한 개념인 '장복'을 하사받았다는 것은, 이제까지 신라 골품제의 제약으로 인하여 정규 관직을 제수받지 못했던 장보고가 국왕으로부터 조정의 관료와 동등한 자격을 갖추게 되었음을 인정받은 것이라 할 수 있다.

6. 장보고 활동의 역사적 교훈

1) 해양 정책의 역사적 중요성 상징

해양력이 국가 발전에 절대적이라는 사실은 세계사를 살펴보면 쉽게 파악할 수 있다. 포에니 전쟁 이후 지중해를 장악했던 로마는 서아시아와 아프리카까지 포함하는 대로마 제국을 건설할 수 있었고, 15세기 이후 포르투갈과 에스파냐는 신항로 개척과 신대륙 건설을 주도하여 엄청난 부를 축적하였다. 네덜란드는 아시아 시장을 장악하여 유럽 지역 금융과 상업의 중심 국가로 성장하였고, 뒤이어 성장한 영국은 배를 타고 세계 각지를 누비면서 이른바 해가 지지 않는 대영제국을 건설하였다. 그리고 오늘날에는 5대양 6대주를 누비며 세계의 경찰국가를 자임하고 있는 미국의 함대는 자국의 이익을 지켜주는 든든한 보호막이 되고 있다. 이처럼 바다를 장악하였던 나라들은 모두 세계 역사를 전면에서 주도하였고, 결과적으로 엄청난 경제적 부도 차지하면서 세계 경제까지 주도하였다.

장보고가 단기간 내에 해적을 소탕하고 무역권을 장악할 수 있었던 요인에는 해양강국 신라의 발달된 조선술과 항해술이 커다란 원동력이 되었음을 유념하여야 한다. 왜냐하면 조선술이나 항해술 같은 해양력의 지표는 단시일 내에 발전시킬 수 없는 사안이기 때문이다.

신라 진흥왕은 중국과 연결되는 해상교두보를 확보하기 위하여 백제가 장악하고 있던 경기도 남양만의 당항성을 점령하고 한강 하류 일대를 차지하였다. 그리고 이곳을 기반으로 중국과의 교류를 활발하게 전개하여 선진 문물과 학문을 수용하여 내적 발전을 꾀하는 한편, 수(隋)·당(唐)과의 정치적 관계를 긴밀하게 유지함으로써, 삼국통일의 위업을 이끌어 낼 수 있었다. 그리고 문무왕은 삼국통일전쟁을 치르면서 수군의 중요성을 인식하여 수군과 전선 확충에 박차를 가하였다. 그리고 이러한 수군증강책은 676년 기벌포 해전에서 당의 수군을 대파하여 나당간 전쟁을 승리로 종식시키는 결과를 가져왔다. 이와 같은 신라 왕실의 적극적인 해양 개척과 투자는 신라의 조선술과 항해술을 동아시아 최고 수준으로 발전시켰다.

9세기 중반 활동하였던 장보고는 이러한 신라의 해양력을 기반으로 해상권을 장악함으로써 이른바 '해상왕'이라는 평가를 받을 수 있었다.

화려했던 청해진 해상왕국의 영광은 장보고의 죽음과 함께 종언을 고하였다. 이후 우리나라는 동아시아 해상주도권을 상실한 채 점차 해양 약소국으로 전락해 나갔다. 우리가 해양 약소국으로 전락한 원인은 장보고와 같은 뛰어난 인물이 나타나지 않아서가 아니었다. 우리가 바다에 대한 주도권을 상실하게 된 가장 큰 원인은 후대로 내려갈수록 신라 시대에 비하여 상대적으로 해양개척을 소홀히 한 채 바다를 멀리하였기 때문이다.

2) 해외 거주 교민의 조직화

오늘날 해외 거주 한인의 수는 140여 개 나라에 거의 600만 명 가까운 규모로서, 중국, 이스라엘, 이탈리아, 인도에 이어 세계 5위에 해당한다. 이는 우리보다 인구가 훨씬 많은 일본의 재외거주자가 200만 명인 점을 감안한다면 대단히 큰 규모이다. 그런데 화교(華僑)나 유대인의 활동을 볼 때, 해외 동포가 많은 나라들이 국제 사회에서 정치, 경제적으로 막강한 힘을 발휘하고 있는 것이 현 국제 사회의 실태이다. 따라서 해외 거주 한인들도 향후 대한민국 정치, 경제 활동의 막강한 후원 세력으로 기능할 수 있다. 특히 대외교역에 경제의 대부분을 의지하고 있는 우리의 현실을 감안할 때, 그 가능성은 더 커진다.

이러한 점에서 장보고 대사가 재외 신라인을 연결하여 국제 무역을 추진한 사실은 오늘날 우리나라의 환경과 관련하여 많은 시사점을 준다. 장보고 선단은 일본의 규슈를 중심으로 거주하는 신라인들을 활용하여, 일본의 경제 활동을 좌우하는 세력으로 부상하였다. 그리고 당시 국제무역의 중심지라 할 수 있는 당나라에 거주하고 있던 신라인들을 청해진의 첨병과 같이 활용하였다. 즉, 청해진을 중심지로 삼은 뒤 재당 신라인 및 재일 신라인들과 유기적인 국제 네트워크를 구성함으로써, 장보고 무역 선단은 가장 경쟁력 있는 무역세력으로 성장하였고, 나아가 당-신라-일본을 연결하는 동북아시아 국제 무역을 주도할 수 있었다.

장보고 대사가 청해진을 중심으로 당과 일본의 신라인들을 조직화하였던 것처럼, 이제는

대한민국을 중심으로 전 세계에 분포되어 있는 한인들을 네트워크로 연계시켜 상호협력을
이끌어내야 할 시점이 된 것이다.

세계 속의 이순신

김주식 | 국립해양박물관 운영본부장

해군사관학교 30기로 입학, 고려대학교 사학과를 졸업하고 같은 대학 대학원에서 석사 및 박사 학위를 취득했다. 파리 솔본느 대학 및 사회과학고등연구원에서 공부했으며 해군사관학교 사회인문학처장, 교수 및 박물관장을 역임하고 현재 국립해양박물관 운영본부장으로 재직중이다. 해양사 관련하여 다수의 논문을 집필했으며 주요저서로는 『서구해전사』, 『장보고시대』 등이 있다.

1. 서론

2000년대 중반에 우리나라에서 이순신에 대한 관심이 갑자기 커진 적이 있었다. 그렇게 된 결정적인 계기는 2004년 9월 4일부터 2005년 8월 28일까지 이순신을 다룬 대하 드라마의 방영이었다. 그 여파로 드라마와 관련된 소설들이 뒤늦게 베스트셀러가 되기도 하였다.[1] 그러나 우리는 이 드라마와 소설이 출현하기 이전부터 이순신에 대한 깊고도 큰 관심을 가져왔다고 할 수 있다.[2] 그 결과, 우리나라에 가장 많이 세워져 있는 동상은 이순신 동상이며 그리고 우표와 화폐의 도안으로 가장 많이 이용된 것도 이순신과 거북선이 되었다. 그밖에도 예술 분야에서도 많은 작품이 발표되었다.[3] 이것은 우리가 이순신을 그만큼 자랑스럽게 생각하고 있으며, 외국인에게 자랑하고 싶은 위인으로 생각하고 있음을 뜻한다.

이순신을 세계사적인 시각에서 조명하는 것은 이순신을 세계사적 위인으로 간주할 수 있는 보편타당한 근거를 마련할 수 있다. 여기에서는 동양과 서양에서 나타나는 이순신 관련 자료가 어떤 것이 있으며, 그 자료에 이순신이 어떤 모습으로 나타나는지를 살펴보려 한다.[4] 이것은 세계사적 시각에서 이순신을 조명하기 위한 사전작업이자 첫걸음이다.

---

1) 이 드라마는 KBS의 「불멸의 이순신」이며, 베스트셀러가 된 소설은 김탁환, 「불멸의 이순신」(미래지성, 1998)과 김훈, 「칼의 노래」(생각의 나무, 2001)였다.
2) 이에 대해서는 김주식, "이순신에 대한 평가와 현창(顯彰)," 「海洋戰略」, 제152호, 2011. 12, pp. 29-59를 참조.
3) 예술 작품에서는 대체로 '성웅(聖雄)'이란 단어가 제목에 붙어있는 경우가 많았다. 이와 관련된 영화는 1962년(유현목 감독)과 1971년(김진규 감독)에 제작되었다. 만화영화는 1952년(김용환), 1958년(한국교재연구소), 1981년(김성칠) 등에 제작되었다. 그밖에도 연극은 1973년(이재현), 발레는 1992년, 뮤지컬은 2013년, 칸타타는 1969년, 오페라는 1981년, 관현악곡은 2013년, 판소리는 2015년에 각각 발표되었다.
4) 이순신에 대한 외국의 연구와 평가에 대해서는 이미 필자가 논문으로 발표한 적이 있다. 김주식, "이순신에 대한 일본인의 연구와 평가," 「해양문화재」(국립해양문화재연구소), 제4호/2011, pp. 181-232. ; 김주식, "이순신에 대한 서구의 연구와 평가," 「해양평론」(한국항해항만학회/한국해양대학교), 2011, pp. 9-64. ; 김주식, "사토 데쓰타로(좌등철태랑)의 이순신 연구," 「해양평론」(한국항해항만학회/한국해양대학교), 2011, pp. 221-229, 〈연구노트〉. 본고는 이 논문들을 근거로 약간의 수정과 보완을 거쳐 작성되었다.

2. 이순신 관련 외국 자료의 현황

본고에서 분석 대상으로 삼은 외국 자료는 모두 59건이다(〈부록 1〉). 그 중에서 동양 자료는 중국 자료 7종과 일본 자료 24종으로 모두 31종이고, 서양 자료는 28건이다(〈표 1〉). 서양 자료는 미국(12)과 영국(8)의 자료가 대부분이고, 스웨덴 · 캐나다 · 스코틀랜드의 자료도 1종씩 있다. 이것은 편의상 영문으로 작성된 자료만 선정한 결과이다.

〈표 1〉 이순신에 대한 외국 자료 현황

구분	중국				일본				서양				총계
	조선시대	일제강점기	광복이후	계	조선시대	일제강점기	광복이후	계	조선시대	일제강점기	광복이후	계	
논문			1	1			2	2	1	3	4	8	11
서적	2		4	6	2	9	8	19	5	2	12	19	44
저널						1	2	3			1	1	4
계	2		5	7	2	10	12	24	6	5	17	28	59

시대별로 보면, 광복 이후 현대 자료가 34건으로 전체의 절반 이상(58%)을 차지한다. 일제강점기의 자료는 15건이고, 조선 시대의 자료는 10건이다. 지역별로 보면, 중국 자료는 참전 장수인 진린(陳璘, 1543-1607)과 관련된 조선 시대 자료를 제외하면 모두 광복 이후의 자료이다. 일본 자료는 조선 말기의 조선 시대 자료가 2종이고, 일제강점기와 광복 이후의 자료가 비슷한 수로 나타난다. 서양 자료는 조선 말기의 자료와 일제강점기의 자료가 소수이지만 비슷한 수로 나타나며, 광복 이후 현대 자료는 17종(61%)이다.

이 자료를 형태별로 분류해보면, 서적이 대부분을 차지하고(74%), 논문이 그 1/3로 나타나며(19%), 저널 형태의 자료는 다시 그 1/3을 차지한다(7%). 지역별로 보면, 중국 자료는 거의 모두 서적이다. 일본 자료는 대부분 서적이지만, 논문과 저널 형태의 자료도 소수 나타난다. 서양 자료에서는 다른 지역에 비해 논문이 거의 두 배 이상으로 많이 나타난다.

자료 작성자의 신분을 보면(〈표 2〉), 역사학이나 전사학(戰史學)이나 군사학(軍史學)을 연구하는 사람이 34건으로 절반 이상이며(58%), 전역했거나 현직의 직업 군인이 약 1/4이다(25%). 소수로 나타나는 신분을 보면, 선교사가 5명으로 많고, 동양학자와 문학가 및 언론인이 각 4명이며, 교육자는 2명이다. 한학자, 미술평론가, 측심기술자도 각 1명이다.

〈표 2〉 자료 작성자의 신분

직업	중국				일본				서양				총계
	조선시대	일제강점기	광복이후	계	조선시대	일제강점기	광복이후	계	조선시대	일제강점기	광복이후	계	
역사학자			4	4		4	6	10		4	14	18	34
동양학자									1	1	2	4	4
한학자									1			1	1
미술평론가						1		1					1
문학가						1	2	3			1	1	4
교육자						1		1		1		1	2
군인	2		1	3	1	6		7	1	2	2	5	15
선교사									3	2		5	5
언론인							2	2	1	1		2	4
측심기술자						1		1					1
계	2		5	7	2	11	12	25	7	11	19	37	69

이를 시대별로 보면, 조선 시대에는 군인과 선교사가, 일제강점기에는 군인과 역사가가, 그리고 광복 이후 현대에는 역사학자가 압도적으로 많이 나타난다. 이를 지역별로 보면, 중국 자료는 역사학자가, 일본 자료는 역사학자와 군인이, 그리고 서양 자료는 역사학자(압도

적이다), 군인, 선교사, 동양학자가 작성한 것들이 비교적 많다.

연구의 질을 보면, 중국 자료는 단편적인 것들이 대부분이라 사실상 연구라고 하기조차 어려운 자료들이다. 일본 자료 중에서는 일제강점기에 일본 참모본부가 발행한 서적이 본격적인 연구서이며, 대체로 광복 이후보다 일제강점기에 나타나는 자료들의 연구 질이 높은 것으로 보인다. 이것은 광복 이후 연구자의 신분에서 군 장교가 사라지고 일반인만 나타나며, 순수한 학문 연구가 아니라 대외침략에 실패하지 않기 위해 이순신을 연구한 일제강점기의 현상과도 관련된 것으로 보인다. 광복 이후에는 이순신 연구가 1964년에야 비로소 나타나기 시작하였다. 이것은 패전이 일반인의 이순신 연구와 평가에도 영향을 주었다고 할 수 있는데, 전후 약 20여 년 동안 일반인에게서도 이순신 연구가 나타나지 않는 것도 같은 영향으로 볼 수 있다. 1964년에야 비로소 한·일 외교관계가 수립되었으며, 1965년에 한일협정이 체결된 양국 간의 관계나 분위기와도 연관되었을 수 있다. 그 후에는 소설가, 교육자, 역사가 등 다양한 계층의 사람들이 이순신을 연구하고 평가한 것으로 나타난다.

서양 자료의 경우, 조선 말기와 일제강점기에는 그리 높지 않았다고 할 수 있는데, 이것에 대해서는 잘 설명된 글이 있다. "중국학이나 일본학처럼 「조선학」이 성립될 조건이 없어 조선에 대한 서구인들의 흥미조차 희박했기 때문에, 이순신 장군에 대한 영문 문적(文籍)이 한, 두 가지에 불과하고, 그것도 단편적인 서술뿐이다. 특히 일본학을 연구하는 서구인이 일본인을 통해 일본사적인 입장에서 보기 때문에 주로 일본 관련 영문 문헌에 나타나고 또한 그 내용이 보잘 것 없다."[5] 그러나 이러한 여건에서 헐버트, 발라드, 언더우드는 놀라운 혜안, 그리고 사실을 객관적으로 분석하려는 개인적인 노력과 열정 및 집념을 보여주었다. 이러한 경향은 광복 이후에도 나타났다. 대부분 일본사나 중국사를 연구하다가 이순신이나

---

5) 洪以燮, "外國文獻에 보인 李舜臣 將軍 : 特히 歐文文籍 一, 二에 就하야," 「新天地」, 3 : 10. 1948. 11. 12. p. 85.

조선 수군을 언급하는 수준이며 또한 이용된 주요 자료가 일본과 중국의 것들이었다. 한·중·일 3국과 서구의 자료를 폭넓게 이용한 연구물은 2005년 홀리의 저술과 2009년 스워프의 저술 2점뿐이다. 이런 이유로 이순신에 대한 서구인의 중요한 연구는 헐버트, 발라드, 언더우드, 홀리, 그리고 스워드의 서적이라 할 수 있을 것 같다.

3. 외국 자료에 나타나는 이순신의 모습

이순신은 외국 자료에 어떤 모습으로 나타날까? 이를 알아보기 위해 신과 같거나 인류 차원의 위인, 세계적인 위인, 한국의 위인, 다른 외국 명장들과의 비교라는 4가지 항목으로 나누어 〈표 3〉과 〈표 4〉[6]를 만들었다.

중국 자료에서는 이순신을 그저 한국의 명장이자 한민족의 구국 영웅으로만 간주하고 있다. 그러나 일본 자료는 4개 항목에서 여러 표현들이 나타나고 있다. 이것은 중국 자료에서 이순신에 대한 표현이 단순한 것으로 나타나며, 중국에서의 이순신 연구가 그만큼 진척되어 있지 않음을 뜻한다. 반면에 일본 자료에서는 이순신의 실체에 대한 다양한 칭호가 나타나고 있는데, 이는 일본에서 이순신에 대한 연구가 그만큼 많이 이루어졌음을 뜻한다.

먼저 '한국의 위인' 항목을 살펴보자. 중국 자료는 훌륭한 장수, 우수한 통수(統帥), 명장, 항일민족영웅 등으로 이순신을 간주하고 있다. 일본에서는 조선이나 조선의 운명을 구한 명장이자 영웅으로서 조선의 으뜸가는 인물이며, 이조나 이조 5백 년동안 가장 훌륭한 굴지의 명장으로 간주하는 경향이 있다. 나아가 일본 자료에서는 한반도 역사에서 홀로 우뚝 서

---

6) 〈표 3〉과 〈표 4〉는 〈부록 2〉와 〈부록 3〉을 근거로 필자가 작성한 것이다.

〈표 3〉 동양 자료에 나타나는 이순신의 이미지

국가	신(神) / 인류	세계적 위인	한국의 위인	명장들과 비교
중국			훌륭한 장수(良將) 영선(令鮮)의 큰 성 우수한 통수(統帥) 조선 민족의 영웅 저명한 조선 장령(將領) 조선의 명장 조선의 항일민족영웅	
일본	신장(神將) 구국의 군신(軍神) 적아를 뛰어넘는 군신 하늘이 내린 명장 천운을 보유한 인물 조선의 수호신 평생 경모할 해군장수 경모할만한 품격 있는 귀공자 상리를 이해한 상당한 인격자 초민족적이며 이상적인 인간상 자랑스러운 영결 꿈속에서도 미칠 수 없는 영웅 천년만년 이어질 영명 대단한 역할을 한 멋진 인물	불세출의 명장 절대적인 명장 독보적인 명장 명장 중의 명장 개세의 해군장수 불세출의 수군사령관 고금에 볼 수 없는 명장 동서 해군장수의 일인자 세계 제일의 바다의 지장 세계 제일의 해군 장수 비난할 것이 없는 명장 소양을 갖춘 명장 동양이 배출한 유일한 바다의 명장 해양을 지킨 훌륭한 장수 굴지의 세계사적 영웅	구국의 명장 구국의 영웅 조선의 영웅 조선의 운명을 구한 인물 한국사의 유일한 샛별 조선의 으뜸가는 인물 이조(李朝) 굴지의 명장 이조 5백년의 가장 훌륭한 명장 한반도 역사에 홀로 우뚝 선 인물 한민족의 가장 훌륭한 자손	데 라위터보다 우위 넬슨보다 우위 서양 제독보다 우위 조선의 넬슨 데 라위터의 인격과 　넬슨의 영웅 품모를 겸비 제갈량과 비유 가능 도고 제독과 유사 히데요시가 극복할 수 없는 인물

〈표 4〉 서양 자료에 나타나는 이순신의 이미지

신(神) / 인류	세계적 위인	한국의 위인	명장들과 비교
타고난 인류 지도자 천부적 리더 타고난 지도자 무서운 이순신 무결점의 영웅	세계 명예의 전당에 오를 수 있는 인물 세계사의 위인 중 한 명 세계의 위대한 영웅과 견줄 수 있는 인물 아시아의 가장 위대한 해군 사령관 동양 역사상 가장 위대한 바다의 전사 위대한 해상지휘관의 최상층 가장 위대한 해군, 노련한 해군 사령관 뛰어난 장군, 존경받는 사령관 전설적인 제독, 해군 천재 해전상에서 가장 큰 공을 세운 인물 훌륭한 행정가 뛰어난 보급장교 탁월한 자질의 지휘관 효율적인 사령관	한국의 영웅 구국의 영웅 통영의 영웅 조선의 구세주 조선을 직접 구한 인물 조선의 위대한 제독 조선의 주요 해군 사령관 가장 위대한 한국 영웅 한국의 가장 유능한 리더 한국의 영원한 전설 한국의 가장 위대한 국민 영웅 한국의 역사에서 가장 존경받는 위인	한국의 넬슨 동양의 넬슨 일본인이 얕본 제독 코크레인과 유사한 인물 넬슨, 블레이크, 장 바르보다 큰 업적을 쌓은 인물 드레이크, 하워드 같은 인물 바바로싸와 넬슨에 필적하는 인물 드레이크와 넬슨과 비슷한 인물 드레이크와 유사한 인물 피셔 경과 유사한 인물

〈그림 1〉 이순신 공원의 이순신 동상

있는 유일한 샛별이거나 한민족의 자손 중 가장 훌륭한 인물이라는 표현에서 알 수 있는 것처럼 조선이나 이조를 넘어서 한민족이나 한국사 전체의 최고 위인으로 간주하는 경향도 나타난다. 서양에서는 조선을 직접 구한 위대한 제독, 영웅, 인물로 보는 경향과 한국의 가장 유능하고 존경받는 영웅, 위인, 리더로서 일종의 영원한 전설이 되어버린 인물로 간주하는 경향이 있음을 보여주고 있다. 일본 자료와 서양 자료에서는 조선 시대의 위인과 한국사나 한민족 전체의 위인으로 보는 경향이 공통으로 나타나고 있는 것이다.

'세계적인 위인'의 항목은 동양의 위인과 동양과 서양을 포괄하는 세계의 위인이라는 항목으로 다시 나눌 수 있다. 전자의 경우, 일본 자료는 동양이 배출한 유일한 바다의 명장으로 간주하고 있다. 서양 자료에서는 동양 역사상 가장 위대한 바다의 전사(戰士)이자 아시아의 가장 위대한 해군사령관으로 이순신을 간주하고 있다. 후자의 경우에는 전자보다 훨씬 더 자세하고 다양한 형태로 나타난다. 먼저 소양을 갖추어 비난할 것이 없고 해양을 지켜 고금에 볼 수 없는 명장, 해군사령관, 수군사령관, 바다의 지장이며 또한 명장 중의 명장이라는 표현에서 알 수 있는 것처럼 막연하게 세계적 위인으로 보는 경향이 나타나고 있다. 이어서 동서 해군의 일인자, 세계 제일, 굴지의 세계사적 영웅과 같이 '세계'와 '동서'라는 단어를 직접 사용하는 방법으로 세계적인 위인으로 간주하는 경향이 나타나고 있다. 서양 자료에서는 해륙 상에서 가장 큰 공을 세움으로써 존경받는 전설적인 인물이 되었으며, 노련하고 뛰어난 행정가/보급장교/지휘관사령관으로서 천재성을 발휘하여 세계의 위대한 영웅들과 견줄 수 있는 세계사의 위인이자 가장 위대한 해군사령관이었던 것으로 나타난다. 나아가 세계에서 위대한 해군사령관 중 최상층에 있어 세계적인 명예의 전당에 오를 수 있는 인물로 나타나는 경우도 있다.

이와 관련하여, 일본 자료에서는 이순신이 네덜란드의 영웅 데 라위터, 영국의 영웅 넬슨, 일본의 영웅 도고와 같거나 우위에 있는 인물이며. 도요토미 히데요시가 도저히 극복할 수 없는 인물이라고 표현되어 있다. 서양 자료에서는 영국의 영웅 넬슨과 드레이크와 비교하는 경우가 가장 많이 나타난다. 그밖에도 코크레인, 블레이크, 하워드, 피셔 경과 같은 영국의 영웅, 쉬프랑과 쟝 바르 같은 프랑스의 영웅, 데 라위터 같은 네덜란드 영웅, 바바로싸 같은 터키의 영웅, 테미스토클레스 같은 고대 그리스의 영웅과 비교하는 경우도 나타난다.

'신/인류'의 항목을 보면, 일본 자료에서는 이순신을 신적인 경지에 이른 인물로 보는 경향과 이상적인 인간으로 보는 경향이 나타난다. 전자는 신장(神將), 군신(軍神), 하늘이 내리거나 천운을 보유한 인물이라는 표현을 사용하고 있다. 후자는 경모할만한 품격, 평생 경모할 해군 장수, 상리(常理)를 이해한 인격자, 초민족적이며 이상적인 인간상이기 때문에 자랑스러운 영명(英名)이 천년만년 이어질 수 있도록 대단한 역할을 한 멋진 인물이자 꿈속에서도 미칠 수 없는 영웅으로 표현하고 있다. 서양 자료에서는 천부적으로 타고난 리더이거나 인류의 지도자이며, 무섭도록 결점이 전혀 없는 영웅으로 간주되고 있다. 대체로 동양 자료에는 그가 성웅, 성인 혹은 신과 같은 위인으로 노골적으로 표현되어 있지만, 서양 자료에서는 무결점이라는 표현을 사용함으로써 간접적으로 신과 같은 인물로 표현되어 있다.

이와 같이 볼 때, 중국 자료를 제외하고 일본 자료와 서양 자료에서 나타나는 이순신의 모습은 거의 엇비슷하다고 할 수 있다. 동서양을 막론하고 임진왜란과 아순신을 연구한 사람들이면 누구나 이순신이 무장으로서 한국의 영웅이지만, 동양의 영웅은 물론 세계적인 영웅과 무결점의 인격자로서 인류의 지도자가 될 수 있는 위인이며, 심지어 군과 전쟁에 관한 한 거의 신적인 위인으로까지 간주될 수 있다고 생각한다는 것을 알 수 있다.

4. 외국 자료에 나타난 이순신 평가 항목

이순신과 관련하여 어떤 항목들이 외국 자료에서 중시되고 있을까? 이 점은 역사에 미친
영향, 전쟁에 미친 영향, 전략, 전술, 심성, 자질, 천재성, 거북선과 같은 8개 항목으로 나누어
고찰할 수 있다(〈표 5〉와 〈표 6〉[7]).

〈표 5〉동양 자료에 나타난 이순신 평가 항목

국가	중국	일본
역사에 미친 영향	보천욕일(補天浴日)의 공	일본의 조선 공략 실패, 일본의 조선 정벌 실패 일본의 북방 경략 실패
전쟁에 미친 영향		전쟁 승패 결정, 정국에 영향, 전화 확대 방지 최후 승리, 열세에서의 승리, 자력으로 승리
전략	많은 꾀	계략, 전략, 지모와 군략이 드높은 지략, 해상보급로 차단, 일군의 진군 불허 일 지상군 후퇴, 일본군 능력의 근간을 절단, 일본 수군 격파, 제해권 장악, 해양 수호
전술		전술, 탁월한 해군전술, 지형 이용 전술
해전		
심성	용감	박진감 넘치는 인간성, 진솔, 고아, 청결, 매력, 고매한 인격. 용감, 호용, 충성 충렬, 충절, 목숨 희생, 애국애민정신
자질	경천위지(經天緯地)의 재주 충분한 지혜	넓은 도량, 각계 의견수렴, 지휘통솔력, 능수능란한 병선 조종술, 박식한 해양지식 기정분합(奇正分合)을 교묘하게 사용, 주도면밀한 실행력, 외교력, 뛰어난 문장력
천재성		발명, 무기 발명, 장갑함 창조, 독창적 천재성
거북선		갑철선함(甲鐵船艦), 귀갑포함(龜甲砲艦), 거북선, 신식 전함

---

7) 〈표 5〉와 〈표 6〉은 〈부록 2〉와 〈부록 3〉을 근거로 필자가 작성하였다.

〈표 6〉 서양 자료에 나타난 이순신 평가 항목

항목	내용
역사에 미친 영향	해상력과 지상력의 극적인 충돌, 일본 용의 여의주 탈취, 히데요시의 꿈 좌절, 히데요시의 중국침략 실패 히데요시의 침공 좌절, 히데요시의 핵심전쟁조직 실패, 적의 야심찬 계획 실패, 일본제국 개척 작업 좌절 일본의 중국 정복을 300년간 지연, 중국의 콧대를 꺾으려는 일본 의도 좌절, 중국까지 구함
전쟁에 미친 영향	전대미문의 해상 성공, 해전이 전쟁 결정, 수군 승리가 전쟁 좌우·전환점, 수군 승리로 국민 저항의식 고취 해군 전력이 전쟁 국면을 전환, 일본 침략의지의 약화, 조선해역에서 일군 소탕
전략	전략가, 교묘한 전략가, 탁월한 전략가, 제해권 확보, 해상 상황을 지배, 해전 승리로 지상 공격 마비 해양 우세의 중요성 입증, 해상 공격의 필요성 입증, 해양력 효과의 고전적 사례, 도해(渡海) 안전성의 중요성 입증 일군 증원 불허, 침략군 이동 불허, 육군 이동 불가, 적 지상군 고립, 위태, 일군의 서진 불허, 중요한 전략적 이동 감행 플랫폼이 아닌 화력면에서 전선을 중시, 전략의 혁명, 해상 보급로 차단, 해상교통로 차단, 전투함대 격파 호송선단 일소, 일 전투함대 활동 중지, 일 보호전대 박살
전술	전술 개발, 전술가, 해군전술가, 빛나는 전술가, 용기와 경계가 조화된 전술가, 해상보급부대 공격, 연안전초전(前哨戰) 함포전(艦砲戰), 총통의 중요성 입증, 대포의 성능 이해, 거북선의 화력과 기동성을 이용, 시대를 앞선 전술 극동의 선진 전투 전술, 전투기법, 피난민에게서 정보 수집, 어민에게서 해양 지식 습득, 백성의 관측망 구성
해전	조선의 살라미스해전, 조선의 트라팔가 해전, 침략의 사형선고, 명량의 기적, 위대한 세계 해전 중 하나
심성	충성심, 대담성, 열정적, 애국심, 희생적, 청렴결백, 불굴의 공격정신, 전투의지 당파와 무관하게 나라만 생각, 영광보다 승리만 생각
자질	유능함, 노련함, 탁월한 재주, 건전한 판단력, 함대지휘운용술, 중국인의 마음을 얻은 기지, 정치력 완벽한 장군 자질을 보유, 명석한 전략적 비전, 전술적 상황 파악 능력, 해박한 지리/해조류 지식 전시의 드문 기사도 발휘, 일본의 어느 누구도 필적할 수 없는 전투능력 보유, 평민으로서의 근무
천재성	천재성, 고도의 천재성, 기계 발명, 비범한 기계 개발 능력 보유, 뛰어난 기계 제작 재능, 기술 혁신, 조선기술자
거북선	철갑함, 철갑전함, 장갑거북선, 세계 최초의 철갑함, 모니터함의 원조, 1급 전선, 고속순양함, 어뢰정, 잠수함 쉽킬러(ship-killer), 특수 함정, 혁신적인 함정, 당대까지 가장 우수한 함정, 가장 주목할 만한 함정 드레드노트급 함정, 동양의 드레드노트함, 16세기의 드레드노트함, 당대의 드레드노트함

　　이순신이 역사에 미친 영향을 보면, 중국 자료에서는 이순신을 '보천욕일(補天浴日)의 공'[8] 즉 한 나라를 바로 서게 한 공을 세운 인물로 간주하고 있다. 이 고사성어의 유래를 생

8) 補天은 女媧가 강에서 오색 빛깔의 돌을 골라 불로 녹여 부서진 하늘을 보수하고(煉五色石以補天), 홍수를 막아 재앙을 다스렸다는 劉安, 『淮南子』, 〈覽冥訓〉의 기록에서 나온 말이다. 浴日은 태양의 신 羲和가 10명의 태양을 매일 수레에 태우기 전에 태양을 감연에 데리고 가 깨끗이 목욕하게 했다(方日浴于甘淵)는 「山海經」, 〈大荒南經〉의 기록에서 나온 말이다.

각해 볼 때, 중국 자료는 이순신이 중국 신화에 등장하는 신만큼이나 큰 공을 세운 것으로 간주하고 있다고 할 수 있다. 일본 자료에서는 조선침략의 궁극적인 목적인 중국 대륙에 대한 북방 경략을 실패하게 만들었다고 보고 있다. 서양 자료에 따르면, 이순신은 해양력과 지상력의 충돌인 임진왜란에서 도요토미 히데요시의 중국 침략과 그에 따른 일본제국의 건설이라는 야심 찬 계획을 실패하게 만들었다. 그리하여 이순신이 조선은 물론 중국까지 구하게 되었으며, 결과적으로 조선과 중국에 대한 일본의 정복을 300년간이나 지연시켰다.

전쟁에 미친 영향에 대해서는 중국 자료가 없다. 일본 자료는 열세한 상황에서 자력으로 연승한 것은 물론 최후의 승리까지 하여 전화(戰禍)가 확대되는 것을 방지하고, 전쟁의 승패 자체를 결정하는 등 정국에까지 영향을 준 것으로 간주하고 있다. 서양 자료는 조선 해역에서 전개된 해전들에서 조선 수군이 전대미문의 승리를 거두어 일본의 침략 의지를 약화시켰고, 반면에 조선인들의 저항의식을 고취했다고 보고 있다. 외국 자료는 해전의 승리로 전쟁 국면을 전환시키고, 전쟁의 승패를 결정짓게 만든 인물로 이순신을 간주하고 있다.

중국 자료는 이순신이 많은 꾀를 갖고 있었다고 간략하게 기술하고 있다. 일본 자료는 계략, 지모, 군략이 뛰어난 이순신이 일본 수군을 격파하여 해상보급로를 차단했으며, 제해권을 장악하여 해양을 수호한 것으로 보고 있다. 이순신 때문에 일본의 지상군은 진군할 수 없고 후퇴를 해야만 하였다. 일본 자료에 따르면, 이순신이 일본군 능력의 근간을 절단해버렸다. 서양 자료는 혁신적이고, 교묘하고, 탁월한 전략가였던 이순신이 접현전(接舷戰)과 백병전(白兵戰)을 위한 플랫폼이 아닌 화력 투사의 함정 기능을 중시하여 일본군의 호송선단과 보호전대를 격파하였다. 그리하여 일본 함대는 활동을 중지할 수밖에 없었고, 해상보급로와 해상교통로를 차단당했다. 일본의 지상군을 고립시키고, 이동이나 진격 그리고 병력 증강을 하지 못하게 함으로써 사실상 해전의 승리가 지상 공격을 마비시키게 했다. 이순신이 해상 공격의 필요성, 해양 우세의 중요성, 안전한 도해(渡海)의 중요성을 입증한 것은 근대 해양

전략이론에서 제해권 확보와 해양력 효과의 고전적인 사례로 간주될 수 있다.

중국 자료에는 전술에 대한 언급이 없다. 일본 자료에는 지형을 이용한 탁월한 전술을 사용했다고 표현되어 있다. 그러나 서양 자료에는 관련된 표현이 많이 포함되어 있다. 용기와 경계를 조화시켜 전술을 개발한 해군전술가였던 이순신은 해상보급부대를 공격하고 연안에서 전초전(前哨戰)을 감행하는 전투기법을 발전시켰다. 또한, 이순신은 피난민들로부터 정보를 수집하고, 어민들에게서 해당 해역과 지역에 대한 지식을 습득하며, 백성들을 이용하여 정탐조직을 결성하는 모습을 보여주었다. 서양 자료는 이순신이 이러한 전략과 전술을 이용하여 조선의 살라미스 해전, 트라팔가르 해전, 명량의 기적과 같은 중요한 해전에서 위대한 승리를 했으며, 그리하여 일본군의 침략에 대해 사형선고를 한 것으로 간주하고 있다.

심성을 보면, 중국 자료에는 용감했다는 표현만 있다. 일본 자료는 많은 점들이 표현되어 있다. 이순신은 진솔하고, 고아하며, 고매한 인격과 박진감 넘치는 인간성을 갖고서 청렴결백하게 생활을 한 매력 있는 인물이었다. 또한 이순신은 용감하고, 충성심이 강하며, 나라를 위해 자기 목숨을 기꺼이 희생할 줄 알고, 국가와 국민에 대한 사랑이 지극하였다. 당파싸움에 관심이 없고 오직 나라만 생각하면서 불굴의 공격 정신으로 표현되는 전투 의지를 갖고서 개인의 영광이 아닌 오직 승리만을 생각하였다.

중국 자료에는 자질에 대해 충분한 지혜와 경천위지(經天緯地)의 재주를 가진 것으로 표현되어 있다. 일본 자료는 이순신이 도량이 넓어 각계의 의견을 수렴할 줄 알았다. 박식한 해양지식과 뛰어난 문장력 및 외교력을 이용하여 기정분합(奇正分合)의 재주, 능수능란한

9) 하늘과 땅의 날과 씨가 된다고 직역할 수 있다. 온 천하를 계획하고, 준비하며, 경륜하여 다스린다는 뜻이다. 원래 문관들에게 사용되는 찬사인데, 무관인 이순신에게 사용되고 있는 점이 주목할 만하다.
10) 측면에서 기습하는 기병(奇兵)과 정면에서 당당하게 공격하는 정병(正兵)이라는 손자병법에서 나온 단어로서 기습과 정공을 뜻한다. 분합(分合)은 군사를 자유자재로 나누고 합한다는 의미이다.

병선조종술, 주도면밀한 실행력 등을 포함한 지휘통솔력까지 보여주었다. 서양 자료는 유능하고 노련한 이순신이 건전한 판단력과 전술적 상황 파악 능력 및 명석한 전략적 비전을 갖고서 탁월한 함대 지휘통솔력을 발휘했다고 보고 있다. 또한, 서양 자료에는 지리와 해조류에 대한 해박한 지식과 정치력 및 기사도 정신은 물론 어떤 일본인도 필적할 수 없는 전투능력까지 보유함으로써 완벽한 장군의 자질을 보유하고 있었다고까지 기술되어 있다.

천재성은 중국 자료에는 없고 일본 자료에는 있다. 일본인들이 보기에, 이순신은 무기를 발명하고 장갑함을 창조하는 독창적인 창조성을 보여주었다. 거북선은 갑철선함(甲鐵船艦)이나 귀갑포함(龜甲砲艦) 같은 신식 함정이었다. 서양 자료에 따르면, 비범한 기계 개발, 발명, 제작의 재능을 갖고 있던 이순신은 기술을 혁신한 조선 기술자로서 고도의 천재성을 보여주었다. 이순신이 건조한 거북선은 세계 최초의 철갑함, 철갑전함, 장갑 거북선으로서 당대까지 가장 우수하고 혁신적인 특수함정이었다. 당대에 가장 주목할 만한 함정이었다는 면에서 거북선은 당대나 16세기 혹은 동양의 드레드노트함(Dreadnought, 戰艦), 범선 시대의 1급전함, 현대의 어뢰정과 잠수함 같은 쉽킬러(ship-killer)로 불릴 수 있는 함정이었다.

이와 같이 볼 때, 외국 자료는 이순신이 조선과 일본 그리고 중국의 동아시아 3국의 운명에 영향을 주었고, 수군을 이용한 해전의 승리로 지상전은 물론 임진왜란 자체의 승패까지 좌우하고 결정지을 정도로 큰 영향을 준 것으로 간주하고 있다고 할 수 있다. 또한 제해권, 해양력, 해상공격, 안전한 도해, 해상보급로 같은 근대적인 해양전략 개념이 이순신에게서 나타나며, 그 전략이 지상군의 전투와 전쟁까지도 좌우하는 결과를 낳았다고 보고 있다. 마찬가지로 이순신이 연안 전초전, 접현전과 백병전 대신 함포전, 기동전, 해상보급부대에 대한 공격과 같은 시대를 앞선 즉 근대적인 전술을 사용한 것으로 간주하고 있다. 외국 자료에 의하면, 이순신은 이러한 전략전술로 세계 해전사상 위대한 승리를 할 수 있었다. 이순신 개인의 심성과 자질을 보면, 고매한 인격 그리고 강력한 용감성과 애국심 및 희생정신을 보유하고 있었으며, 전문지식과 지휘통솔력 및 정치외교력까지 겸비하고 있었다. 또한 과학기술의 재능까지 보유하여 당시 세계에서 최첨단 함정까지 건조하여 해전에 참여시켰다. 그러므로 장수라는 무인과 관리라는 공직자에게 필요한 심성, 자질, 능력은 물론 과학기술자의 능력까지 갖고서 전쟁과 역사까지 좌우할 정도로 큰 영향을 준 공을 세웠기 때문에 외국 자료에서 이순신이 높이 평가되고 있다고 할 수 있을 것 같다.

5. 이순신/거북선과 비교되는 외국의 위인/함정

외국 자료에서 외국의 위인들과 이순신을 그리고 함정들을 거북선과 비교하고 평가한 구절들이 보인다. 이 구절들은 외국인이 이순신을 어느 정도의 인물로 그리고 거북선을 어떤 유형의 함정으로 생각하고 있는지를 알 수 있게 해주는 중요한 자료이다.

〈표 7〉 서양 자료에 나타나는 이순신의 이미지

구분			비교되고 있는 위인
동양 2국 9명	중국	8	제갈량(諸葛亮, 221-264) 관우(關羽, 160-219 주유(周瑜, 135-210) 장순(張巡) 곽자의(郭子儀, 697-781) 이성(李晟, 927-93) 허원(許遠, 709-757) 악비(岳飛, 1103-41)
	일본	1	도고 헤이하치로(東鄕平八郞, 1848-1934)
서양 7국 13명	영국	6	Francis Drake(1540-96) Charles Howard(1536-1624) Robert Blake(1598-1657) Horatio Nelson(1758-1805) John Fisher(1841-1920) Thomas Cochrane(1775-1860)
	미국	1	David G. Farragut(1801-70)
	프랑스	2	Jean Bart(1650-1702), Pierre André du Suffren(1729-88)
	네덜란드	1	Michicel de Ruyter(1607-76)
	러시아	1	Stepan Makarov(1849-1904)
	터키	1	Hayreddin Barbarossa(1478-1546)
	그리스	1	Themistocles(524-459 BC)

이순신과 비교되고 있는 인물은 〈표 7〉과 같다. 이 표의 중국 인물들은 우리나라에서 조선 시대에 이순신과 비교된 인물들인데,[11] 외국 자료에 나타나는 위인들과 비교하는데 참고할 수 있어 이 표에 포함시켰다. 중국 위인들은 삼국시대(184-280)부터 남송시대(1127-1279)까지 중국을 대표하는 인물들이다. 이 중에서 외국 자료에 등장하는 인물은 제갈량이다. 그는 뛰어난 전략전술가이자 병법가로서 중국 위인 8명 중 최고의 위치를 차지하는 인물인데, 그의 활약상은 『삼국지(三國志)』라는 소설을 통해 알 수 있다. 그는 뛰어난 문장력과 초인적인 능력을 가진 천재적 군사(軍師)였으며, 기계의 제작과 수리에도 능하여 여러 대의 화살을 한 번에 발사할 수 있는 활을 발명하고, 팔진법(八陣法)을 창안하였다. 그는 1724년에 유교의 성인으로 추존되었으며, 연극과 소설 및 영화나 드라마의 주인공으로 많이 다루어지고 있다.[12]

일본의 위인인 도고 헤이하치로는 청일전쟁(1884-85)시 영국 수송함 가요슝호(高陞號)를 침몰시켜 국제적인 외교 문제를 일으켰으며, 러일전쟁(1904-05) 기간에는 연합함대사령관으로서 쓰시마(對馬島) 해전에서 러시아 발트 함대를 격파하여 일본제국 건설에 결정적인 역할을 한 인물 중 한 명으로 간주되고 있다. 일본의 가장 위대한 해군 영웅으로서 신사와 동상이 설립되었으며, 서구의 저널리스트들은 그를 '동양의 넬슨(Nelson of the East)'으로 호칭하였다.[13]

서양 위인은 7개국 13명이 거론되고 있는데, 영국인 6명, 프랑스인 2명, 미국/네덜란드/러시아/그리스/터키인 각 1명이다.

11) 이에 대해서는 김주식, "이순신에 대한 평가와 현창(顯彰)," 『海洋戰略』, 제152호, 2011. 12, pp. 36-37을 참조.
12) Daum 백과사전, "제갈량," http://100.daum.net/encyclopedia/view.do?docid=b19j1577a (2012년 7월 18일 검색)
13) http://en.wikipedia.org/wiki/T%C5%8Dg%C5%8D_Heihachir%C5%8D (21012년 7월 18일 검색) ; 眞木洋三, 『東鄕平八郎』, 上/中/下(東京 : 文藝春秋, 1985).

드레이크는 엘리자베스 여왕 시대의 영국 상선 선장, 사략가, 항해인, 해군 사령관, 노예무역가, 정치가 등 다양한 직업 편력을 보여준 인물이다. 1572년 남미의 스페인령을 개인적으로 공격했으며, 아메리카 대륙에서 1577년부터 사략질을 성공적으로 실시하여 1581년에 기사 작위를 받았다. 스페인 무적함대가 영국을 침공하려 했을 때 부사령관으로서 그래블린(Graveline) 해전에서 승리하여 영국의 영웅이 되었다. 미국 서해안에 그의 이름이 붙은 지명이 많으며, 미국에서 TV 드라마와 영화가 제작된 적이 있으며, 영국의 고향에 동상이 세워져 있다.[14]

하워드는 엘리자베스와 제임스 1세 시대의 정치가이자 해군사령관이었다. 프랑스와의 전쟁 때 함대사령관으로 브레스트(Brest)-템즈(Thames) 강 사이의 제해권을 장악하고서 영국군의 프랑스로의 수송과 프랑스 함선의 나포와 공격을 주도하다가 플리머스(Plymouth)에서의 프랑스 함대 급습 때 전사하였다. 육해군 총사령관이었던 그는 스페인 무적함대에 대한 전투에서 승리하여 영국을 구한 인물로 칭송되고 있다. 그는 출전할 때 "어느 곳이거나 어떤 경우이거나 간에 왕국, 지배지, 육지, 섬 등 스페인의 것이면 모두 침략하고, 진입하며, 해치고, 주인이 되라"고 지시하였다. 당대에 많은 책이 그에게 헌정되었으며, 많은 학교에 그의 이름이 붙어있고, 소설과 오페라 및 영화의 주인공이 되었다.[15]

블레이크는 영국 해군의 우위를 형성하여 넬슨보다 더 큰 공을 세운 17세기 크롬웰(Cromwell) 정권의 해군 최고책임자였다. 그러나 왕정복고 이후에는 그의 업적이 정치적인 이유 때문에 제대로 인정되지 않았다. 1649년 제독(Admiral)과 해군국장(commissioner of the Navy)을 겸하는 해상장군(General at Sea)으로 임명되자, 그는 영국 최초의 전쟁법과

14) http://en.wikipedia.org/wiki/John_Fisher,_1st_Baron_Fisher (2012년 7월 18일 검색)
15) http://en.wikipedia.org/wiki/Edward_Howard_(Admiral) (2011년 12월 3일 검색)

해양법을 제정하고, 최초의 군사 법정을 설립하였다. 영란전쟁 기간에 5차례의 해전에 참전했으며, 영국 상선을 공격한 아프리카 북부의 해적국가를 공격했으며, 영서전쟁을 지휘하기도 했다. 그는 영국 해군의 아버지이자 가장 위대한 해군장군(naval general)으로 불리고 있다. 그가 공동으로 작성한 전투지침은 약 1세기 동안 영국 해군의 교리가 되었으며, 가장 뛰어난 영국 해군의 영웅 중 한 명이자 국가의 제독(State's Admiral)으로도 불린다. 궁전과 성당에 그의 기념물이 많이 있고, 출생가옥은 박물관이 되었으며, 그와 관련된 우표가 발행되었다. 심지어 북해 유전에 그의 이름이 붙어 있기도 한다.[16]

넬슨은 프랑스혁명전쟁과 나폴레옹전쟁에서 용맹한 함장과 함대사령관의 명성을 얻었다. 그는 총 7차례의 해전을 치렀고, 3차례 부상을 당했다. 마지막 해전인 트라팔가(Trafalgar) 해전(1805. 10. 21)에서 결정적으로 나폴레옹의 함대를 격파하여 프랑스군의 영국 침략을 저지했으나, 전투 도중 함상에서 전사하였다. 권위가 아닌 사랑으로 지휘하면서 대단한 용기, 카리스마, 약속 이행을 상관과 부하들에게 보여주었으며(Nelson touch), 전략에 대한 훌륭한 이해와 관습에 매이지 않는 전술 및 영감을 주는 리더십으로 유명하다. 그러나 나폴리주재 영국대사의 부인인 엠마(Emma)와의 염문으로 비난을 받기도 했다. 사후에 가장 위대한 군사 영웅이 되었으며, 계관시인 바이런은 그를 조국을 위기에서 구한 전신(戰神)으로 호칭하였다. 2002년에 BBC가 조사한 가장 위대한 영국인 100인 중 9위를 차지했으며, 19세기와 세계대전 등 영국이 어려울 때마다 그가 상기되었다. 그의 동상이 여러 곳에 있으며, 1835년 런던에 트라팔가르 광장이 만들어졌다.[17]

---

16) http://en.wikipedia.org/wiki/Robert_Blake_(admiral) (2012년 7월 18일 검색) ; ed. Jack Sweetman, The Great Admirals : Command at Sea, 1587-1945 (Annapolis : Naval Institute Press, 1997), pp. 58-81.
17) 앤드루 램버트, 박아람 옮김, 「넬슨」(서울 : 생각의 나무, 2005), pp. 25-45.

피셔는 논쟁적이고, 열정적이며, 개혁 지향적인 제독으로서 전투나 해상근무가 아닌 혁신가와 전략가로서 명성을 날림으로써 영국 해군사에서 넬슨 다음으로 중요한 인물이 되었다. 1904년 제1해군경(First Sea Lord, 해군참모총장으로 불리기도 한다)이 된 그는 기존 함정 150척을 신형 근대 함정으로 바꾸었으며, 목제 범선에 전장포(前裝砲)를 설치했고, 함포의 사거리와 정확도 및 발사속도를 개선했으며, 강철 선체의 전투순양함과 잠수함을 건조했으며, 잠수함과 어뢰정을 발전시키고, 세계 최초의 항공모함과 전장거포전함(全裝巨砲戰艦)인 드레드노트함(Dreadnought)을 건조하였다. 그는 재직기간 동안 함대의 효율성과 전쟁대비를 목표로 삼았다. 또한 그는 "국가는 물질적 이익을 얻기 위해 전쟁을 하고, 강력한 해군의 유지는 타국의 교전 의지를 억제한다." 그리고 "해전의 파국이 초래하는 위기가 지상전의 파국이 초래하는 위기보다 훨씬 더 크다. 왜냐하면 한번 패배한 해군을 재건하려면 오랜 시간이 걸리기 때문이다"라고 말한 것으로 유명하다.[18]

코크레인은 나폴레옹전쟁 기간에 프랑스군에 의해 "바다의 늑대(Le Loup de Mer)"로 불렸던 영국 해군제독이다. 스페인과 프랑스 함정들과 교전하다가 포로가 되었지만, 탈출하였다. 미국 함선을 공격하여 국제적인 문제를 일으키기도 했다. 그는 해안시설을 공격하고, 항만에서 적함을 나포하며, 모든 작전을 세심하게 기획하여 아군 사상자를 최소한으로 하는 한편 성공의 기회를 최대화시키려 하였다. 칠레, 브라질, 그리스의 독립전쟁에서 독립군 해군에 근무했으며, 크림전쟁에도 참전했다. 또한 그는 이중 굴뚝, 외륜의 함내 장치, 60마력 기관의 설치 등 혁명적인 설계로 유명한 증기선(Rising Star)의 건조를 지원했으며, 로터리 엔진과 프로펠러를 발전시켰으며, 역청으로 추진력을 얻는 증기선을 개발하여 특허를 받았

---

18) http://en.wikipedia.org/wiki/John_Fisher,_1st_Baron_Fisher (2011년 12월 3일 검색)

다. 그는 많은 소설의 주인공으로 등장하는데, 가장 유명한 것은 포레스터(C. S. Forester)의 『혼블로워(Horatio Hornblower)』이다.[19]

미국의 패러굿은 1812년 전쟁에 참전하여 태평양 연안(Madisonville)에 미국 최초의 해군기지와 식민지를 건설했으며, 칠레의 대영전쟁(1814)과 서인도제도의 해적 소탕전 (1822-55)에 참여하였다. 남북전쟁 기간에 걸프만 서부봉쇄전대를 지휘하여 전쟁을 결정지은 뉴올리언스(New Orleans) 해전에서 승리하였다. 공격적인 사령관으로서 미국 우표에 3회나 실렸고, 많은 학교와 지명 및 공원에 그의 이름이 붙어 있다. 소설과 영화의 주인공이 되었으며, 드라마 「스타트랙(Star Treck)」에 나오는 우주기함 명칭도 패러굿함이다.[20]

프랑스의 쟝 바르는 17세기 비귀족출신 해군사령관이다. 네덜란드와의 전쟁 기간에 적국 상선과 봉쇄함대에 타격을 주고 프랑스 곡물을 안전하게 수송하였다. 특히 루이 14세의 유럽 대동맹군과의 제3차 침략전쟁인 9년전쟁(1688-97) 기간에 영국군에게 포로가 되었다가 탈출하고, 던커크 봉쇄를 깨뜨렸으며, 네덜란드의 거대한 곡물호송선단을 나포하여 파리 시민을 기아 직전에서 구했다. 던커크에 그의 동상이 있는데, 동상의 검이 영국을 가리키고 있어 독일군이 손대지 않고 오히려 독일공군의 지표로 사용됨으로써 던커크의 70%가 파괴된 속에서 그대로 잔존할 수 있었다. 그의 이름이 붙은 광장이 있다. 현재 프랑스의 대중적인 영웅이며, 해양소년단을 쟝 바르로 부른다.[21]

프랑스의 쉬프랑은 18세기에 인도양에서 영국함대와 패권을 다툰 제독이다. 북아프리카 해적을 소탕했으며, 두 번이나 영국군에게 포로가 되었다가 탈출하였고, 북미와 서인도제도

19) http://en.wikipedia.org/wiki/Thoma_Cochrane,_Earl_of_Dundonald (2011년 12월 3일 검색)
20) http://en.wikipedia.org/wiki/David_G._Farragut (2012년 7월 18일 검색)
21) http://www.squidoo.com/jeanbart와 http://flags.nationmaster.com/encyclopedia/Jean-Bart (2011년 12월 3일 검색)

에서 영국 함대와 상선을 공격하였다. 1782년부터는 인도양에서 영국함대와 5차례의 해전을 하여 영국군의 인도 진격을 저지하였다. 그의 공적은 대단치 않았지만, 당시 대부분의 프랑스 해군사령관들이 실패만 하고 있었기 때문에 임무를 완수한 것만으로도 존경을 받았다. 그 이후에 프랑스는 해군작전을 육군작전에 예속시켜버렸고, 영국은 철저한 해전 승리를 위해 장기 정책을 확립하여 대영제국 건설의 기반을 닦았다.[22]

네덜란드의 데 라위터는 3차에 걸친 영란전쟁 때 7차례의 해전에서 영국 함대와 프랑스 함대에게 승리하였다. 상선단의 호위 임무를 완수했으며, 북방전쟁에도 참전하였다. 그는 신분 계층을 무시하고, 위험한 상황에서도 후퇴하지 않으며, 과감한 시도로 선원과 병사들로부터 크게 존경받아 '할아버지'라는 별명을 얻기도 했다. 출생지와 헝가리에 그의 동상이 서 있고, 네덜란드의 거의 모든 도시에 그의 이름이 붙은 거리명이 있으며, 프랑스 왕 루이 14세는 예포를 발사하여 그에게 경의를 표하기도 했다. 그를 소재로 한 오페라가 있으며, 2004년에 실시된 위대한 네덜란드인 투표에서 7위를 차지하였다.[23]

러시아의 마카로프는 러터전쟁 기간에 어뢰정 모함의 함장이었으며, 어뢰정의 개념을 러시아에 최초로 도입하였다. 세계 일주 항해를 3회 실시했으며, 세계 최초의 쇄빙선을 건조하여 북극 원정을 2회 실시하였다. 또한 열차를 선적하는 연락선을 건조하여 바이칼 호수에 띄웠다. 러일전쟁 기간에 여순항에서 "러시아 전대가 매일 해상으로 나가고, 꾸준히 기동하며, 해안포대의 사정거리 밖에서 기습당하지 않도록 하였다." 여순항 해전 때 기함이 일본 기뢰와 접촉하여 폭발했을 때 전사하였다. 그의 고향, 우크라이나, 블라디보스톡, 크론스타트 등에 그의 공상이 서 있으며, 그의 초상화가 디자인된 우표가 발행되기도 했다.[24]

---

22) http://en.wikipedia.org/wiki/Pierre_Andr%C3%A9_de_Suffren_de_Saint_Tropez (2012년 7월 18일 검색)
23) http://en.wikipedia.org/wiki/De_Ruyter (2012년 7월 18일 검색) ; Hubert Granier, L'Amiral de Ruyter au Combat (1607-1676) (Paris : Economica, 1992).
24) http://en.wikipedia.org/wiki/Stepan_Makarov (2011년 7월 18일 검색)

터키의 바바로싸는 사략가로서 형의 뒤를 이어 알지에(Algiers)의 통치자가 되었으며, 스페인 함대를 격파하고 튀니지아(Tunisia)를 장악하여 해군총사령관(Admiral-in-Chief)이 되었다. 지중해 서부에서 시실리와 이탈리아를 오가는 스페인 함정을 공격하고, 프랑스 남부와 스페인 그리고 이탈리아와 모로코 북부 해안을 공격하였다. 1532년에는 프레베차(Preveza) 해전에서 신성동맹함대를 격파했으며, 스페인의 일부 지역과 이탈리아 주변 지역까지 점령하였다. 에게 해와 이오니아 해에서 나폴리 함선을 공격했으며, 레판토(Lepanto) 해전에서 패배할 때까지 30년간(1538-71) 지중해를 지배하여 오토제국이 패권을 장악할 수 있도록 했다. 이 모든 업적으로 터키군 총사령관(Baylar Bey)이 되었으며, 터키 최고의 영웅으로 칭송되고 있다. 이스탄불에 그의 능과 동상이 있으며, 현재 터키 해군은 출동할 때마다 그의 능을 향해 인사를 하는 관습을 갖고 있다.[25]

테미스토클레스는 집정관에 선출된 후 3단 갤리 200척으로 편성된 해군력을 건설함으로써 페르시아 전쟁의 결정적인 요소를 마련하였다. 그리스 동맹함대사령관이 된 그는 아르테미지움(Artemisium) 해전과 살라미스(Salamis) 해전에서 속임수로 페르시아 함대를 유인하여 결정적인 승리를 거두어 전쟁의 국면을 전환시켰다. 그가 건설한 해군력이 아테네제국의 주춧돌이 되어 아테네는 황금시대를 맞이할 수 있었다. 페르샤 함대를 물리침으로써 그리스를 생존하게 했으며, 결과적으로 그리스의 고전 문화가 발전할 수 있게 하였다. 그러나 페리클레스, 헤로도투스, 디오도루스에 의해 그의 업적이 재평가된 후에야 알렉산더 대왕이나 한니발과 동격의 영웅으로 간주되었다. 많은 영화의 주인공이 되었으며, 그와 관련된 서적이 많다.[26]

25) http://ww.thepiratekong.com/bios/barbarossa_khaireddin.htm (2011년 12월 5일 검색)
26) http://en.wikipedia.org/wiki/Themistocles (2012년 7월 18일 검색) ; 金州植, 『西歐海戰史』(서울 : 泂鏡文化史, 1997), pp. 39-84.

〈그림 2〉 거북선모형. 국립해양박물관 소장

다음으로 거북선과 비교되는 함정을 살펴볼 차례인데, 먼저 철갑함부터 보려 한다. 철갑함(ironclad)은 현측을 두꺼운 철갑으로 두르고, 증기기관으로 추진되며, 강력한 함포를 보유한 함정으로서 함대에서 전열함의 위치를 대신하게 된 전함(戰艦)의 전신이다. 1859년 프랑스에서 건조된 라글루아르함(La Gloire)이 최초의 철갑함인데, 이 함정은 목제 선체에 10센티미터의 철갑을 두른 5,600톤의 함정이다. 160밀리 포 30문을 장착하였다.[27]

모니터함(Momitor)은 1862년 북군이 취역시킨 최초의 철갑함(ironclad warship)이다. 360도 회전포탑이 선체 중앙에 있고, 선체가 수면 하에 있으며, 돌출된 장갑철판 때문에 "떠 있는 치즈상자"로 불리었다. 스웨덴 출신 에릭슨(John Ericsson)이 설계했으며, 남북전쟁 기간인 1862년에 햄프턴로드(Hampton Roads) 해전에 참가하였다. 이 해전은 최초의 철갑함 간의 해전이며, 남군의 철갑함 버지니아함(Virginia, 전 Merrimack함)의 포탄이 갑판과 포탑에 맞았을 때 튕겨 나갔다.[28]

27) http://en.wikipedia.org/wiki/Ironclad (2012년 7월 18일 검색)
28) http://en.wikipedia.org/wiki/Uss_monitor (2012년 7월 18일 검색)

전열함(戰列艦, ship of line)은 17세기부터 19세기 중엽까지 서구 해군들의 주력함이었다. 높은 상부구조의 함미갑판 2개에 중포를 배치한 갈레온(galleon)이 전투시 일자진 즉 종렬진을 형성한 것을 전열이라 하는데, 한쪽 현측포를 일제사격할 수 있다는 이점이 있다. 적에게 큰 피해를 주기 위해 가장 크고 무거운 포를 장착한 함정이 전열함이며, 넬슨의 기함 빅토리함(Victory)이 대표적인 전열함이다. 적재된 함포의 종류와 수에 따라 함정이 6등급으로 분류되는데, 그중에서 대구경포를 가장 많이 적재한 1-3급 함정이 전열함에 속한다. 한때 전열함은 해양패권의 상징이었지만, 회전포탑과 증기기관을 장착한 전함이 출현한 19세기 초에 사라졌다.[29]

어뢰정(torpedo boat)은 어뢰를 탑재한 소형고속함정이다. 초기 어뢰정은 어뢰를 긴 파이프나 나무에 매달고 적함과 충돌함으로써 어뢰를 폭발시켜 피해를 주었다. 자체 추진력을 보유한 어뢰가 개발된 후에는 현대식 어뢰정이 출현하였다. 속력이 느리고 중무장한 값비싼 대형함을 속력과 기민성을 이용할 수 있고 값싼 여러 척의 소형함이 동시에 공격하는 전술에 사용된다. 1차 대전 기간에는 영국과 이탈리아에서 1-2발의 어뢰를 장착하고 30-40노트의 속력을 내는 5-10톤급 소형고속정이 개발되었다. 2차 대전 기간에는 영국의 MTB(Motor Torpedo Boat), 미국의 PT보트(Patrol Craft Torpedo), 독일의 슈넬보트(Schnell Boat) 등 개량된 어뢰정들이 출현하였다.[30]

드레드노트함(Dreadnought)은 러일전쟁의 쓰시마해전에서 장갑이 훌륭한 함정에게 여러 종류의 함포보다는 대구경 단일포의 원거리 사격이 더 효과적이라는 사실이 입증되자, 이를 반영해서 1906년에 영국이 건조한 전함이다. 제원은 배수톤수 17,900톤, 최대속력 21

29) http://en.wikipedia.org/wiki/Uss_monitor (2011년 7월 19일 검색)
30) http://en.wikipedia.org/wiki/Torpedo_boat (2012년 7월 19일 검색)

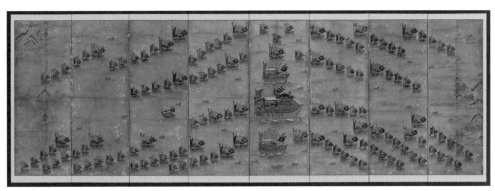

〈그림 3〉 수군조련도(水軍操鍊圖), 국립해양박물관 소장

노트, 300밀리 포 10문이다. 각국에서 이와 유사한 전함을 건조하기 시작하자 이런 유형의 함정을 드레드노트급 전함(dreadnought)으로, 그 이전의 전함을 드레드노급 이전 전함(pre-dreadnought)으로, 그리고 340밀리 이상의 포를 장착한 전함을 슈처드레드노트급 전함(super-dreadnought)으로 불리게 되었다. 사정거리가 증가하고 또한 속력이 비슷하였기 때문에 이 전함의 출현으로 고속순양함이 무용지물로 되었다.[31]

이순신과 비교되는 위인들은 최고의 전략전술가, 국가의 운명이나 전쟁의 승패에 결정적인 영향을 준 지휘관, 중요하거나 대규모 해전에서 승리한 지휘관, 해군의 제도와 무기체계 혹은 함정을 획기적으로 혁신한 해군개혁가들이다. 이들은 자국에서 군신이나 전신, 최고로 위대한 영웅, 해군의 아버지, 알렉산더 대왕이나 한니발 같은 위인 등으로 추앙되고 있다. 그러나 이순신의 해전에서의 연승으로 동아시아 3국의 전쟁과 국역사에 크고 중요한 영향을 주었으며, 거의 완벽에 가까운 해군사령관의 자질을 가졌고, 군인은 물론 한 인간으로서

31) http://en.wikipedia.org/wiki/Dreadnought (2012년 7월 19일 검색) ; Christopher Chant, Twentieth Century War Machines (London : Chancellor Press, 1999), pp. 12-16.

도 무결점의 심성과 인격을 보유한 이순신을 감안할 때, 거론된 외국 위인들의 모습은 허점과 약점이 많아 보인다. 엄밀한 의미에서, 이순신과 비교될 수 있는 업적, 심성, 자질 등을 보유한 외국 위인은 없다고 보아도 무방한 것으로 보인다. 또한, 이순신이 창안하여 건조한 거북선과 비교되는 함정들은 해군 함정 발달사에서 새로운 시대와 새로운 유형의 해전 시대가 시작되게 한 것들이다.

6. 결론

본고에서 이순신과 관련된 외국 자료를 살펴본다고 하였지만, 실제로 분석 대상으로 선정한 자료는 일본과 영어로 쓰인 자료로 한정되었기 때문에 외국 자료 전체를 보았다고 할 수 없다. 그러나 이 두 종류의 자료가 사실상 외국 자료의 대부분을 차지한다고 할 수 있다.

외국 자료가 나타나기 시작한 것은 조선 말기이다. 그런데 역사소설가 시바 료타로(司馬遼太郎)는 이순신을 가장 먼저 연구하기 시작했다고 주장하였다.[32] 박은식(朴殷植)은 1915년에 발간한 『이순신전』 서문에서 "이순신을 칭하여 고금 수군의 제일 위인이라고 말하고, 또 영국의 넬슨보다 현명하다고 하는 것은 일본 사람이 공공연하게 전하는 말이다"라고 서술하였다.[33] 그러나 〈표 8〉에서 보듯이, 조선 말기에 이순신에 관한 자료는 서구인의 것이 일본인의 것보다 먼저 나타났다. 비록 이순신에 대한 본격적인 연구서가 아니지만, 서양 자

---

32) "이순신에 대한 연구를 살펴보면, 당시 한국인들은 이순신의 이름을 몰랐다. 훨씬 옛날에 잊혀져버렸다. 이순신을 발견한 것은 메이지(明治)의 일본해군이었다. 그를 연구한 것도 메이지 일본해군이었다." 司馬遼太郎, 1989, 『明治という國家』(東京 : 日本放送出版協會), pp. 210-211.

33) 朴現圭 · 權赫泰, 2003, "朴殷植『李舜臣傳』의 全文 발굴과 분석," 『이순신연구』, 창간호, pp. 232-233에서 재인용.

〈표 8〉 서양 자료에 나타나는 이순신의 이미지

연도	서양	일본	한국
1882	Griffis		
1884	Foulk		
1892	Jones	惜香生,	
1902		佐藤鐵太郎	
1903	Murdoch		
1905	Hulbert		
1906	Hulbert		
1907			현공렴
1908		佐藤鐵太郎	박은식, 신채호
1909			신문관 편
계	6	3	4

료의 출현 시기가 일본 자료보다 10년이나 더 빨리 나타나고 있는 것이다.

대부분의 외국 자료는 일본 위주의 전쟁사와 동양사를 연구하는 과정에서 이순신의 활약상을 언급할 뿐이다. 일본 자료에서 조선 말기에 소책자 형태의 전기를 찾을 수 있으며, 현대 자료에서는 에세이 형식의 서적이 많은 부분을 차지하고 있다. 서양 자료에서는 이순신 전기가 전혀 없으며, 이순신 위주의 연구서도 없다.

이 자료들은 외국인이 이순신을 연구한 이유를 짐작할 수 있게 해준다. 일본에서는 조선과 중국 대륙의 침략과 정복 노력을 다시 실패하지 않거나 한/일 간의 우호 관계 형성을 위한 현실적인 목적에서 그리고 서양에서는 일본의 침략과 정복 노력이 실패하게 된 원인을 전사적 측면에서 규명하기 위한 학술적 목적에서 각 이순신을 연구하였다. 이순신에 대한 질 높은 일본 자료가 직업 군인과 우익 역사학자들에게 나왔으며, 서양 자료가 퇴역 장성들과 동양학자나 전쟁사학자 혹은 선교사들에게서 나온 것은 바로 이 때문인 것 같다.

외국 자료에 나타나는 이순신의 모습은 조선의 위인이거나 한민족과 한국사 전체의 위인, 동양사의 위인이거나 세계사의 위인, 완전한 인간이거나 거의 신적인 경지에 오른 위인으로 4가지이다. 동양 자료와 서양 자료를 보면, 이 4가지의 더 구체적인 모습은 거의 비슷한 형태로 나타난다.

이러한 이순신의 모습이 나오게 된 이유는 한/중/일 삼국의 역사에 미친 영향, 전쟁 즉 임진왜란에 미친 영향, 전략, 전술, 심성, 자질, 천재성, 거북선으로 모두 8가지이다. 외국 자료는 이순신이 조선과 일본 그리고 중국의 동아시아 3국의 운명에 영향을 주었고, 수군을 이용한 해전의 승리로 지상전은 물론 임진왜란 자체의 승패까지 좌우하고 결정지을 정도로 큰 영향을 준 것으로 간주하고 있다고 할 수 있다. 또한 제해권, 해양력, 해상공격, 안전한 도해, 해상보급로 같은 근대적인 해양전략 개념이 이순신에게서 나타나며, 그 전략이 지상군의 전투와 전쟁까지도 좌우하는 결과를 낳았다고 보고 있다. 마찬가지로 이순신이 연안 전초전, 접현전과 백병전 대신 함포전, 기동전, 해상보급부대에 대한 공격과 같은 시대를 앞선 즉 근대적인 전술을 사용한 것으로 간주하고 있다. 외국 자료에 의하면, 이순신은 이러한 전략전술을 이용했기 때문에 세계 해전사상 위대한 승리를 할 수 있었다. 이순신 개인의 심성과 자질을 보면, 고매한 인격 그리고 강력한 용감성과 애국심 및 희생정신을 보유하고 있었으며, 전문지식과 지휘통솔력 및 정치외교력까지 겸비하고 있었다. 또한 과학기술의 재능까지 보유하여 당시 세계에서 최첨단 함정까지 건조하여 해전에 참여시켰다. 그러므로 장수라는 무인과 관리라는 공직자에게 필요한 심성, 자질, 능력은 물론 과학기술자의 능력까지 갖추고서 전쟁과 역사까지 좌우할 정도로 큰 영향을 준 공을 세웠기 때문에 외국 자료에서 이순신이 높이 평가되고 있다고 할 수 있을 것 같다.

실제로 외국 자료에서는 이순신이 9개국 15명의 외국 위인들과 비교되는 것을 볼 수 있다. 이순신과 비교되는 위인들은 최고의 전략전술가, 국가의 운명이나 전쟁의 승패에 결정적인 영향을 준 지휘관, 중요하거나 대규모 해전에서 승리한 지휘관, 해군의 제도와 무기체계 혹은 함정을 획기적으로 혁신한 해군개혁가들이다. 이들은 자국에서 군신이나 전신, 최고로 위대한 영웅, 해군의 아버지, 알렉산더 대왕이나 한니발 같은 위인 등으로 추앙되고 있다. 그러나 이순신의 해전에서의 연승으로 동아시아 3국의 전쟁과 국역사에 크고 중요한 영향을 주었으며, 거의 완벽에 가까운 해군사령관의 자질을 가졌고, 군인은 물론 한 인간으로서도 무결점의 심성과 인격을 보유한 이순신을 감안할 때, 거론된 외국 위인들의 모습은 허점과 약점이 많아 보인다. 엄밀한 의미에서, 이순신과 비교될 수 있는 업적, 심성, 자질 등을 보유한 외국 위인은 없다고 보아도 무방한 것으로 보인다. 또한 거북선과 비교되는 함정들은 해군 함정 발달사에서 새로운 시대와 새로운 유형의 해전 시대가 시작되게 한 것들이다.

동양과 서양에서 아순신을 이렇게 평가하는 것은 우리나라 사람들이 이순신을 '성웅'이라 부르는 것에 세계사적인 보편타당성을 부여할 수 있는 근거가 될 수 있을 것이다.

〈부록 1〉 외국 자료 목록

영문 자료

W. E. 그리피스 지음, 신복룡 역주, 『은자의 나라 한국』, 한말 외국인 기록 3 (서울 : 집문당, 1999).

ed. and int., Hawley, Samuel, Inside the Hermit Kingdom : *The 1884 Korea Travel Diary of George Clayton Foulk* (Lanhan & Plymouth : Lexington Books, 2008).

Jones, Geo Heber, "The Japanese Invasion," The Korean Repository, Vol. I, 1892.

Murdoch, M. A. James, *A History of Japan during the Century of Early Foreign Intercourse, 1542-1651* (Kobe : Office of the Chronicle, 1903).

ed. Weems, Clarence Norwood *Hulbert's History of Korea*, Vols. II (New York : Hillary House Publishers LTD, 1962).

Hulbert, Homer B., *The Passing of Korea* (1906).

vice-admiral Ballard, G. A., *The Influence of the Sea on the Political History of Japan* (New York : E. P. Dutton & Co., 1921).

Underwood, Horace H., M. A., Ph. D, *Korean Boats and Ships* (Seoul : Read before the Society, 1933).

Sadler, A. L., "The Naval Campaign in the Korean War of Hideyoshi," *The Transactions of the Asiatic Society of Japan*, second series, Vol. XIV, 1937.

Kiralfy, Alexander, "Chapter 19. Japanese Naval Strategy", in ed. Edward Mead Earle, *Makers of Modern Strategy : Military Thought from Machiavelli to Hitler* (Princeton : Princeton University Press, 1943).

Lieutenant Smith III, Roy Campbell, "Yi-Sun Sin Defeated Japan at Sea," *United Naval Institute*

Proceedings, Vol. 70, No. 496, June 1944.

Marder, Arthur J., "From Jimmu Tenno to Perry : Sea Power in Early Japanese History," *The American Historical Review*, Vol. LI, No. 1, October 1945.

United States *Naval Institute Proceedings*, Vol. 83, No. 7, July 1957.

Captain Hagerman, George M., "Lord of the Turtle Boats," *United States Naval Institute Proceedings*, No. 778, Vol. 93, No. 12, December 1967.

버나드 로 몽고메리 지음, 승영조 옮김, 『전쟁의 역사』, II권 (서울 : 책세상출판사, 1995).

"대처 首相 晩餐辭 〈요지〉," 「동아일보」, 1986년 4월 10일자 기사.

Parker, Geoffrey, *The Military Revolution : Military Innovation and the Rise of the West, 1500-1800* (Cambridge & New York : Cambridge University Press, 1988, 2nd ed. 1996).

Turnbull, Stephen, *Samurai Warfare* (London : Cassell Imprints, 1996).

Glete, Jan, *Warfare at Sea, 1500-1650 : Maritime Conflicts and the Transformation of Europe* (Abinglo : Routledge, 2000).

Guilmartin, John F. JR., *Galleons and Galley* (London : Cassell & Co, 2002).

Turnbull, Stephen, *Fighting Ships of the Far East (2) : Japan and Korea AD 612-1639* (Botley & Long Island City : Oeprey Publishing, 2003).

Hawley, Samuel, *The Imjin War : Japan's Sixteenth-Century Invasion of Korea and Attempt to Conquer China* (Berkeley & Seoul : The Institute of East Studies University of California & The Royal Asiatic Society Korea Branch, 2005).

Strauss, Barry, "Korea's Legendary Admiral," *The Quarterly Journal of Military History*, Summer 2005, Vol. 17, No. 4. http://blog.daum.net/han0114/17045682.

Swope, Kenneth M., "A Dragon's Head & a Serpent's Tail : Ming & the First Greater East Asia

War, 1592-1598," *The Journal of Military History*, 69, January 2005. ; 성균관대 동아시아

학술원 BK21동아시아유교문화권교육연구단 ,『豊臣秀吉의 오만과 明 萬曆帝의 분노 : 명나라와

임진왜란』, 해외동아시아 석학 초청 학술강연회 발표문집, 2005. 8. 5.

Turnbull, Stephen, *The Samurai Invasion of Korea*, 1592-98 (Oxford : Osprey Publishing,

2008).

Lorge, Peter A., *The Asian Military Revolution from Gunpowder to the Bomb* (Cambridge :

Cambridge University Press, 2008).

Iain Dickie, Martin J. Dougherty, Phyllis J. Jestice, Christer Jörgansen, Rob S. Rice, Rice, *Fighting

Technique of Naval Warfare 1190 BC - Present : Strategy, Weapons, Commanders, and

Ships* (New York : Thomas Duane Books, 2009). ; 이에인 딕키 외 공저, 한창호 옮김,『해전

(海戰)의 모든 것』, 서울 : Humand & Books, 2010.

Swope, Kenneth M., *A Dragon's Head and a Serpent's Tail : Ming China and the First Great East

Asian War, 1592-1598* (Norman : University of Oklahoma, 2009).

Mingi, Hyun, "Geobukseon, Turtleship c. 1592," in ed. Lambert, Andrew, *Ship : a History in Art

& Photography* (London : Conway, 2010).

중국 자료

"失祈父之爪牙且喪令鮮之百雄." 李殷相 譯,『完譯 李忠武公全書』, 下 (서울 : 成文閣, 1989).

"李舜臣有經天緯地之才補天浴日之功又具奏干." 柳成龍 著, 南晩星 譯,『懲毖錄』(서울 : 玄岩社, 1970).

李芬,「行錄」, 李殷相 譯,『完譯 李忠武公全書』, 下 (서울 : 成文閣, 1989).

楊通方, "壬辰.丁酉亂과 明軍의 役割,"『第二回 國際海洋力 심포지엄 發表文集 - 主題 : 壬辰倭亂과 海洋力』

(大韓民國 海軍 . 海軍海洋研究所, 1991. 8).

南炳文.湯綱,『明史』, 下(上海人民出版社, 1991). 韓明基, "정유재란 시기 명 수군의 참전과 조명연합작전,"
　　　『軍史』, 제38호, 1999.

中國海軍百科全書編纂委員會 編,『中國海軍百科全書』, 上(北京 : 海潮出版社, 1999)

陈贞寿,『図设 中国海军史』, 上 : 古代−1955(福建教育出版社, 2002. 10)

杨金森.范中义,『中国海防史』, 上冊(北京 : 海軍出版社, 2005).

일본 자료

惜香生,『文祿征韓 水師始末 朝鮮 李舜臣傳』(東京 : 偕行社, 1982).

佐藤鐵太郎,『帝國國防史論』(水交社, 1908).

水野廣德,『此一戰』(東京 : 博文館, 1911). ;『戰影・此一戰・空爆下の帝都』, 水野廣德傑作集(東京 : 潮文
　　　閣, 1939). ;『此一戰』(東京 : 圖書刊行會, 1978).

海軍中將 佐藤鐵太郎, "絶世の名海將李舜臣,"『朝鮮地方行政』(帝國地方行政學會 朝鮮本部 發行), 第6卷 2
　　　月號, 通卷 第62號, 1926.

佐藤鐵太郎 著, 阪谷芳郎 編,『大日本海戰史談』(財團法人 三笠保存會, 1926).

德富猪一郎,『近世日本國民史 : 豊臣時代』, 朝鮮役(東京 : 民友社, 1921−22).

靑柳南冥,『李朝史大全』(京城 : 朝鮮史硏究會, 1922).

杉村勇次郎,『軍事的批判 : 豊太閤朝鮮役』(東京 : 日本學術普及會, 1922).

川田功・野田果重,『砲彈を潜りて・斜陽と鐵血・ 軍服の聖者』(東京 : 戰記名著刊行會, 1929).

參謀本部 編纂,『日本戰史 : 朝鮮役』(東京 : 偕行社, 1924). ; 舊參謀本部 編纂,『日本の戰史 : 朝鮮の役』(東
　　　京 : 德間書店, 1955).

京口元吉,『秀吉の朝鮮經略』(東京 : 白揚社, 1939).

有馬成甫,『朝鮮役水軍史』(東京 : 海と空間, 1942).

難波專太郎, "日人이 쓴 李舜臣論,"『世代』, 1964, 6월호.

安藤彦太郎・寺尾五郎・宮田節子・吉岡吉典 編,『日・韓・中 三國連帶의 歷史와 理論』(東京 : 日本朝鮮研究所, 1964).

司馬遼太郎,『街道をゆく二』(東京 : 朝日新聞社, 1972).

司馬遼太郎,『明治という國家』(東京 : 日本放送出版協會, 1989).

藤居信雄,『李舜臣覺書』(東京 : 古川書房, 1992).

片野次雄,『李舜臣と秀吉 : 文祿慶長의 海戰』(東京 : 誠文堂新光社, 1983). ; 가타노 쓰기오 지음, 윤봉석 옮김, 『이순신과 히데요시』(서울 : 도서출판 우석, 1997).

槇浩史, "壬辰亂과 李舜臣의 戰略戰術,"『第2回 國際海洋力심포지엄 發表文集 : 壬辰倭亂과 海洋力』(大韓民國海軍・海軍海洋研究所, 1991. 8)

片野次雄, "壬辰・丁酉倭亂과 李舜臣 提督의 功勳,"『第2回 國際海洋力심포지엄 發表文集 : 壬辰倭亂과 海洋力』(大韓民國 海軍 海軍海洋研究所, 1991. 8).

片野次雄,『朝鮮滅亡』(東京 : 新湖社, 1995). ; 가타노 쓰기오 지음, 윤봉석 옮김,『일본인이 쓴 조선왕조 멸망기』(서울 : 도서출판 우석, 1998).

名越二荒之助,『日韓2000年의 眞實』(東京 : 株式會社 國際企劃, 1997).

기타지마 만지, 김유성・이민웅 공역,『도요토미 히데요시의 조선침략』(서울 : 경인문화사, 2008).

北島万次,『壬辰倭亂과 秀吉・島津・李舜臣』(東京 : 校倉書房, 2002. 7).

小川晴久, "조선의 수호신,"『海洋戰略』, 제128호, 2005. 10.

〈부록 2〉일본 자료에 나타나는 이순신의 모습

연 도	이 름	출 처	내 용
1892	석향생(惜香生)	『문록정한 수사시말 조선 이순신전』	조선의 운명을 구한 사람. 조선의 넬슨
1910	사토 데쓰타로 (佐藤鐵太郎)	『제국국방사론』	개세의 해군 장수. 넬슨이 견줄 수 없고 드 라위터에 필적할만한 인물
1922	도쿠토미 이치로 (德富猪一郎)	『근세일본국민사 : 풍신시대 – 조선역』	이기고서 죽고 죽어서 이긴 조선의 영웅이자 구국의 영웅
1922	아오야 나기 (靑柳南冥)	『이조사대전』	천년만년 이어질 영명(英名), 충성스럽고 용감하며 자랑스러운 호걸
1922	삼촌용태랑 (杉村勇太郎)	『군사적 비판 : 풍태합 조선역』	이순신이 강한 것이 아니었다. 우수한 점을 찾을 수 없다
1924	참모본부 (參謀本部)	『일본전사 : 조선역』	조선수군은 명장 이순신을 얻어 처음으로 효과를 보았다
1926	사토 데쓰타로 (佐藤鐵太郎)	'절세의 명 해장 이순신'	평생 경모한 해장. 드 라위터, 넬슨, 쉬프랑, 패러굿보다 우위에 있고 털끝만큼도 비난할 수 없는 명장
1929	카와다 이사오(川田功)	『포탄을 잠재우고』	세계 제일의 해군 장수
1930	사토 데쓰타로 (佐藤鐵太郎)	『대일본해전사담』	불세출의 명장. 절대적인 명장. 동서 해군 장수의 제1인자
1939	경구원길 (京口元吉)	『수길의 조선경략』	이순신의 재기로 제해권이 동요, 일본군의 진군불가, 경상도 연안으로 철수
1942	아리마 세이호 (有馬成甫)	『조선역수군사』	이순신이 일본 수군의 일부에게만 승리. 이순신은 천운과 일본수군의 준비부족으로 승리
1964	나니와 젠따로오 (難波專太郎)	'일인이 쓴 이순신론'	이조(李朝) 굴지의 명장. 이조 500년 중 가장 훌륭한 명장. 한국사에서 샛별처럼 빛나는 유일한 인물. 고금에 볼 수 없는 명장
1972	시바 료타로 (司馬遼太郎)	『가도를 가다』	조선의 으뜸가는 인물. 동양이 배출한 유일한 바다의 명장
1982	후지이 노부오 (藤居臣雄)	『이순신 각서』	꿈속에서도 미칠 수 없는 영웅. 해신(海神)과 신풍(神風)을 의인화한 이미지. 한반도 역사에서 홀로 우뚝 서있는 구국의 군신. 신장(神將)
1983	가다노 쓰기오 (片野次雄)	『이순신과 수길 : 문록경장의 해전』	세계 제일의 해군 장수. 세계에서 제일 가는 바다의 지장(智將). 조선을 국난에서 구한 수호신. 하늘이 내린 구국의 명장. 세계 굴지의 제독
1989	시바 료타로 (司馬遼太郎)	『명치와 국가』	바다의 명장. 제독으로서 대단한 활약을 한 멋진 인물
1991	전호사(槇浩史)	'임진란과 이순신의 전략전술'	해양을 지킨 훌륭한 장수
1991	가다노 쓰기오 (片野次雄)	'임진·정유왜란과 이순신 제독의 공훈'	명장 중의 명장. 세계 역사상 굴지의 영웅호걸

연 도	이 름	출 처	내 용
1892	가다노 쯔기오 (片野次雄)	『조선멸망』	조선수군의 명장. 제일의 구국 영웅
1910	기타지마 만지 (北島万次)	『도요토미 히데요시의 조선침략』	히데요시의 야망을 산산조각 냄. 충절과 지략으로 나라를 구한 인물
1922	오가와 루히사 (小川晴久)	'조선의 수호신'	조선의 수호신. 한국 민족의 가장 훌륭한 자식. 민족을 초월한 이상적인 인간상

〈부록 3〉 서양 자료에 나타나는 이순신의 모습

연 도	이 름	내 용
1882	William Elliot Griffis 미국 일본학자 (1843–1928)	조선 수군이 용의 발톱에서 진주를 빼앗음, 수군의 승리가 조선의 전투의지를 고취, 정유재란의 운명을 결정
1884	George Clayton Foulk 미국 해군장교 (1856–1893)	조국과 백성을 위해 일본군을 많이 죽인 통영의 영웅
1892	Geo Heber Jones 미국 감리교 목사 (1867–1919)	일본의 어떤 사령관보다 전투능력이 뛰어난 해군사령관, 조선 해역에서 일본군을 일소, 거북선은 미국 혁명기간 Monitor함의 원조
1903	M. A. James Murdoch 스코틀랜드 저널리스트, 언어학자(1856–1921)	조선을 구한 것은 해전, 히데요시가 계획한 것을 분명히 예측, Heber의 주장이 옳다, 승리 이유는 충각이 달린 장갑 거북선
1905	Homer B. Hulbert 미국 감리교 선교사 (1863–1949)	한산도 해전은 위대한 세계 해전 중 하나, 조선의 Salamis 해전, 침략에 대한 사형선고, 한국의 넬슨, 조선을 구한 사람, 거북선은 특수함정
1906	Homer B. Hulbert 미국 감리교 선교사 (1863–1949)	이순신의 충성심과 천재성이 일본군 증강을 불가하게 만듦, 이순신의 이름은 세계의 위대한 위인들과 나란히 놓을 수 있음, 한국의 넬슨, 전사당하는 것을 후회하지 않음, 일본 수군의 패배가 침략의지를 약화시켜 전란의 전환점이 됨
1921	G. A. Ballard 영국 해군제독, 역사가 (1862–1948)	트라팔가 해전과 워털루 전투보다 더 많은 병력이 참가한 전쟁, 해군전략가, 공격정신과 지휘통솔력 겸비, 전략적 상황파악 능력, 탁월한 재주, 천부적 재능, 기계개발 능력, Cochrane과 유사, 나일 강 해전과 유사, 건전한 판단, 시기적절한 전략적 이동, 해전사상 유례가 없는 단기간의 많은 승리, 한국의 위대한 제독, 넬슨·장 바르·블레이크보다 더 많을 것을 이룸, 피셔 경과 유사, 인류의 타고난 지도자 중 한 명, 조선의 Trafalgar 해전, 가장 위대한 해군장교, 넬슨과 대등한 인물, 아시아의 가장 위대한 해군사령관, 거북선은 동양의 Dreadnought 전함

연 도	이 름	내 용
1933	Horace H. Underwood 미국 선교사, 교육자 (1890-1951)	승리는 거북선 덕분, 드레이크와 하워드와 같은 생각, 살라미스·레판토·유틀란트 해전과 비교, 천재성, 앞선 전술, 자력으로 행동, 나라만 생각, 전공보다 승리만 생각, 평민노동자로 근무, 기사도, 천재성, 이순신의 정신, 세계적인 위인 중 한 명, 세계적인 명예의 전당에 오른 인물, Drake와 Howard와 대등한 인물, Drake와의 유사점과 차이, 세계사에서 가장 중요한 것으로 간주되는 해전, 드레이크의 카디즈 작전과 유사, 히데요시의 중국 정복 야욕과 꿈을 박살, 오늘날 잠수함, 해군 전투함 건조의 신기원
1937	A. L. Sadler 영국 동양학자 (1882-1970)	두려움 부재, 사기진작 능력, 함정 건조와 운용의 천재성, 이순신이 대담성·노련함·방책으로 조선 주변의 제해권을 장악하여 히데요시의 북중국 침략과 병합 계획을 좌절시킴, 해양력의 결정적인 효과에 대한 고전적 사례, 이순신 제독의 천재성이 히데요시의 의도를 무력화, 뱃전오르기 대신 장갑은 천재적 착상, 종렬진 함포사격, 조선 수군의 이점은 장거리 포와 함대사령관 이순신, 한국 영웅, 구국 영웅, 드레이크와 비교, 거북선은 어뢰정이자 보조정
1943	Alexander Kiralfy 미국 저널리스트, 군사학자(1899-1981)	중요한 순간에 이순신이라는 한 조선제독이 출현, 귀갑(龜甲)의 드레드노트급 전함(turtleback dreadnought), 장갑거북선(armored kopukson)
1944	Roy C. Smith III 미국 해군장교	한국의 천재적인 해군전략전술가, 뛰어난 정치력과 기지, 해양통제권 확보, 해상보급로와 교통로 지배, 침략군의 이동 불가, 최초의 철갑전함 발명가, 동양에서 가장 우수한 함정, 당대의 드레드노트 전함, 세계 최초의 철갑선, 유능하고 열정적인 이순신, 동양 역사에서 가장 위대한 바다의 전사
1945	Arthur Jacob Marder 미국 해군사가 (1910-1980)	해군의 천재, 극동에서 가장 앞선 전술, 동양의 넬슨, 눈부신 전술가·전략가·조선기술자, 효율적인 사령관, 무서운 이순신, 전선을 플랫폼으로 보는 동양의 전통을 깨고 화력의 관점에서 고찰, 16세기 Dreadnought 전함
1957	*Proceedings*, 표지 미국해군잡지	세계에서 가장 완전한 승리, 이순신 제독의 우수한 전술이 일본의 침략목적을 좌절시킴, 세계 최초의 철갑선
1967	George M. Hagermann 미국 해군장교 (1917-2010)	레판토 해전과 트라팔가 해전과 비교, 한국의 가장 위대한 영웅, 일본의 극동 정복을 300년 뒤로 미룸, 역사상 최초의 철갑선
1968	Bernard Law Mongomery 영국 육군 장군 (1887-1976)	뛰어난 장군, 전략가, 전술가, 탁월한 자질을 보유한 지휘관, 뛰어난 기계제작 능력, 해전의 승리가 지상 공격을 마비시킴, 철갑전함
1988	Geoffrey Parker 영국 역사가 (1943-)	이순신의 승리 이유는 왜구 금지로 인한 일본의 노련한 해군력 상실과 거북선 이용, 어뢰정처럼 공격, 가장 주목할 만한 전선
1996	Stephen Turnbull 영국 군사학자	노련한 해군지휘관, 일본군 교통로 차단
2000	Jan Glete 스웨덴 역사가 (1947-2009)	일본 수송선과 군수지원을 파괴, 일본 함대가 이순신이 지휘하는 조·중 연합함대에게 재기불능의 패배, 제해권 확보, 침략군 지상군의 고립

연 도	이 름	내 용
2002	John F. Guilmartin 미국 군사학자	해양력과 지상력의 전쟁, 타고난 리더 이순신의 기술혁신, 공로로 진급, 어리석은 자에게 불관용, 일본군을 각개격파, 해박한 해양지식 이용, 전술적으로 불완전하나 전략적으로 결정적인 해전 승리, 한국의 국가 영웅, 애국의 상징, 영국 넬슨과 터키 바바로싸에 필적, 히데요시의 중국황제자리 포기
2003	Stephen Turnbull 영국 군사학자	한국의 위대한 영웅, 한국의 구세주, 이순신의 해군 캠페인이 전쟁 국면을 바꾼 가장 중요한 사건, 해전으로 일본군 약탈 행위를 제한, 일본 보급부대를 공격, 연안 전초전 실행, 한국의 구세주
2005	Samuel Hawley 캐나다 소설체실화작가	7년 동안 이순신의 리더십이 비범에서 숭고로 숭고에서 전설로 바뀜, 넬슨과 드레이크와 비교 칭송, 일본 해군의 서진을 저지, 히데요시의 핵심적인 전쟁조직을 실패하게 함, 리더십, 탁월한 전술, 한국의 영웅, 목제장갑함인 거북선은 중무장 함선으로 일본 해군의 두통거리이자 한국인의 국민적 프라이드의 상징물
2005	Barry Strauss 미국 역사가	한산도 해전은 전략의 혁명, 일본의 한 팔을 자름, 청렴결백, 용기, 명석한 전략적 비전, 히데요시의 중국점령 야욕을 조절시킴, 역사상 해 · 육전에 그렇게 큰 많은 업적을 달성한 지휘관이 없다, 완벽한 장군, 전략가 · 전술가 · 기술혁신가 · 뛰어난 보급장교 · 훌륭한 행정가, 타고난 지휘관
2005	Kenneth M. Swope 미국 중국사학자	한국사에서 유일하게 가장 위대한 영웅으로 간주되는 인물, 한국의 가장 존경받는 역사적 인물, 유명한 이순신 제독, 일본침략기간 한국의 주요 해군사령관
2008	Stephen Turnbull 영국 군사학자	일본군 교통로 차단, 일본군 패배에 결정적인 역할, 사무라이의 한국 침략을 물리친 가장 위대한 영웅, 한국의 가장 위대한 영웅, 전 세계의 역사에서 걸출한 해군사령관 중 일인, 한국의 가장 유능한 리더이자 가장 위대한 영웅
2008	Peter A. Lorge 미국 중국사학자	이순신 제독은 포와 선박조종술로 해전에서 승리
2009	Iain Dickie & Martin J. Dougherty 영국 군사학자	일본이 보지 못했던 제독, 조선 수군의 장점을 인식한 유일한 사람, 대포의 성능을 이해, 기술혁신, 전투기법, 자비, 인정, 제해권 확보, 해상에서의 기술과 대포의 중요성 입증, 조선의 구세주, 이순신의 연승으로 조선은 5년간의 여유를 확보, 이순신의 탁월함 때문에 침략군이 후퇴, 이순신과 그의 거북선은 그가 구하고자 했던 나라에서 영원한 전설이 됨, 거북선의 무력화 공격, 철갑거북선
2009	Kenneth M. Swope 미국 중국사학자	용감성, 한국 역사의 가장 위대한 위인 중 한 명, 거북선의 화력과 기동성 덕분에 승리, 한국의 가장 위대한 국민적 영웅, 당대의 Sir Francis Drake와 비교되는 인물, 결코 잘못이 없는 인물, 이순신의 명성은 러일전쟁의 해전에서 승리를 기원한 일본 해군제독들의 노력에 기인
2010	Mingi Hyun	거북선은 16세기 후반 극동의 ship-killers, 이순신의 무패, 일본 함대의 규모를 신속하게 감소, 일본의 아시아 대륙에 대한 전쟁 노력 유지 불가

바다를
읽다
reading the sea

4장. 해양문학을 읽다

징비록을 통해 본 조선이라는 나라 | 김흥식

실학, 바다를 발견하다-『자산어보』 | 손택수

당신도 해양작가가 될 수 있다 | 양진영

한국은 섬나라다! | 강제윤

책『영화에 빠진 바다』를 말하다 | 김성준

I

징비록을 통해 본 조선이라는 나라

김흥식 | 서해문집 대표

대학을 졸업하기 전부터 책을 만드는 데 평생을 바치기로 다짐한 출판인. 도서출판 서해문집과 파란자전거 대표이면서 《징비록(옮김)》, 《세상의 모든 지식》, 《한글전쟁》, 《백번 읽어야 아는 바보(동화)》 같은 다양한 책을 옮기고 지어 발표하였다. 최근에는 인문학 강연을 다니느라 바쁜 나날을 보내고 있다. 그 어떤 책보다 고전의 깊이를 즐기고 그 경험을 이웃들과 나누고자 한다. 《징비록》은 그 과정에서 찾아낸 보석인데, 십여 년 전 새롭게 소개한 후로 대다수 시민들이 가까이 하는 고전으로 발돋움하게 되어 보람을 느끼고 있다.

1. 들어가며

《징비록》은 이제 우리나라 고전 가운데 가장 대중적인 관심을 끄는 책 가운데 한 권이 되었다.

그러나 불과 10여 년 전만 해도 이런 책이 있다는 사실을 아는 시민이 그리 많지 않았다. 그 무렵에는 임진왜란! 하면 떠오르는 책은 오직 이순신의 《난중일기》 한 권이었다.

필자가 《징비록》을 번역, 출간할 무렵 에피소드 가운데 압권은 출판사로 저자 류성룡 선생을 찾는 전화가 왔다는 사실이다. 그만큼 《징비록》과 류성룡은 낯선 존재였던 셈이다.

물론 그 전에도 1969년에 이민성 선생께서 번역한 《징비록》을 비롯해 몇 권의 책이 출간된 적이 있었다. 필자가 교과서에 가끔 등장하는 이 책을 접한 것도 을유문고본 이민성 옮김 《징비록》이었다. 그 책이 있었기에 오늘날 《징비록》이 시민 모두의 책이 된 것이다.

그런 《징비록》과 류성룡 선생이 이제는 전 국민이 알 만큼 알려졌다는 사실에서 고전 출판에 힘을 기울여온 필자로서는 보람을 느낀다.

그렇다면 필자는 왜 그 무렵 대부분의 사람들이 관심을 갖지 않던 고전인 《징비록》에 관심을 갖게 되었을까?

첫 번째로, 고등학교 때 배운 내용 즉, 조선이라는 나라는 일하지 않고 탁상공론만 일삼는 선비들과 벼슬아치들의 당파 싸움 때문에 망했다는 편견에 사로잡혀 있던 필자의 사고가 한 방에 깨지는 충격을 받았기 때문이다. 《징비록》에 등장하는 조선의 벼슬아치들과 선비들 가운데 나라와 백성은 도외시한 체 자신들의 이익만을 위해 행동한 이를 찾아보기는 쉽지 않았다. 물론 그들의 행동이 결과적으로 잘못된 것일 수도 있고, 전략이나 정책에 오류가 있을 수도 있다. 그러나 자신의 이익을 위해 백성들을 나 몰라라 한 선비나 벼슬아치보다는 나라와 백성을 위해 자신의 목숨을 언제든 바칠 준비가 되어 있던 이들이 훨씬 많았다. 그리고 그들의 위민(爲民)적인 삶에 감명을 받은 필자는 반드시 이 책을 시민들과 함께하고 싶었던 것이다.

두 번째로, 임진왜란이라는 400여 년 전 동아시아를 무대로 벌어진 전쟁의 의미가 교과서에서 배운 것보다 훨씬 다양한 의미를 품고 있다는 사실을 깨달았기 때문이었다. 역사적 사건이 다양한 의미를 품고 있다는 사실은 결국 후대에 끼친 영향이 매우 컸다는 말과 일맥상통할 것이다.

마지막으로 저자 류성룡 선생에 대한 존경심 때문이었다. 《징비록》을 읽다 보면 류성룡 선생의 인품은 논외로 치더라도 나라에 대한 이해도, 병법, 외교, 나아가 전술과 같은 사소해 보이는 부분까지 참으로 많은 부분에 관심과 조예가 있음을 확인할 수 있었다. 그리하여 조선의 벼슬아치를 선발하는 기준이 기존에 알았던 것처럼 시 몇 편 잘 쓰고 사서삼경을 누가 더 잘 외우고 있는가가 아니라는 사실을 깨달았던 것이다. 보국위민(報國爲民)은 조선 선비들이 갖추어야 할 기본 덕목임을 새삼 확인한 마당에 이러한 사실을 시민들에게 알리는 것은 먼저 깨달은 자의 의무라고 여겼던 것이다.

이러한 관심을 바탕으로 필자는 《징비록》을 시민들에게 널리 알리고자 나섰다. 그리고 그 결과는 다행히 긍정적인 성과를 낸 듯하다.

그러나 이로써 만족한다면 고전이 품고 있는 무한한 가치를 깨닫지 못하는 것이리라.

〈그림 1〉 징비록(懲毖錄). 국립해양박물관 소장

다음에는 역사에 문외한(門外漢)인 필자가《징비록》을 번역하고 그로부터 비롯된 역사적 호기심을 충족시키기 위해 공부한 내용을 두서없이 풀어놓고자 한다.

2. 전쟁은 왜 일어나는가?

전쟁은 우연히 일어나지 않는다.

오늘날 우리 사회에서는 북한, 중국, 일본, 미국, 그리고 우리나라를 둘러싼 적대적, 군사적 환경을 언급하며 늘 문제 삼는 내용이 있으니, 그건 바로 광기 어린 지도자가 우발적으로 전쟁을 일으킬 수도 있다는 것이다.

그러나 필자가 공부를 통해 확인한 바로 그런 일은 결코 없다. 전쟁과 관련해 역사를 돌이켜 보면 알 수 있는 사실이 있으니 첫 번째는 우연히, 그러니까 지도자가 우발적으로 기분 내키는 대로 전쟁을 일으킨 적이 없다는 사실이다. 만일 그런 일이 있다면 그건 전쟁이 일어날 수밖에 없는 상황에서 누군가가 도화선에 불을 붙인 것에 불과한 것이다. 제1차 세계대전이 세르비아계 청년의 오스트리아 황태자 암살로 인해 일어난 것이라고 간단하게 설명할 수는 있지만 그건 말 그대로 에피소드에 불과하다. 이미 그 사건이 아니라도 발칸반도를 둘러싼 세계 정세는 일촉즉발의 상황이었고, 결국은 전쟁으로 이어질 수밖에 없었던 것이다. 역사상 희대의 전쟁광으로 일컬어지는 히틀러도 전쟁을 철저한 계획 하에 일으켰으며 오늘의 시각에서 바라보면 터무니없는 전쟁(세계를 상대로 전쟁을 벌였으니 말이다)이었음에도 중반까지 그는 승리의 가도를 달려갔다.

두 번째는 전쟁을 일으키는 지도자는 절대 패배를 상정하지 않는다는 사실이다. 그러니까 어차피 망할 것, 될 대로 되라는 심정으로 전쟁을 일으키는 경우는 역사에서 눈 씻고 찾아

봐도 없다. 그럼에도 오늘날 우리 사회에는 그러한 시각이 상존(常存)하고 있는 것이 현실이다. 그러나 그 누구도 패배가 자명한 전쟁을 일으키지는 않았다는 것이 역사의 교훈이다.

임진왜란이라는 전쟁 역시 마찬가지다. 그러한 전쟁이 16세기 후반에 동아시아에서 발발했다면 반드시 발발할 수밖에 없는 요인이 잠재해 있었다는 사실을 깨닫는 것이 중요하다. 그렇지 않다면 왜 우리가 역사를 공부하겠는가.

반면에 우연히 어떤 미친 지도자가 전쟁을 일으킬 수 있고 승패 또한 하늘의 뜻이라고 여긴다면 그러한 전쟁은 예측 불가능하고 합리적 판단이 불가능하기 때문에 역사에 대한 연구도, 국제정세에 대한 검토도, 전쟁에 대한 준비도 필요치 않을 것이다. 모든 일이 우연히 발생할 수 있다면 우리는 우연에 의지한 전쟁이 일어나지 않기만 기도해야 할 것이다.

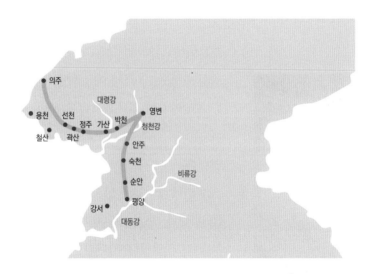

〈그림 2〉 선조의 피란길과 그 주변도

임진왜란을 지휘해야 할 최고사령관인 선조는 제 한 몸 피하기에 급급하였다.
지도는 평양 북부의 선조 피란길로, 그는 지속적으로 중국 땅으로의 피란을 주장하여 호종하는 신하들의 반발을 살 만큼 나라의 안위보다는 자신의 안위만을 생각했다. 이야말로 조선이라는 나라, 그리고 그 나라에 몸담고 살아가던 백성들의 비극이었다.

3. 임진왜란 전후 동아시아 환경

위에서 살펴본 시각을 상정한다면 임진왜란을 전후한 동아시아 환경은 전쟁이 일어날 수밖에 없는 상황에 처해 있었다고 보는 것이 합리적이다. 아무리 도요토미 히데요시가 비합리적이고 엉뚱한 인간이라 할지라도 수백 년 동안 혼란기를 지나고 있던 일본이라는 나라를 처음으로 통일시킨 인물이었다. 그런 인물을 우리 시각에서 볼 때 이상한 인간, 비합리적인 인간, 잔혹한 인간이라고 해서 애써 무시하는 것은 옳지 않다. 히데요시는 대단한 인물이었다. 그러하기에 일본 역사에 한 획을 그을 수 있었던 것이다.

그 무렵 일본은 처음으로 전국을 통일시킨 후 뿔뿔이 흩어져 있던 전국의 영주들을 하나로 통합하는 노력이 필요했다. 그러나 그건 쉽지 않은 일이다. 무력으로 통일이 된 후에는 문치(文治)가 따라야 하는데, 일반적으로 처음 통일을 주도한 인물은 문치에 약한 것이 역사의 교훈이다. 그래서 히데요시 또한 통일된 일본을 합리적인 방향으로 이끌기에는 약했던 인물이다.

그러하기에 히데요시는 일본이라는 섬나라 전체에 남아도는 무력을 어떻게 활용할 것인지 고민하고 있었다.

반면에 명나라는 날로 강해지는 북쪽 여진족, 후금(後金)이자 훗날의 청나라 주도 세력 때문에 매우 고통을 받고 있었다. 명나라는 정통 한족(漢族)으로 전쟁을 즐기는 나라가 아니었다. 그러하기에 후금의 영향력이 중국 본토로까지 침투해 오자 매우 어려운 상황에 놓여 있었던 것이다.

〈그림 3〉 도요토미 히데요시(豊臣秀吉)

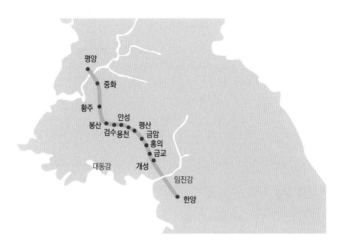

〈그림 4〉 한양에서 평양에 이르는 선조의 피란길

　명나라 건국은 잘 알려져 있다시피 조선의 건국 시점과 흡사하다. 조선은 친원(親元)파를 물리친 고려 말 친명(親明)파가 세운 나라다. 두 나라의 건국은 앞서거니 뒤서거니 하며 이어졌다. 조선이라는 국호(國號) 또한 명나라 조정의 승인을 받아 확정되었다는 사실은 널리 알려져 있다. 따라서 명과 조선의 관계는 같은 배를 탄 공동체라고 해도 지나치지 않을 것이다.

　그런데 조선은 일본과 달리 200여 년 동안 지속된 평화로 인해 전쟁에 대한 공포를 잊은 상태였다.

　이는 특별히 조선의 지배층이 무식하고 비합리적이어서가 아니었다. 남쪽의 일본은 국내 통일 문제로 인해 외부에 관심을 기울일 여력이 없었다. 그래서 동아시아 두 나라에 있어 남쪽으로부터의 위협은 말 그대로 국지적(局地的)인 수준에 불과했다.

　또 늘 한반도를 위협하던 북쪽 이민족 역시 중국 본토의 명나라를 상대로 하고 있었기 때문에 조선에는 별로 큰 관심을 기울이지 않고 있었다.

　물론 중국 본토를 공략한 후에는 반드시 한반도로 주의를 집중시키는 것이 이민족의 움직임이었지만(몽고도 원나라를 세운 후에는 고려를 침략했다), 그 무렵에는 여진족(만주족)의 주 관심사는 명나라였다.

　또 하나 중요한 사실은 한 나라가 군사적으로 긴장 상태를 유지하고자 한다면 반드시 백성들의 삶에 영향을 끼칠 수밖에 없다는 사실이다. 특히 조선 시대처럼 100년 동안의 경제 성장률이 21세기의 1년 치와 맞먹을 만큼 평탄한 사회에서 전쟁을 준비하기란 쉬운 일이 아니었음이 분명하다. 그러니 분명한 증거가 없는 한 지배계층은 백성들의 삶에 피해를 주어 가면서 전쟁 준비를 할 까닭이 없었던 것이다.

　그러다 보니 중간에 낀 조선은 태풍 직전의 고요함처럼 아이러니하게도 평화를 누릴 수

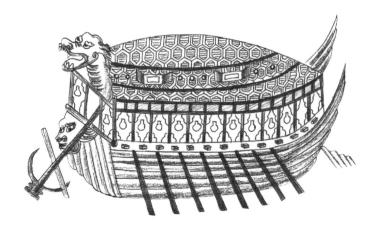

〈그림 5〉 거북선－임진왜란 때 이순신 장군이 실전에 효과적으로 사용한 세계 최초의 돌격용 철갑전선(鐵甲戰船)

임진왜란으로 풍전등화의 위기에 처한 나라를 구한 것은 백성을 위하고 나라를 지키고자 자신을 던진 선비와 벼슬아치, 그리고 백성들의 힘이었다. 불세출의 장수 이순신은 거북선을 만들어 왜적의 침략을 결정적으로 방어하는 데 성공했는데, 그의 위민보국의 정신도 순수하게 받아들여지지 못할 만큼 조선 지도층의 사고는 현실과 유리되어 있었다.

있었던 것이다.

그러나 그 평화는 남쪽이나 북쪽의 힘의 균형이 깨지는 순간 핵심 관심 지역으로 부각될 수밖에 없는 한시적인 것이었다.

이미 동아시아의 군사적 균형은 일본의 천하 통일로 깨지고 있었다. 그리고 태평천하를 만끽하고 있던 명나라의 빈틈을 놓치지 않은 만주족 또한 동아시아 불균형의 주역으로 성장하고 있었다.

4. 임진왜란의 발발

결국 1592년, 내적 통일을 이룬 남쪽 일본으로부터 동아시아의 균형을 무너뜨리는 전쟁이 시작된 것이다.

그리고 앞서 살펴본 것처럼 전쟁은 동아시아에서 가장 허약한 고리인 조선 땅에서 벌어지게 된다.

《징비록》을 읽다 보면 전체를 관통하는 시각은 그 무렵 조선이라는 나라가 얼마나 외부로부터의 자극에 약했는지, 얼마나 대외적 전략이 미비(未備)된 상태였는지를 확인하는 과정이다.

사실 임진왜란의 핵심은 새롭게 체제를 정비하고 넘치는 힘을 바탕으로 동아시아, 나아가 아시아 전체를 삼키려는 중세 기반의 일본 제국주의가 발현된 것이므로 조선이라는 땅은 일본 입장에서는 중간 기착지에 불과했다. 따라서 임진왜란은 실질적으로 일본과 명나라의 싸움이었다. 그런데도 가장 약한 고리인 조선이 전장(戰場)이 되었던 것이다.

명나라가 임진왜란에 내적 어려움, 즉 만주족과의 문제에도 불구하고 적극 개입한 것은

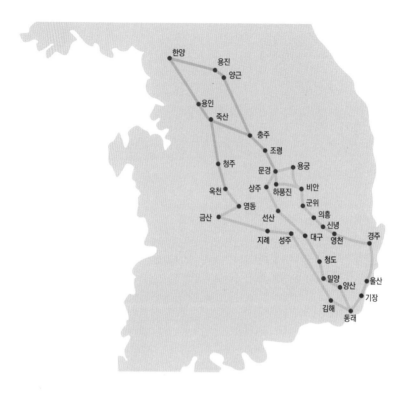

〈그림 6〉 왜적 침략 경로

부산에 상륙한 일본군은 세 방면에서 도성인 한양 공략에 나섰다. 오직 말과 수레, 보병으로 이루어진 일본군이 조선 상륙 이후 한양 점령까지 걸린 시간이 20여일에 지나지 않았다는 사실은 그 무렵 조선의 대외 방어 수준이 어느 정도인지를 잘 보여주는 사례라 할 것이다.

이러한 까닭 때문이었다.

그런데도 조선은 두 나라의 전략을 간파하지 못해 전쟁 대응에 우왕좌왕했고, 더욱이 최고지도자인 선조는 도저히 위기에 처한 나라의 군주라고 볼 수 없는 유약하고 이기적인 태도로 시종(始終) 일관했다.

그리고 그러한 결과는 당연히 백성의 처절한 피해로 이어질 수밖에 없었다.

그 와중에도 나라를 구하고자 목숨을 걸고 나선 이들은 평생 공부를 통해 위민보국(爲民報國)의 가르침 실행만이 사람의 도리라고 여긴 선비와 벼슬아치들, 그리고 내 나라 내 땅, 내 가족을 지켜야 한다는 일념으로 나선 백성들이었다.

그러나 어찌 보면 백성들은 조선을 구하는 일에 나서지 말았어야 했다. 자신들을 버린 나라를 위해 목숨을 걸고 싸운 결과는 다시 봉건제 국가의 부활이었으니 말이다.

〈그림 7〉 부산진 순절도

좌측에 부산포를 가득 메운 왜국의 배와 성을 둘러싼 수많은 왜군이 당신의 긴박한 상황을 잘 보여준다

5. 결과

임진왜란의 결과, 전쟁 당사자인 도요토미 히데요시 정권은 무너졌다. 이는 한 인간의 몰락이 아니라 한 나라의 멸망과 같은 것이다. 그리고 이는 역설적이게도 일본이라는 나라를 안정적인 나라로 만드는 데 큰 역할을 한다. 즉, 전쟁이 끝난 후 일본은 도쿠가와 이에야스에 의한 근대적 국가체제인 에도 막부가 선 후 수백 년 동안 태평성대를 구가하며 신흥 강대국으로 발돋움할 수 있었던 것이다. 이 배경에는 임진왜란을 통해 무력통일을 이룬 일본 내부의 넘치는 힘을 정리하고 그 틈을 이용해 문치(文治)의 토대를 닦은 역사적 필연이 있었다. 일본 정치의 핵심인 막부는 나라와도 같은 역할을 했기 때문이다. 그리고 그 뒤를 도쿠가와

이에야스의 에도 막부가 이어받았으니 일본에서는 임진왜란을 계기로 새로운 나라가 선 셈이다.

중국 또한 마찬가지였으니 명나라가 임진왜란의 후유증으로 인해 후금의 침략에 적절히 대처하지 못한 채 멸망하고 후금, 나아가 청나라가 중국을 차지하였다.

새롭게 중국 대륙을 지배하게 된 청나라는 근대적 국가체제로 성장하면서 2백여 년에 걸쳐 지구상에서 가장 강대한 나라로 우뚝 서게 된다.

그리고 자의든 타의든 중국과 일본은 16세기를 기점으로 전개되기 시작한 전 세계적인 흐름, 즉 봉건제 국가의 몰락과 그 뒤를 잇는 근대 시민국가의 형성이라는 파도에 올라타게 되었으니 이때부터 중국 대륙과 일본은 세계를 상대로 작동하기 시작한다.

근대 시민국가를 중세 봉건제 국가와 구분짓는 방식은 여러 가지 측면에서 가능하겠지만 첫째, 정치 질서에서 백성의 참여 둘째, 경제 분야에서 자유로운 교역 셋째, 사회 분야에서 시민교육의 확대라고 본다면 청나라와 에도 막부는 완전한 것은 아닐지라도 중세 봉건제 국가보다는 근대 시민국가에 더 가까운 체제였다.

반면에 조선은 타의에 의한 태평성대를 자신들의 것인 양 오인하고 있다가 외적 균형이 무너지는 순간 전혀 대응하지 못하였음에도 아이러니컬하게도 세 개의 전쟁 당사국 가운데 유일하게 구체제, 즉 중세 봉건

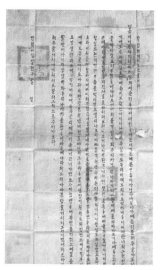

〈그림 8〉 선조의 국문교서

1592년 4월 30일 피란길에 오른 선조는 이듬해 10월 1일에야 양으로 돌아왔다. 선조는 한양으로 오기 전 9월에 교서를 내려 백성들에게 당부했다. 〈백성에게 이르는 글〉이라는 글로 백성들을 회유하는 내용이 담겨 있으며 백성들이 쉽게 알 수 있도록 한글로 되어 있다.
부산시립박물관 소장, 보물 951호

제국가의 체제를 그대로 유지하면서 살아남았다.

사실 이때 조선이라는 나라는 내적으로 멸망한 것과 다름없었다. 임진왜란을 계기로 조선이라는 신분 국가의 체제가 무너진 것이 이를 단적으로 말해주고 있다. 임진왜란 이후의 조선 사회상을 보면 양반-중인-노비의 신분 질서는 급격히 붕괴하였고, 그에 따른 사회 체제 또한 이전과는 사뭇 다른 방식으로 전개된 것이 사실이다.

그런데도 한반도에서는 허약한 나라를 대신해 새로운 나라가 설 수 있는 기회를 놓쳤으니, 실리외교라고 하는 근대적 시각을 갖추고 있던 광해군이라는 새롭지만 낯선 지도자를 결국 인정하지 못한 지배계층의 존재가 이를 웅변하고 있다. 이는 결국 그 후에도 지속적으로 조선이라는 나라의 문제를 해결하지 못한 채 수백 년 동안 지리멸렬한 나라로 유지되는 결과를 낳았으며 근대에 들어와 다시 한번 망국의 설움을 맛보게 되었던 것이다.

반대로 임진왜란 때 멸망한 남쪽과 북쪽의 나라를 대신해 들어선 에도막부와 청나라는 이후 내적 안정은 물론 외적으로도 서양에 당당히 맞서 동아시아의 시대를 여는 데 큰 역할을 할 수 있었다.

실학, 바다를 발견하다-『자산어보』

손택수 | 시인

1970년 전라남도 담양 강쟁리에서 태어나 부산에서 성장기를 보냈다. 지독한 향수병과 짝사랑을 앓다가 암울한 문학 소년 시절을 보내고 1998년 「한국일보」 신춘문예와 「국제신문」 신춘문예에 시가 당선되면서 본격적인 작품 활동을 시작했다. 지은 책으로 시집 『호랑이 발자국』 『목련 전차』 『나무의 수사학』, 청소년을 위한 고전산문 『바다를 품은 자 산어보』 등이 있으며, 현재 실천문학사의 편집주간으로 일하고 있다. 신동엽창작상, 오늘의젊은예술가상 등을 수상했 다.

'어려서는 얽매이지 않으려는 성격이었고 커서는 사나운 말이 아직 길들여지지 않은 듯 하였다. 무성한 수염에 구척장신으로 풍채가 좋아서 장비와 같았다. 귀양살이를 할 때는 어부들과 어울려 다시는 귀한 신분으로서의 교만 같은 걸 부리지 않았다.'

정약전에 대한 그의 아우 정약용의 평이다. 정조는 정약전의 장원급제 답안지가 서학에 물들어 있다는 상소문이 빗발치자 '그 형이 그 아우보다 낫다'는 말로 애써 그를 두둔했다. 승승장구하던 정약용에 대한 정적들의 견제가 배면에 깔려있다는 사실을 모르지도 않았거니와 무엇보다 자유분방하고 진취적인 당대 실용학풍의 모델로서 은근히 든든한 보호막이 되어주고 싶었을 것이다. 여러 차례의 과거 실패로 속을 태운 그의 아우와 달리 단 한 번의 시도로 급제를 하였으니 기대가 크기도 했을 것이다.

개혁군주 정조의 든든한 후원 아래 관료사회의 중심부로 진입한 그들 형제의 좌절은 정조의 갑작스런 죽음으로 인해 가속화된 천주교 박해와 관련 있다. 표면적으로는 주자학적 해석에 바탕한 유교 외의 어떤 다른 학문과 종교도 이 땅에 발을 붙일 수 없다는 것이었지만, 실상은 정약전 형제로 상징되는 개혁파 실학자들을 축출하

〈그림 1〉 어수문

는 것이 목표였다. '만민평등과 구원의 희망'을 내세운 천주교의 수용은 당대의 지배층에게는 체제에 대한 위협이었다. 타자를 사유하지 않는 사회는 정체되기 마련, 그것은 정조 시대에 한껏 봉오리를 피우기 시작한 개혁의 꿈이 구시대로 되돌아가고 마는 것을 의미했다.

1. 정약전, 죽음의 공포를 느끼며 바다로 가다

〈그림 2〉 흑산도 앞바다

1801년의 신유박해는 역설적이게도 이 땅의 바다에게는 달가운 일이었다. 신유박해가 없었다면 우리는 바다에 대한 중요한 자산 둘을 갖지 못하게 되었을지 모른다. 당시 당파는 달랐지만 신념은 같이 했던 두 유배객이 바다에 이르렀다. 김려와 정약전이 그들이다. 김려는 진해 쪽의 바다를 기록한 『우해이어보』를 남겼고 정약전은 흑산도 바다를 『자산어보』에 남겼다. 몇 년 간격을 두고 나온 두 어보는 물고기 상징이 천주교도의 신분을 나타내는 은밀한 도구였다는 것을 생각할 때 사뭇 의미심장하다.

그 이전까지 사대부 지식인들에게 바다라는 공간은 유배지에 지나지 않았다. '흑산이란 이름이 무서웠다'는 『자산어보』 머리말의 진솔한 고백에서 알 수 있듯이 동그랗게 말린 수평선이 포승줄처럼 옥죄어 오는 바다 한가운데서 정약전은 죽음의 공포를 느꼈다. 바다에 대한 공포는 유배객의 황폐화된 심회를 넘어 토지 지배를 목적으로 성립된 육지 국가의 무의식을 고스란히 드러낸다. 바다는 왜적과 해적이 들끓는 골칫덩어리에 지나지 않아서 조선 후기엔 아예 섬을 비워버리는 '공도정책'을 쓰기까지 한다. 제주도에서는 제주인의 육지 이동을 막기 위해 200년 가까이 출륙 금지령을 단행했다. 해양 정책이나 해양경영 마인드가 있을 리 만무했다. 육지의 중앙과 지방의 서열관계가 그대로 적용되는 바다는 본토로부터 이탈한 변경, 즉 오랑캐의 영토가 되었다. 정약전의 공포감이 이해할 만하다.

유배는 '실학의 바다 발견'이라는 뜻밖의 예상치 못한 경이를 역사에 돋을새김 한다. 공허한 관념이 아닌 구체적인 현실에 토대를 둔 실사구시를 감각화한 그들은 육지 중심적 시선을 접고 바다의 진면목을 바라본다. 고정관념에서 탈피하자 바다는 유배의 적적함을 달래주는 공간으로 그치지 않고 기기묘묘한 생동감과 생명의 파노라마로 꿈틀거리는 현실 탐구의 대상이 된다. 머리말에서 김려는 "뱃사람과 고기잡이와 더불어 서로 너라고 하였으며, 어류와 패류와 더불어 우애를 유지했다" 하였고, 정약전 역시 섬사람들과 신분을 뛰어넘어 교류를 하는 가운데 "치병, 이용, 이치를 따지는 집안에 있어서는 말할 나위도 없이 물음에 답하는 자료가 되리라" 했으니 만민평등과 만물평등의 신념이 마침내 어보를 통해 구현되었다고 해도 지나치지 않겠다. 바다야말로 망각의 공포를 넘어서서 육지 권력으로부터 자유로워진 유배객을 진정한 주체로 거듭나게 하는 실사구시의 빛나는 공간이 되어주었던 것이다.

흑산도와 강진을 오가는 홍어배를 통해 서신을 주고받았으리라 짐작되는 정약용은 바다 공간을 국가기구의 전반적인 개혁을 논하는 정책 입안의 공간으로 확장한다. 『경세유표』에서 그는 "섬은 우리의 그윽한 수풀이니 진실로 한번 경영만 잘하면 장차 이름도 없는 물건이 물이 솟고, 산이 일어나듯 할 것이다."라고 했다. 나라 안의 모든 섬과 바다를 관리할 부서를 만들어 체계적인 해양 경영으로 백성과 국가의 부를 살찌우자는 내용이었다.

정약전과 정약용이 주고받은 서신에는 마치 사물 앞에 처음 선 아이와 같은 천진한 궁구들이 펼쳐진다. 가령, "인체의 피의 영양과 분량도 조수 소식과 더불어 오르내리는데 그 까닭을 알 수 없으니 진실로 답답한 일이다"라는 정약전의 질문에 정약용은 '이것은 태양 때문이다. 초하루와 보름날 태양과 달과 물이 일직선으로 놓이게 되면 조수가 차고, 상현과 하현에 삼각형을 이루면 조수가 준다'고 답한다. 자연의 변화를 살피면서 우주의 기운을 읽고 인체의 피의 영양과 분량까지 조석의 흐름으로 이해한 혜안이 실로 경탄스럽기만 하다.

2. 유배가 낳은 진귀한 바다 기록

정약용은 어보를 준비 중이라는 가형의 말을 듣고 초기부터 기민한 관심을 표한다. 정약전의 애초 구상은 그림과 설명이 함께 들어있는 어류도감이었다. 그림에 관해서라면 그의 예사롭지 않은 솜씨를 절두산 성지에 전시된 〈동물도〉를 통해 확인할 수 있다. 그는 유유히 흐르는 냇가에 소풍을 나온 듯한 흰 염소 두 마리의 눈곱까지 그리는 꼼꼼한 묘사력을 한껏 과시한다. 바늘구멍사진기의 원리로 자신의 집 암실에 유리를 장치한 뒤 반대쪽 벽에 거꾸로 맺힌 그림자를 따라 초상화의 초본을 뜨기도 했다는 일화를 남긴 그답다. 이 그림 앞에 서면 사물의 이면을 꿰뚫을 듯 생동하는 눈과 수염 한 올 한 올에 대한 극사실적인 화풍으로 이

〈그림 3〉 정약전의 〈동물도〉. 절두산 순교성지 부설 박물관 소장

름난 공재 윤두서의 자화상이 자연스럽게 연상된다. 공재는 그의 외증조부다.

공재의 필력을 정약전을 통해 감상할 수 있는 기회는 정약용의 개입으로 좌절된 것으로 보인다. '해족도설(海族圖設)'의 집필에 정약용은 응원을 보내면서 그림을 그려 색칠하는 것이 여의치 않음을 지적한다. 아우의 조언을 받아들인 그는 그림을 생략하는 대신 설명과 묘사를 더욱더 치밀하게 했다. 『자산어보』는 매체의 제약이 표현을 더 활성화시킨 사례들로 충만하다.

큰 놈은 길이가 7~8자나 되는데, 동북 바다에서 나온 놈은 길이가 사람의 두 키 정도까지 간다. 머리는 둥글고, 머리 밑에 어깨뼈처럼 여덟 개의 긴 다리가 있다. 다리 밑 한쪽에는 국화꽃 모양의 둥근 꽃무늬가 두 줄로 늘어서 있다. 이것으로 물체에 달라붙는데 일단 물체에 달라붙고 나면 그 몸이 끊어져도 떨어지지 않는다. 항상 바위굴 속에 숨어 있길 좋아하고, 돌아다닐 때는 다리 밑 국화 모양의 발굽을 사용해서 나아간다. 여덟 개의 다리 한가운데는 구멍이 하나 있는데 이것이 입이다.

외형과 습성에 대한 사실적인 정보와 '국화에서 발굽'으로 미끄러지는 빨판의 시적 비유가 그림을 굳이 보지 않더라도 '문어'를 단박에 돋을새김 한다. 물고기의 이름을 표기하는 데 있어서도 이 출중한 능력은 십분 발휘되어 망둥이의 일종인 짱뚱어의 경우 '凸目魚'식으로 표기하여 눈이 툭 불거져나온 모습을 보지 않은 사람도 쉽게 알 수 있도록 했다. 그리고 그의 창작명 옆에 따로 '짱뚱'과 유사한 '장동어(長同魚)'라는 음차 표기를 달아서 현지인들의 방언을 살렸다. 불가사리는 '풍엽어(楓葉魚)'라고 했는데 흑산도 주민들의 발음인 '깨부전이'를 '개부전(開夫殿)' 식으로 표기하여 그 음을 유추할 수 있도록 했다.

관찰력과 묘사력 그리고 실제 현실에 토대를 둔 그의 명명법이 감탄스러운 것은 독특한 이름 짓기를 통해 바다 생물이 어느 종과 류에 속하는지를 한눈에 알아볼 수 있도록 했다는 데 있다. 가자미과에 속하는 넙치의 경우, 접어라는 대표종 옆에 '소접, 장접, 우설접, 금미접, 박접'과 같은 유사종을 두고 있다. 서양 사람들의 이름처럼 뒤에 나오는 '접'이 성이고 앞에 달린 수식어가 이름이 되는 셈이다. '접'이라는 공통분모 아래 이 종들은 모여 '접어류'가 된다. 그리고 접어류는 비늘 달린 '인류鱗類'라는 상위범주로 묶인다. '우설접'을 예로 들면, '우설牛舌'이라는 수식을 통해 이 종이 '소혓바닥만 한 두께와 크기'이며 접어류에 속하고 비늘이 달려 있음을 파악할 수 있다. '인류' 중 민어와 조기, 그리고 돗돔 등은 '석수어石首魚'라는 하위 항목으로 묶이고 있는데, 이 같은 분류는 이 물고기들의 귀 속에 있다는 석회질의 돌, 즉 이석을 공통항으로 한 것이다. 몸의 평형을 유지하는 이석의 존재가 현대와 와서야 밝혀진 점을 생각하면 실로 놀라운 일이 아닐 수 없다.

『자산어보』는 그러나 정약전 개인의 저작물로만 볼 수 없는 측면이 있다. 텍스트의 갈피갈피엔 섬사람들의 축적된 경험이 소상히 소개되고 있거니와 특히 그는 머리말에서 섬소년 '창대'의 존재를 분명히 한다. 창대는 "영남산 청어는 척추가 74마디이고, 호남산 청어는 척추가 53마디다"라고 하여 등뼈 수의 차이로 분류를 하는 근대 수산학의 발견을 일찌감치 선취한 소년이다. 이 이름 없는 섬소년의 해박한 정보가 없었다면 『자산어보』의 수심은 훨씬 더 얕아졌을 것이다. 강진 출신의 선비 이청 또한 빼놓을 수 없다. 구전에 따르면 정약전의 사후 『자산어보』는 한 장 한 장 뜯겨져서 섬집의 벽지로 사용되고 있었다고 한다. 하마터면 벽지가 되어 사라져버렸을지도 모를 운명의 유고를 구한 것은 정약용이다. 정약용은 바다 사정에 밝은 그의 제자 이청으로 하여금 필사케 한다. 이청은 필사를 하면서 중국 문헌들을 참조하여 각 항목 아래 방대한 주를 다는데 '청안'이라는 말 뒤에 따르는 인용들이 그것이다. 이 필사본이 국문학자 김태준 같은 이의 필사본과 함께 여러 필사본을 낳으면서 지금에 이르고 있는 것이다. 일제강점기의 수산학자 정문기 또한 이청처럼 필사를 했고 마침내 번역본을 내기에 이르렀다. 정문기의 노고는 대를 이어 그의 자제 정석조는 200년 전의 흑산도 바다와 현대의 바다를 비교하는 『상해 자산어보』를 펴내기도 했으니 '수윤 秀潤', 즉 '더욱 갈고닦아 빛내라는' 정약전의 뜻이 결코 헛되지 않았던 셈이다. 한승원의 『흑산도 가는 길』과 김훈의 『흑산』 같은 소설들까지 『자산어보』는 아득한 무한 상상의 수평선을 펼쳐 보이고 있다.

3. 오징어 먹물에 붓을 찍다

지식인을 속되게 이르는 말로 '먹물'이라는 말이 있다. 아무런 철학도 없이 지식을 한낱 자신의 밥벌이를 위한 기술로밖에 쓸 줄 모르는 사람들에게 딱 어울리는 말이다. 그들은 지식인은 될 수 있을지언정 지성인은 될 수가 없다.

오징어는 먹물을 품고 있다. 머리 생김새가 꼭 고상하게 학사모를 푹 눌러쓰고 있는 것 같다. 그렇다면 다리는 펜인가, 맙소사, 펜이 열 자루나 되다니! 생김새뿐만 아니라 그 습성도 사이비 지식인들과 유사하다. 무언가 마음에 들지 않을 때 연막탄 같은 먹물을 터뜨리고 도망가는 모습은 저장해 둔 지식을 사용해 자신의 안위를 지키기에 급급한 지식인들과 놀랍게 닮았다. 그러나 오징어 먹물은 지식인의 '먹물'과는 다르다. 현실에 아무런 도움이 되지 않는 공허한 지식 체계에 염증을 느꼈던 정약전은 당대의 '먹물'들에게 들으라는 듯이 오징어 먹물에 붓을 찍는 이야기를 남겨 놓고 있다.

> 등에는 기다란 타원형의 뼈가 있고 살은 대단히 연하다.
>
> 뱃속에는 알과 먹물 주머니가 있다.
>
> 만일 적이 자신을 공격하면 먹물을 뿜어내어 주위를 흐린다.
>
> 오징어의 먹으로 글씨를 쓰면 매우 빛이 나고 윤기가 있다.
>
> 다만 오래되면 종이에서 벗겨져 흔적조차 없어진다.
>
> 그러나 이를 바닷물에 담그면 먹의 흔적이 되살아난다고 한다.
>
> 고깃살의 맛은 감미로워서 회나 포에 모두 좋다.
>
> 또한 오징어의 뼈는 상처를 아물게 하며 새살을 돋게 한다.
>
> 말이나 당나귀의 등창에도 효험이 있는데,
>
> 이들의 등창은 오징어의 뼈가 아니면 고치기 어렵다.

이처럼 쓸모가 많은 게 오징어다. 제 잇속이나 챙기기에 바쁜 먹물 지식인들과는 얼마나 다른가. 그런데 여기서 정약전이 말하는 오징어는 오징어가 아니라 갑오징어다. 예전엔 갑오징어가 오징어로 불렸고, 지금 오징어라고 부르는 것은 '피둥어꼴뚜기'란 이름으로 불렸다. 그러던 것이 일제 강점기에 이르러 수산업 용어가 일본식으로 강제 통일되면서 갑오징어가 피둥어꼴뚜기에게 제 본래 이름을 넘겨주고 만 것이다. 정약전이 이 갑오징어 먹물에 실제 붓을 찍어 글을 썼는지는 알 수가 없는 일이다. 먹의 흔적이 되살아난다는 것을 자신의 체험이 아니라 간접 인용으로 말하고 있기 때문이다. 그러나 정약용은 실제 갑오징어 먹물에 붓을 찍었다.

> 『탐진농가첩』은 내가 귀양살이하던 중에 만든 것이다. 첫머리에 탐진농가라고 쓴 큰 글자 네 글자는 오징어의 먹물로 쓴 것이다. 사람들이 오징어 먹물로 쓴 글씨는 오래되면 탈색된다고 하는데, 그것은 진한 먹물을 매끄러운 종이에 썼을 때 오래되면 말라서 떨어지기 때문이다. 만일 갓 취한 신선한 먹물로 껄끄러운 종이에 쓰면 오징어 먹물로 쓴 글씨 또한 오래가게 할 수 있을 것이다.

당대의 관념적 지식인들에게 실망한 나머지 새로운 실천적 학문을 열어 갔던 학자답게 정약용은 떠돌던 이야기를 실제로 실험해 보았다. 당대 최고의 대학자가 오징어 먹물에 붓을 찍은 것이다. 오징어 먹물에 실제로 붓을 찍어 실험했을 만큼 정약용은 그들 형제가 유배살이를 하던 바다 환경에 관심이 많았다. 그래서 정약전이 『자산어보』를 구상하고 있을 때 조언을 하고, 해양에 대해 무관심한 조정을 비판하며 선진적인 해양 정책을 펼치기도 하였다.

정약용의 해양 정책은 나라 안의 모든 섬과 바다를 관리할 부서를 만들어 체계적인 해양 경영으로 백성과 국가의 부를 살찌우자는 내용을 골자로 한다. 그러나 다산 정약용의 이 주장은 받아들여지지 않았다. 토지 지배를 목적으로 성립된 육지 국가의 입장에서 바다는 골칫덩어리에 지나지 않았기 때문이다. 심지어 정약전 형제가 활동하던 조선 시대 중앙 정부의 관료 지식인들은 섬을 비워 버리는 정책을 쓰기까지 했다. 왜구의 난입으로 늘 귀찮은 문제를 만들어 내는 섬으로부터 아예 신경을 끊고자 했던 것이다. 이후 섬은 기껏해야 유배의 장소로나 여겨졌다. 나아가 바다의 시점에서가 아니라 육지의 연장으로서 섬을 바라보는 관점이 오랫동안 내면화되었다. 중앙과 지방의 관계처럼 육지와 바다 사이에도 서열 관계가 성립되어 섬은 한낱 본토의 중심으로부터 이탈한 변경에 지나지 않는 것으로 이해되었던 것이다.

오징어 먹물에 붓을 찍어 쓴 해양 정책에 관한 글은 나태한 중앙 관료 지식인들을 향한 비판을 포함하고 있다. 이 같은 비판 의식은 최근에 발견된 정약전의 『송정사의松政私議』에서 날카롭게 드러난다. 그는 중앙 정부의 감시를 받는 요시찰 인물이라고는 상상할 수 없을 정도로 단호한 어조로 당시의 소나무 정책이 백성들의 고통을 가중시키고 있음을 고발하고 있다.

백성들이 살아서는 들어갈 집이 없고, 죽어서는 몸을 눕힐 관이 없으며, 물에는 배가 없고, 일상생활에 연장과 도구가 없다면 어찌 하룬들 변란이 없을 수 있겠는가. 대저 소나무 벌목은 금지해서는 안 되는 일이다. 공자나 안연이 지금 세상에 산다고 가정해 보자. 그들이 부모상을 당하고도 송금법 때문에 관을 만드는 예법을 폐하려 하겠는가. 공자나 안연조차도 범하지 않을 수 없는 법을 백성들에게 시행하려 해선 안 된다. 이미 나라는 소나무를 가꿀 힘이 없어 좋은 땅을 잔뜩 가졌으면서도 몽땅 불모지로 썩혀 두고 있다. 이는 내다 버리는 것이나 다를 바 없으니 차라리 백성들에게 넘겨준들 무슨 잘못이 되겠는가. 백성들이 열심히 노력하여 작은 산에도 나무가 자라게 된다면 큰 봉산(나라에서 나무 베는 것을 금지하던 산)에서 도벌하는 일도 자연히 사라지게 될 테니 나라로서는 오히려 이익이 될 것이다. 그리고 산을 백성에게 맡긴다 해도 그들의 산에 나무가 있다면 다급한 상황이 벌어졌을 때 베어 쓰는 것을 결코 아깝게 여기지 않을 것이다. 자고로 백성이 풍족하면 군주도 풍족한 법이다. 따라서 백성들에게 산을 나누어 주는 것은 위와 아래가 함께 이익을 얻는 방책이다. 일찍이 송정이 잘못되었음을 알고 있었지만, 남쪽으로 귀양살이 온 후 더욱 문제가 시급함을 느낀다.

간추린 『송정사의』의 내용이다. 다산에게 보내는 편지 형식의 이 논설을 통해 정약전은 소나무를 베지 못하게 한 송금 정책의 모순을 조목조목 비판하고 있다. 나무가 없는 땅은 물을 저장하지 못하고, 물을 저장하지 못하는 땅은 황폐해져 사막이 되기 마련이다. 이것이 현대 생태학의 가르침이라는 것을 생각할 때 정약전의 고찰은 참으로 탁월한 데가 있다. 더욱이 정약전은 규제와 처벌이라는 소극적 관리로부터 나무 심기의 동기를 제공하는 적극적 관리로 발상의 전환을 모색하고 있기까지 하다.

위 글에서 "일찍이 송정이 잘못되었음을 알고 있었지만, 남쪽으로 귀양살이 온 후 더욱 문제가 시급함을 느낀다."라는 구절을 주목할 필요가 있다. 이 구절을 통해 우리는 그의 문제의식이 섬과 바다를 만난 뒤에야 비로소 날이 서게 되었음을 확인할 수 있다. 살아서는 들어갈 집이 없고, 죽어서는 몸을 눕힐 관 하나 없이 비참한 삶을 연명하고 있는 사람들, 그들이 사는 섬과 바다를 만나면서 정약전의 민본주의적 의식이 마침내 꽃을 피우게 된 것이다.

오징어는 바다를 갈아 먹물주머니를 채운다. 옛날에 오징어 먹물에 붓을 찍은 사람이 있었다. 바다 속에서 나온 책 『자산어보』. 바다를 벼루 삼아 먹을 갈며 캄캄한 유배를 살던 사람의 이야기. 정약전에 따르면 오징어 먹물로 쓴 글은 유난히 반지르르 윤기가 돌았다고 한다. 그 글씨들 오래되면 희미하게 지워져서 마침내는 감쪽같이 사라지고 마는데, 바닷물에 담그면 먹빛이 그대로 되살아났다고 한다. 지상에서 잠시 반짝이다 져 버릴 운명을 위해 바다에 뛰어든 적이 있는가. 바다 속에 수장된 뒤 부활하는 말들을 꿈꾼 적이 있는가. 여기는

잠시도 망각을 견딜 시간이 주어지지 않는 땅. 그러니 먹물이 들려면 오징어 먹물쯤은 되어
야 한다. 막막하게 뻗어 간 수평선 위로 번지는 먹물을 뒤집어쓸 줄 알아야 한다.

-손택수, 〈오징어 먹물〉

바다는 늘 생동한다. 바다는 고여서 썩을 틈이 없다. 프랑스의 시인 발레리는 그래서 "바
다, 거듭 태어나는 바다!"라고 노래했다. 이 바다에서 나온 생생한 경험적 지식이야말로 참
된 먹물이다. 육지로부터 추방당해 바다에 이른 정약전 형제는 오징어 먹물 글씨가 사라지
듯이 자신들도 역사의 뒤안길로 사라져 갈 운명임을 잘 알고 있었다. 그러나 그들은 망각을
두려워하지 않았다. 그들을 추방한 육지의 먹물들이 망각을 두려워하며 권력 다툼에 골몰해
있는 동안, 망각의 공포를 견디며 바다로 더 깊숙이 다가갔다. 그리고 그들은 거기서 마침내
희미하게 사라져 버린 먹물 글씨들이 바닷물을 만나 다시 살아나듯이 부활했다. 오징어 먹
물 글씨 이야기는 이들의 깨어 있는 지성을 조금도 퇴색되지 않은 채로 전해 주고 있다.

4. 정약전의 바다가 던지는 질문

『茲山魚譜』의 명칭 문제를 두고 학자들 간에 설이 분분하다. '茲山'은 예로부터 '자'로도
읽고 '현'으로도 읽는다. '자'로 읽을 때는 '순수하게 검다'는 뜻이고, '현'으로 읽을 때는 '검
붉다'는 뜻이다. 정약용이나 정약전이 실제 어떤 음을 선택했는지는 알 수가 없다. 다만, '나
무 목木' 둘이 모이면 '수풀 림林' 자가 되어 음이 바뀌듯이 '검을 현' 둘이 모인 '茲'도 그 음
이 '현'에서 '자'로 바뀌는 게 상식이라는 점을 애써 외면하지 않아야 한다. 또한, 정약전 본
인이 '茲는 黑자와 같다'고 했으므로 순수하게 검은색을 가리키는 '자'음으로 읽는 게 마땅

해 보인다. 정약전은 가마우지를 표기할 때도 '검을 노盧' 자와 '검을 자玆' 자가 붙은 한자를 빌려와 '노자鸕鷀'라고 하였다. 음(盧, 玆)과 뜻(鳥)이 더해진 형성자로서 그 소리가 모두 음에 귀속되어 읽히고 있는 것이다. '玆'가 '현'이 아닌 '자'로 읽혀야 할 강력한 이유이다.

'자산'이 '현산'으로 불린다고 해서 그 뜻이 더 심오해지는 것도 아니며, '현산'이 '자산'이 된다고 해서 그 뜻이 더 옅어지는 것도 아니다. '자산'은 '자산'으로 충만하다. 그러나, 지금의 우리는 바다에 관해 얼마나 알고 있는가. 사정은 200년 전의 육지 중심주의를 크게 벗어나지 못한 것 같다. 물때 하나 정확하게 측정 못해 우왕좌왕 참극을 실시간으로 목격해야 했던 세월호 침몰 당시의 무력한 바다를 기억해 보라. 그 해 우리는 참혹한 현실의 바다를 잊기 위해 〈명량〉이나 〈해적〉 같은 스크린의 바다에 기이할 정도의 열광을 보내며 집단적 트라우마를 달래어야 했던 것이 아닐까. 슬프다. 유배 기간의 고독을 빛나는 별자리로 바꾼 200년 전 '실학의 바다'는 묻는다. '바다의 실학'이 이 땅엔 과연 있는가 하고.

〈기본 자료〉

정약전, 정문기 옮김,『자산어보』, 지식산업사, 1977.

정약전, 정석조 역주,『상해 자산어보』, 신안군, 1998.

〈참고 자료〉

정약용, 박무영 옮김,『뜬 세상의 아름다움』, 태학사, 2002.

정약용, 박석무 역주,『다산산문선』, 창작과비평사, 1985.

김언종,「자산어보 명칭고」,≪한문교육연구≫ 21호, 한국한문교육학회, 2003.

정두희,「천주교 신앙과 유배의 삶, 다산의 형 정약전」,≪역사비평≫ 11호, 역사비령사, 1990.

정명현,「정약전의 자산어보에 담긴 해양박물학의 성격」, 서울대학교 과학사 및 과학철학 협동과정 석사논

　　　 문, 서울대학교, 2002.

당신도 해양 작가가 될 수 있다

양진영 | 9회 해양문학상 수상자

2012년 김만중문학상으로 등단, 11개 문학상을 수상했다. 시는 경상일보신춘문예, 6회목포문학상 등, 소설은 무등일보신춘문예, 천강문학상, 해양문학상, 등대문학상, 5회목포문학상, 경북일보문학대전 등. 한국외국어대학을 졸업, 미국에서 석사과정을 마치고 중앙일보 뉴욕지사 기자로 일했다

1. 해양 문학의 이해

1) 해양 문학의 유래

　해양 문학은 바다를 배경으로 한 문학 작품이라고 할 수 있다. 고대는 호메로스의 오디세이, 그리이스 로마 신화, 근현대는 D.디포의 로빈슨 크루소, H.멜빌의 백경(모비딕) (1951), E.헤밍웨이의 노인과 바다 (1952) 등이 대표작이다. J.베른의 해저 2만 마일(1970)은 바다를 배경으로, 원자력 잠수함의 출현을 예언한 공상과학 소설의 선구적 작품으로 해양 문학의 지평을 넓힌 작품으로 평가받고 있다.

　우리나라의 경우 성종 시절, 최부의 표해록 등 바다를 배경으로 하는 글이 많다. 난중일기도 대표적인 해양 수필로 간주되므로 3면이 바다로 둘러싸인 우리 민족의 삶에는 해양 문학의 전통이 오래전부터 전해져 왔다고 할 수 있다.

2) 우리나라의 해양 작가들

　부산을 기반으로 활동한 시인 김성식(해양대학교졸, 조선일보 신춘문예, 범양상선 선장)과 소설가 천금성(서울대 농대, 항해사, 한국일보신춘문예)이 선구자로 꼽힌다. 그밖에 여수, 군산 등이 해양문학상 등을 시행해 꾸준히 해양 작가를 후원하고 있다.

　그러나 이들 작가들도 전업이 별도로 있는 취미 작가였다. 배를 타면서 창작하는 경우가 많았고 은퇴 후 작가로 계속 활동해 유명해졌다. 때문에 해양 문학은 그 분야의 전문가 중에서 문학적인 소양이 뛰어난 예비 작가들이 키워나가는 것이 필요하다고 본다.

3) 우리나라 해양 문학의 위치

해양 문학의 개념과 범주가 모호하다. 기성의 소설 문법적인 측면에서 보면 해양이 배경일 뿐 순수문학, 장르문학과 등단 과정이나 기법 등에 차이가 없다.

서구에는 해양 문학이라는 별도 장르가 없다. 기성 작가들이 바다와 해양 체험에 대해서 쓴 글이 있지만 특별히 해양 문학이라는 별도의 장르로 구분되지 않는다. 우리나라의 경우 부산, 여수 등 주로 항구 도시에서 활동하는 해양 관련자들이 문학계에 뛰어들면서 내세운 하부 장르라는 점에서 중앙 문단에서는 크게 주목하지 않고 있다.

2. 전업 작가와 취미 작가의 차이

1) 한국인은 문학지향적이다

우리 민족은 조선 시대 성리학의 영향으로 사색적, 논리적, 문학적이라는 분석이 많다. 조선 시대에 유학자들은 시조, 가사 등 노랫말을, 궁중 여성들은 사씨남정기 등 궁정소설을 발달시켰는데 중국의 삼국지류, 일본의 고사기류 등 타국의 고대 문학과 비교해서 내면세계 묘사가 탁월하다. 그 결과 요즘 세대와 달리 전통 의식이 남아 있는 노인 세대는 창작 활동에 종사하는 소설가, 시인을 높이 평가한다.

예를 들어 우리나라에 국무총리 등 고위 관리의 기념관은 없지만 시인, 소설가를 위한 문학관은 큰 것이 50여 개, 작은 것까지 약 200개라고 알려지고 있다. 고인을 위한 기념관은 춘천 김유정, 봉평 이효석, 양평 황순원, 당진 심훈 등이 꼽히고 현재 생존한 문인을 위한, 태백산맥, 아리랑, 객주문학관 등이 대표적이다. 서양에는 생존한 문인을 위한 기념관이 없다는 점에서 예술 분야 종사자에 대한 우리나라의 정부와 지방자치단체의 투자는 특이한 현상이라고 하겠다.

2) 우리나라 문단과 등단 과정

현재 국내에서 활동하는 주류 문인, 작가들의 집단은 흔히 문단으로 불린다. 여기서 주류라는 의미는 국문과, 문예창작과 등 문학 관련 과정을 이수하고, 문학계가 공인하는 신춘문예 등 등단 과정을 거쳐, 현재 문학계에 큰 영향력을 발휘하는 문예지 등에서 주로 활동하는 소설가, 시인을 의미한다. 그 대척점에 서 있는 문인 그룹은 비문단으로 구분될 수 있다. 비문단은 장년, 노년층에 창작을 시작한 작가 등 문단 외에서 자생적으로 활동하는 문인이라 할 수 있다. 이렇게 보면 문학계에도 흔히 다른 사회 현상 같은 주류, 비주류가 존재하는 셈이다.

문단은 기존 사회 집단이 그렇듯 집단 내 이익이 존재한다. 선후배 작가 간에 밀당(밀어주고 당겨주는)이 일상화됐다, 삼겹살(혈연, 학연, 지연)에 따라 성장한다는 비판이 많다. 예전에는 사회적으로 인정받는 문학상을 등단 연도에 따라 순서대로 타거나 신춘문예, 문학상에서 자신이 가르치는 제자를 뽑는 교수도 많았다. 그런 폐해를 예방하려고 요즘은 심사위원을 교수, 재야 소설가 함께 하는 경향이다. 대한민국 문단에는 등단·원고 청탁·시집 발간·문학상의 4대 벽이 엄연히 존재한다는 점에서 취미 작가가 서울을 중심으로 활동하는 기성 문단에 들어가기는 매우 어렵다.

유명 소설가, 시인이 되려면 신춘문예, 중앙 문예지(문학과지성사·창작과비평사·문학동네·문예중앙 등)의 신인상을 받아 등단하고 이들 문예지의 후원으로 각종 신문과 잡지로부터 원고 청탁, 개인 인터뷰 등 홍보 기회를 많이 얻어야 한다. 그러나 이들 기성 문단은 선후배 관계, 학연으로 얽혀 있어서 중앙 문단에 속하지 못한 취미 작가는 공공 단체나 기관에서 주최하는 공모 문학상을 타는 수밖에 없다. 이런 점에서 부산, 여수의 문인단체가 후원하는 해양문학상 등은 해양을 배경으로 창작 활동을 하려는 작가들에게 매우 유익한 등단 기회를 제공하고 있다.

3) 전업 작가와 취미 작가의 구분

전업 작가는 창작을 직업으로 하는 사람들이다. 별다른 직업이 없이 오로지 시, 소설 등 문학 작품에 매달리고 거기서 나오는 수익으로 생계를 유지한다. 이런 전업 작가는 주로 문예창작과 출신 중에서 많이 배출돼 왔다. 대학 시절부터 창작에 전념해 다수의 시, 소설집을 발간하고 그 수입으로 생활하는 것이 10여 년 전까지는 가능했다. 하지만 근래 들어 이런 전업 작가는 그 숫자가 확연히 줄어들고 있고 현재는 전체 작가의 몇 %만이 창작을 전업으로 하고 있다. 미국과 일본의 1인당 연간 독서량이 10권 정도인데 우리나라의 경우 2권에 불과해 서적을 판매해 받는 인세로는 더 이상 규칙적인 가계 소득이 어렵다. 때문에 많은 작가들이 1차적인 직업을 가지고 여가 활용이나 자아 성취를 위해 문학을 이차적인 직업으로 삼아 문단에 뛰어들고 있다. 이런 창작자들은 전업 작가와 구분해 취미 작가라 할 수 있다.

해양 문학은 이런 취미 작가들이 많이 참여해야 활성화가 가능하다. 해양은 특히 전문적인 지식과 경험이 필요하기 때문에 바다 여행 경험이나 그에 따른 에피소드 등은 좋은 해양 문학의 소재는 아니다. 선장, 항해사, 근해 어업 종사자 등 바다와 직접적으로 관련이 있는 사람이 오랫동안 축적된 경험을 바탕으로 문단에 참여했을 때 수준 높은 해양 문학이 가능하다. 앞서 열거한, 해양 문학 분야에서 인정받고 있는 김성식, 천금성 등 일군의 작가들이 모두 수산업 종사자였다는 점이 이를 입증한다. 때문에 해양 문학은 해양, 어업에 관련된 전문인들이 본연의 직업을 유지하면서 취미 작가로 참여하는 것이 바람직할 것이다.

3. 취미 작가를 위한, 기초적인 시, 소설 작법

1) 강연자가 참고한 작법 서적

- 소설은 전상국 교수의 '당신도 소설을 쓸 수 있다.'
- 시는 오규원 교수의 현대시작법(문학과지성사, 1994)
- 지난 10년간 신춘문예, 문학상 당선작 약 400편
 문학상에 당선되려면 기성 시인의 작품보다 당선시를 읽는 것이 효과적이다.

2) 창작 교실에서 주로 쓰이는 작법 서적

- 김준오, 『시론』(삼지원, 1996)
- 안도현, 『가슴으로도 쓰고 손끝으로도 써라』(한겨레출판, 2013)
- 테드 휴즈, 한기찬 옮김, 『시작법』(청하, 1982)
- 나탈리 골드버그, 권진욱 옮김, 『뼛속까지 내려가서 써라』(한문화, 2000)

3) 취미 작가를 위한 시 창작 습관(조태일 교수, 시인)

시는 개인의 사유의 표출이기 때문에 표준화된 시 창작의 비법이 있을 리 없다. 즉, 누구나 시를 쓸 수 있다.

- 문학 체험을 많이 해라

좋은 시를 쓰기 위한 기초로서 독서 체험을 풍부하게 가져야 한다. 독서는 단순히 다른 사람의 글을 읽는 행위가 아니라 글쓴이의 체험, 사고, 감정, 인격, 사상 등의 총체적인 것과의 만남을 통해 새로운 세계를 접하는 계기가 된다. 그 결과 사물을 보는 방법이나 시각을 다양하게 만들고 사고를 깊게 한다. 우리는 어떤 소설이나 시를 읽고 감동을 받았을 때 자신도 그와 같은 작품을 쓰고 싶다는 강한 충동을 느낀다. 이러한 충동이 시 창작의 씨앗을 만든다.

- 사고를 깊고 풍부하게 하라

시 창작은 어떠한 것보다도 자신을 표현해 개성과 독창성을 발휘하는 창조적인 작업이다. 이 창조성과 개성의 근원은 다름 아닌 자신의 '사고'로부터 나온다. 사람들이 똑같은 사물을 보더라도 각자가 보는 관점, 느낌이 틀리다. 때문에 모든 창작은 다르고 누구나 시, 소설가가 될 수 있다.

시 창작에서 사고란 심오하고 거창한 사상을 의미하는 것은 결코 아니다. 그것은 명작을 통해서 알 수 있듯이 자기 삶과 주변의 사물을 함부로 보아 넘기지 않고 거기에서 새로운 깨달음과 진실을 발견하도록 하는, 사소한 생각의 힘을 의미한다.

- 쓰고 또 써 보면 시적 재능이 드러난다

시에 관심이 있고, 좋아하고 자기 스스로 써 보려고 한다는 것은 시적 재능의 싹을 갖고 있다는 표시이다. 자기 안에 무궁무진한 능력이 잠재되어 있더라도 노력 없이는 시적 재능은 스스로 솟아나지 않는다. 기성 시를 읽고 거듭 써 보는 일이야말로 자신의 잠재된 능력을 발견할 수 있는 가장 좋은 방법이다.

4) 문학상 당선시의 특징(이은봉 교수, 시인)

아래는 신춘문예, 문학상에서 심사위원이 중시하는 당선시의 요소이다.

- 有聯詩(多聯詩)일 경우에는 최소한 3연 이상의 구조를 갖는 것이 좋다. 그럴 때 연을 구성하는 시인의 능력을 알 수 있기 때문이다. 有聯詩이든 無聯詩(單聯詩)이든 적어도 20행 이상의 길이는 갖고 있어야 시인의 창작 역량을 알 수 있다. 그간의 예로 보면 25행 이상 35행 이하의 작품이 신춘문예나 문학상의 당선시로 많이 뽑히는 것을 알 수 있다. 당선시에서는 행이 없는 산문시보다는 행이 있는 자유시 형식을 상대적으로 선호하는 경향이 있다.

- 특정 종교의 색채가 드러나는 작품은 아주 뛰어나지 않으면 기피된다. 문학에서 종교 간의 논쟁을 야기할 필요가 없기 때문이다. 물론 우리 민족의 생활 속에 이미 깊이 침투되어 있는 불교 사상은 예외적이다. 그렇다 해도 종교적 사상은 완전히 육화하고 물질화하여 구체적인 형상 속에 감춰 표현하는 것이 좋다.

- 신문사에서 시행하는 신춘문예의 경우 서정시는 자기 시대에 대한 비판 정신을 바탕으로 한다. 실감 있는 현실의 경험을 바탕으로 새로운 시대를 향한 깊은 고뇌와 전망을 구체적

인 의지와 형상으로 담아낼 때 심사위원들의 관심을 끈다. 문예지나 일반 문학상에 당선되는 서정시와 비교해 신춘문예의 경우 정치적인 알레고리가 강화되어 있는 경우가 대부분이다. 심사위원들의 세계관이 좀 더 적극적으로 반영되기 때문으로 보인다.

　- 심사위원은 시에서 이미지 창출 능력을 중요하게 여긴다. 이미지는 묘사와 비유(직유, 은유, 상징 등)에서 발생한다. 그중 묘사 능력을 좀 더 귀하게 여긴다. 당선시에서는 묘사로서의 '언어 그림'이 이루는 완성미를 높이 평가한다. 그것이 시를 쓰는 기초적인 능력이기 때문이다. 비유의 능력 역시 소중하다. 지금까지는 생산되지 않은 새로운 비유, 엉뚱하고도 낯선 비유를 통해 참신한 이미지를 창출해낸 시가 심사위원들의 관심을 끈다. 작품 중에 이런 이미지가 하나라도 들어 있어야 시인으로서의 능력을 인정받을 수 있다.

　- 시적 대상이 완벽한 구도와 공간을 보여줄 때 더욱 주목을 받는다. 묘사에 의해서든 비유에 의해서든 이미지들이 발생하면 이는 곧바로 시적 화폭을 형성한다. 이때의 시적 화폭이 구체적인 삶의 공간(풍경) 혹은 자연 공간(풍경)을 이룰 때 관심을 끈다. 일종의 '언어 그림'을 보여줄 때 새로운 시인으로서의 창작 기량을 믿을 수 있다. 이때의 시적 공간은 대부분 마을, 동네, 방안, 정원, 옥상, 거리, 숲 등 삶의 구체적인 지점이 선택되는 경향이다.
　깨어있거나 생생한 자연 공간(풍광), 삶의 공간(풍광)을 갖는 시라면 더욱 좋다. 그럴 때 시어를 다루는 신진 시인의 기량을 좀 더 확실히 알 수 있다. 따라서 체험에 바탕을 둔 익숙한 경험의 공간을 낯설고도 새롭게 묘사해보는 훈련이 필요하다. 더불어 삶의 체험이 구체적인 이야기로 이루어져야 한다. 다시 말해 산문의 스토리텔링이 시에서도 구현돼야 한다.

　- 두 개 이상의 이미지들이 상호 대조, 대비되면서 날줄과 씨줄로 교직되어 가는 작품, 조

금은 복잡한 상상력을 내포하고 있는 작품이 선호된다. 단순하고 평범한 상상력을 소박하게 진술하고 있는 작품이 아니라 이미지들이 치밀하게 뒤엉켜 있는 작품, 이들 상상력이 복잡하게 뒤섞여 표현되어 있는 작품, 냉정한 자기 運算이 있는 작품이 관심을 끈다. 이때의 복잡함과 치밀함은 군더더기나 불필요한 사족이 아니다. 그것들이 이루는 다소간의 추상이나 관념은 충분히 용인이 된다.

4. 전업, 취미 작가의 작품 비교

1) 취미 작가의 해양 관련 시(9회 해양문학상 금상 수상작)

아래 신진련씨는 부산 어시장에서 경매사로 일하는, 대표적인 취미 작가이다.

오늘을 경매하다

– 신진련

길은 늘 바닷가에서 끊어지고

달리는 발자국들이 모이는 자갈치

새벽은 푸른 가슴을 열고

뭍에 오른 파도소리를 잠재운다

경매사가 종을 올리는 공판장

지친 트롤선이 마악 부려놓은

생선 비린내를 어루만지는 손가락이 있다

손가락이 움직일 때마다 기지개 켜듯 피어나는 꽃잎들

자갈치 꽃이 핀다

손가락이 만든 꽃잎은 바다의 기호

접은 수첩 뒤에서

바다의 주소를 옮겨 적는 동안

뭍에 내린 물 냄새가 옷을 갈아 입는다

가장 짜릿한 향기를 위해

손가락 끝에서 제 몸을 터뜨리는 물꽃들

접었다 폈다 새로운 기호로 태어나는 자갈치

꽃봉오리마다 아침이 만개하고 있다

(심사평) 이 시는 어판장 광경을 활기 넘치게 묘사했다. 경매사들의 손가락이 움직일 때마다 '접었다 폈다, 새로운 기호로 피어나는 자갈치' 풍경이 눈앞의 일처럼 생생하게 느껴진다. 심사위원 - 박덕규 단국대 문창과 교수

2) 전업 작가의 해양 관련 소설(9회 해양문학상 대상 수상작)

아래 소설은 작가가 해양 종사자가 아닌 관계로 바다를 배경으로 삼았을 뿐 등장 인물과 서사는 전통적인 소설 기법을 따르고 있다.

쇄빙선

–양진영

70시간이 지났다. 소나Sonar는 여전히 잠수정의 위치를 찾아내지 못했다. 백여 미터의 심해에서 사흘을 지새웠으니…… 겨우 석사과정을 마친 여자애가……. 하 대원은 남극 기지에서 자매처럼 지냈던 후배가 걱정돼 또 눈물이 날 것만 같았다. 종일 연구용 수중청음기에 귀 기울이고 있지만 구형 기기는 찌찍, 소리만 연발할 뿐. 탐사대장은 정 대원이 피오르 같은 U 자형의 해저 구덩이에 빠졌을지 모른다고 추정했다. 그런 곳은 해조류나 크릴새우의 사체가 퇴적돼 반사파가 제대로 잡히지 않는다.

"좀 전에 얼음 두께가 70센티미터였고 내일이면 한계치를 넘을 것 같다는데. 그때는 자력으로 항해할 수 없대요."

몇몇 동료가 연구실의 귀퉁이에 모여 소곤거렸다. 오전에 대장과 선장이 언쟁했다고 들었다. 이 쇄빙선은 최대 1미터의 평탄빙을 깨며 나아가는 수준이었다. 기온은 영하 20도 내외지만 초속 30미터의 폭풍설이 불어 체감온도가 영하 사오십 도를 넘나들었다. 며칠 더 지체하면 유빙의 두께가 3미터에 이를 것이고 그때는 미국의 대형 쇄빙선이 와야 했다.

"시드니에 정박 중인 그 배가 온다 해도 여기까지 일주일은 걸린대요. 눈발로 시계가 나빠서 비행기도 못 뜨고."

누군가 걱정스러운 말투였다. 선미에 헬기가 실려 있지만 천지가 하얗게 보이는 화이트아웃 현상으로 운항할 엄두를 못 냈다. 가장 큰 문제는 현 위치인 남위 77도의, 예측 불가능한 기상이었다. 폭풍설이 열흘이나 계속돼 얼음이 6미터를 넘어선 기록도 있었다. 그 경우 가까운 기지에서 구조기가 못 오면 수십 일을 해상에서 지내야 했다. 그것은 상상만 해도 오싹했다. 선실 밖을 쳐다보면 누구나 섬뜩하니까.

• • •
바다를 읽다

　눈보라가 모지락스럽게 휘몰아치고 있었다. 남극의 초겨울인 5월인 탓에 오후 세 시인데 몇 발자국 앞이 캄캄했다. 기실 바닷물은 조금 얼었다. 그 위에 차곡차곡 눈이 쌓여 빙해가 두꺼워지고 있었다. 깨진 틈새로 물이라도 솟으면 금세 얼어붙어 창검을 꽂아 놓은 듯 서슬이 퍼랬다. 하 대원은 유리창에 핀 성에꽃을 손톱으로 긁어 밖을 내다보았다. 칼바람이 끝났나 싶으면 총탄 같은 싸라기눈이 갈마들며 달려들었다. 극지를 지킨다는 요정이 더 이상 머물지 마라고, 그만 돌아가라고 눈싸움을 거는 것 같았다.

　해저는 이보다 덜할 테니까…… 견디기만 해라.

　하 대원은 긴장하면 그렇듯 손톱을 깨물었다. 심해잠수정에는 두 명이 하루 정도 사용할 비상식량과 산소통이 구비돼 있었다. 비상시 지침에 따라 내압실에서 움직임과 호흡을 최소화하면 여자 혼자서 사오일은 버틸 듯싶었다. 한데 하나둘 고개를 젓는 대원이 늘어 갔다. 이미 사망했을지 모른다고 예단하는 승무원도 있을 것 같았다. 3년 전, 침몰하는 배에 부하가 갇혔을 때 남편도 저렇게 고개를 저었을까. 하 대원은 계기판에서 눈을 떼지 않은 채 딴생각에 잠겼다. 고속정장이었던 남편은 사건 이후 극심한 우울장애와 사회 공포증을 보였고 지난해 종적을 감췄다.

　여성치고는 당찬 정 대원이 잠수정을 타려 했을 때 말렸어야 했다. 둘은 1년간 남극의 W기지에서 남방큰돌고래를 연구해 왔다. 해양생물학을 전공한 하 대원은 도구를 사용하기 시작한 그 물고기에 주목했다. 그것들은 해면동물의 천연 스펀지를 뭉쳐 주둥이를 감싸고 다녔다. 다른 생물의 공격으로부터 입 주변을 지키려는 지혜였다. 유인원이었던 인류가 옷을 고안해 몸을 보호한 것과 같은 원리이다. 도구를 쓸 줄 아는 생명체는 역사상 몇 종 안 된다. 큰돌고래는 석기 같은 기물을 통해 획기적으로 진화한 초기 단계의 인간과 비슷한 양태를 보이고 있었다. 그 포유류를 연구하려 월동 연구대에 자원했고 이삼십 마리의 무리를 꾸준히 관찰해 왔다. 임무를 마치고 귀국하는 길에 그것들의 본거지에 들어가 행태를 직접 보고 싶다는 정 대원의 청을 들어준 것이 화근이었다. 잠수정이 내려가자마자 폭풍설이 일더니 예정된 시간이 넘도록 떠오르지 않았다. 구형 잠수정은 부력의 원리를 이용한다. 추 같은 부력재를 가득 실어 그 무게로 하강하고 추를 버려 몸체를 가볍게 해 부상한다. 그렇다면 부력재를 버리는 기능에 문제가 있을 법했다. 가라앉은 곳이 초음파 통신을 방해하는지 그녀와 교신하는 수중음향 단말기도 이틀 내내 잠잠했다.

하 대원은 선교로 올라가 볼까 하고 창 너머를 힐끔댔다. 그곳에서 몇 시간째 탐사대장과 승무원들이 회의 중이었다. 이대로 떠나느냐, 마느냐를 놓고 고성이 오갔다는데……. 어제부터 갑판 출입이 금지되었다. 풍속이 초속 30미터를 넘어서면 똑바로 걷지 못하고 바람에 쓸려 간다. 뛰려고 했다가는 되레 돌풍에 휩쓸려 네댓 발짝쯤 나가떨어진다. 기지에서는 폭풍설이 심하면 몇 미터 앞이 흐릿해 대원끼리 로프로 몸을 묶고 다녔다. 더군다나 선상의 체감온도가 영하 40도를 넘어서고 있었다. 그 온도에서는 쇠막대기를 맨손으로 잡거나 피부가 노출되면 수 분 내에 동상에 걸린다. 영하 50도 이하에서는 목화나 털 같은 자연섬유만 견디고 방한복 같은 인조섬유는 부스러진다. 어쩌다 해치를 열고 내다보면 보온용으로 파이프에 덧씌운 알루미늄 포일이 단말마의 비명을 지르며 날아다녔다.

휘잉. 검센 바람이 쇄빙선을 통째 삼키려 들었다. 창밖에서는 믿어지지 않을 만큼 다발적으로 눈보라가 달려들었다. 영하 70도까지 내려가는, 남극점에 세워진 미국 기지는 십 년이면 눈에 파묻혀 건물을 새로 지어야 한다는데……. 이 배도 내일 새벽쯤이면 눈에 묻혀 화석이 되지 않을까. 아니면 커다란 유빙이 돼 찬 바다를 떠다니거나. 문득, 남극의 어느 해안가에서 보았던, 탐험대가 버리고 간 난파선에 승선한 듯 무서워졌다. 가무잡잡한 통나무 선체와 심하게 부식된 닻. 비운의 범선에 잠들어 있던 유령이 깨어나 구둣발을 쿵쿵대며 다가온다면……. 하 대원은 뜬금없는 상상에 겁먹어 얼른 책상의 도면으로 눈길을 돌렸다. 거

기에 오전에 대원들에게 설명한 구조 계획이 그려져 있었다. 돌고래를 이용하자고 했을 때

죄다 얼얼한 얼굴이었다. (...... 중략)

(심사평) 쇄빙선은 현장성과 전문성, 긴장과 밀도를 놓치지 않은 스토리라인으로 크게 주
목 받았다. 남극의 해양에서 해저 생물을 탐사하러 바다 밑에 들어갔다가 실종된 대원을 구
출하는 여성의 내적 심리가 잘 묘사된 작품이다. 여기에 돌고래를 이용해 심해 잠수정을 찾
는 장면이 극적 재미를 더하고 있다. 심사위원 - 박덕규 교수, 이광복 소설가

Ⅳ

한국은 섬나라다!

강제윤 | 시인/ 사단법인 섬연구소 소장

시인, 섬여행가, 사단법인 섬연구소 소장. 전라남도 가고 싶은 섬 가꾸기 자문위원. 인문학습원 섬학교 교장. 12년 동안 한국의 섬들을 답사하고 글과 사진으로 기록해 왔으며 사단법인 섬연구소를 설립해 섬이 지닌 원형의 가치를 지키는데 힘을 보태고 있다. 또 인문학습원 〈섬학교〉에서 5년째 매월 1회씩 섬 답사를 이끌고 있으며 전라남도 〈가고 싶은 섬 가꾸기〉 자문위원으로 섬들을 가꾸는데 일조하고 있다. 〈당신에게 섬〉〈섬택리지〉 등 다수의 저서가 있으며 〈섬나라, 한국전〉 등의 사진전이나 다양한 방송 활동을 통해 섬의 가치를 알리고 있다. 〈한겨레신문〉에 〈강제윤의 섬에서 맛난 밥상〉을 연재 중이다.

1. 지구가 아니라 수구다

사실 우리가 사는 행성은 지구(地球)가 아니다. 수구(水球)다. 표면의 70%가 바다인 물의 행성이다. 바다에서 보면 대륙 또한 물 위에 떠 있는 섬에 지나지 않는다. 대륙이 하나의 섬인 것처럼 아무리 작은 섬도 그 자체로 하나의 대륙이다. 곁에 있어도 같은 섬은 없다. 오랜 세월 섬마다 고유한 문화와 전통이 이어져 왔다. 하지만 외래 문물의 유입과 개발의 바람 앞에 섬들은 점차 원형을 상실해가고 있다. 멀지 않은 시간에 이 나라 대부분의 섬들이 사라질 것을 예감한다. 육지와 연결이 되고 독자적인 문화가 퇴색된다면 섬도 더 이상 섬이 아니다.

한국은 섬나라다. 무려 4,500여 개나 되는 크고(島) 작은(嶼) 섬(도서)들이 동서남해에 흩어져 있다. 그런데도 우리는 우리 땅이 좁은 줄은 알지만 우리의 바다가 얼마나 넓은 줄은 모른다. 영토의 3배가 영해다. 그 영해의 중심이 섬이다. 바다로, 섬으로 가면 우리는 더 넓은 세상과 대면할 수 있다. 육로는 사방이 닫혀 있지만 섬의 길은 어느 쪽으로도 열려 있다. 섬에서 우리는 움츠러들어 있던 정신의 근육을 무한대로 키울 수 있다. 누구도 바다를 떠나 살 수 없다. 잊고 살지만 우리는 모두가 섬사람들이다. 누구는 큰 섬에 살고 누구는 작은 섬에 살 뿐이다.

2. 섬의 재발견

바야흐로 섬의 시대다. 전남 신안은 섬이 1004개라는 천사의 섬을 표방하고 통영은 섬이 526(현재 570개)개라 신안 다음으로 섬이 많다고 홍보한다. 여수 역시 '365 생일 섬'을 내

세우며 섬 관광 자원화에 열을 올리고 있다. 신안의 실제 섬 숫자는 900여 개 인데 인지하기 쉽게 섬 숫자를 약간 늘려 1004의 섬을 표방했다. 통영 또한 본래 섬이 250여 개였는데 몇 해 전부터 갑자기 526개의 섬이라 주장하고 있다. 섬으로 포함시키지 않았던 만조시 물에 잠기지 않는 암초들까지도 섬 숫자에 포함시켜 두 번째로 섬이 많은 지역이라고 선전한다. 365개 섬을 주장하는 여수에서 들으면 섭섭할 소리지만 홍보가 먹혀들어 많은 언론이나 여행기에 통영은 신안에 이어 두 번째로 섬이 많은 지자체로 등장한다. 317개의 섬을 가졌던 여수 역시 새로운 섬을 더 찾아냈다며 일 년 365일과 같은 365개의 섬으로 홍보하고 있으니 통영시만을 탓할 일도 아니다.

섬들이 전례 없이 관심을 받는 것은 반가운 일이지만 섬에 대한 관심이 진정으로 섬 주민들과 섬을 위한 일이 될 것인지는 회의적이다. 뭍에서 더 이상 개발 거리를 찾지 못한 개발업자들이 섬을 새로운 먹잇감으로 노리고 있기 때문이다. '명품 섬'이니 '가보고 싶은 섬'이니 하는 따위의 섬 개발 프로젝트를 보면 대체로 섬 주민이 아니라 개발업자들만 배불리는 막가파식 개발이 대부분이었다. 삼천포 신수도 명품섬 개발처럼 자동차 한 대 없는 섬에 포장도로를 만드는데 예산을 다 써버리거나 대매물도 가보고 싶은 섬 개발처럼 기획사만 배불리고 섬에는 남는 것 없이 끝나는 경우가 허다하기 때문이다. 그런 사태를 방지하기 위해서는 섬개발의 주체가 섬의 주인인 주민이 되어야 한다. 섬 주민들이 섬에 대한 인문학적 소양을 키울 필요가 있고 안목을 넓힐 필요가 있는 것은 그 때문이다.

3. 섬 나라 한국!

삼면이 바다인 나라. 그 바다에는 수많은 섬과 이야기들이 널려 있으나 아직까지도 육지 사람들은 섬에 대해 잘 모르고 관심도 적다. 섬은 여전히 미지의 세계이고 함부로 범접할 수 없는 땅이다. 한국 섬 숫자 또한 정확한 통계가 없다. 정부기관마다 발표하는 섬 숫자가 다르다.

〈한국통계연감〉은 한국엔 모두 3170(무인도 2679, 유인도 491, 2005년 기준)개의 섬이 있다고 하는데 행정자치부는 3339(무인도 2876, 유인도 463, 2011년 기준)개의 섬이 있다 한다.

해양수산부는 3358(무인도 2876, 유인도 482개, 2014년 기준)개가 있다 주장하고, 국토교통부에서는 2015년 말 기준으로 총 3677개(무인도는 3191개, 유인도 486개 제주도 제외)의 섬이 있다고 발표했다. 국가에서도 섬을 제대로 파악하고 있지 못하는 것이다. 정확한 섬 숫자 통계 하나 없다는 것은 국가의 섬 정책이 없다는 뜻이다. 섬을 소외시키는 국가. 섬에 무관심한 육지 사람들. 그들에게 섬은 여전히 아득히 멀기만 하다. 한국이 섬 나라임에도 불구하고 우리가 섬을 멀게만 느끼는 이유는 무엇일까.

해상 왕국 고려의 예에서 보듯이 옛날 이 땅의 사람들은 바다를 이용해 세계와 소통했다. 세계로 향하는 통로로 기능했던 바다가 단절의 바다로 전락한 것은 조선 시대에 와서다. 고려와는 달리 조선은 명나라의 해금(海禁)정책을 추종해 적극적인 공도(空島)정책을 폈다. 왜적에게 대항할 힘이 없던 조선 정부는 섬과 바다를 포기한 것이다. 그 이전까지 바다와 섬은 육지보다 더욱 활력 넘치는 삶의 터전인 동시에 문명교류의 중심 공간이었다. 하지만 조선

시대 수백 년 동안 섬에 사람이 살지 못하는 비정상적인 상황이 계속되면서 바다와 섬은 점차 잊혀지고 버림받은 공간이 됐다. 사람의 거주가 시작된 이후에도 섬은 유배지로 이용되면서 고립이 심화됐다.

해양왕국이었던 백제나 장보고의 청해진이 바다와 섬을 기반으로 세계와 소통했다는 것은 잘 알려진 사실이다. 1976년 거문도의 장촌 마을 해변에서는 기원전부터 쓰이던 한(漢)나라 화폐 오수전이 다량 출토된 바 있다. 외딴 섬처럼 보이는 거문도가 실상은 고대부터 국제 해상 교류의 중간 기착지였다는 증거다. 영종도에서도 오수전 다량 출토된 바 있다. 지난 2000년에는 흑산도의 읍동 마을에서 신라 시대부터 고려 시대까지 이어진 국제해양 도시의 흔적들이 확인됐다. 이 땅이 세계를 향해 열려 있을 때 언제나 그 중심에는 바다와 섬들이 있었다.

우리는 우리의 땅이 좁은 것은 알면서도 우리의 바다가 얼마나 넓은 줄은 잘 모른다. 오랫동안 좁은 땅에 갇혀 살면서 몸도 마음도, 시야도 폐쇄적으로 변해버린 까닭이다. 섬에서는 우리가 얼마나 넓은 바다의 주인공인가를 금방 깨달을 수 있다. 섬에서 바라보면 대륙 또한 바다에 둘려싸인 큰 섬에 지나지 않는다. 우리는 충분히 크고 드넓다. 섬은 한없이 넓은 바다를 향해 무한히 열려 있다. 그러므로 섬이야말로 우리가 잃어버린 개방성과 열린 사고를 되찾기 위한 최적의 사유 공간이다.

오랜 세월 섬들은 섬마다 고유한 문화와 전통이 이어져 왔다. 곁에 있는 섬도 같은 섬은 없다. 하지만 외래문물의 유입으로 많은 섬들이 원형질을 잃어가고 있다. 멀지 않은 시간에 이 나라 많은 섬들이 사라질 것을 예감한다. 이미 많은 섬들이 육지와 연결되었거나 연결되고 있다. 다리가 놓이면 섬은 더 이상 섬이 아니다. 어쩌면 우리는 배를 타고 섬으로 가는 마지막 세대가 될지도 모른다. 끝내는 소멸해 버릴 섬들, 섬의 풍경들. 더 늦기 전에 섬으로 가야 할 이유다.

4. 공도정책

섬이 육지 사람들에게 그토록 멀고 아득하게만 느껴지게 한 공도정책의 시작은 고려말 삼별초의 난 진압 이후부터다. 삼별초는 강화도에서 반란을 일으킨 뒤 왕실 종친이었던 왕온을 옹립해 왕으로 삼은 뒤 진도로 이주해 왕궁을 건설하고 1년 남짓 삼별초 왕국을 건설했다. 삼별초 왕국에 호응해서 안면도부터 진도, 흑산도, 남해도까지 서남해의 수많은 섬들이 반란에 가담했다. 섬에는 삼국시대부터 이어져 온 토착 해상 세력들이 있었고 이들이 삼별초와 뜻을 같이 했다. 하지만 여몽 연합군에 의해 반란은 진압됐다.

이후 고려 정부는 진도와 흑산도, 남해도 등의 주민들을 내륙으로 강제 이전시키는 공도정책을 감행했다. 대외적인 이유는 왜구의 침략으로부터 주민들을 보호한다는 명분이었지만 실상은 섬들에서 다시 반란이 일어날 것을 두려워한 까닭이었다. 왜구와 섬 해상 세력들이 손을 잡는 것을 차단하기 위한 것이었다. 진도 사람들은 고려 충정왕 때인 1350년에 영암과 해남 등지로 강제 이주당해 디아스포라로 떠돌다 87년만인 조선 세종 19년(1437년)에야 비로소 고향으로 되돌아갈 수 있었다. 하지만 고려 말에 시작된 공도 정책이 조선 초에 들어와서는 더욱 강화됐다. 중원에 새로 건설된 명나라의 영향과 왕의 통치력이 미치는 곳만을 왕국의 영토로 인정한다는 성리학의 이념 때문이었다.

명나라를 세운 명 태조 주원장은 신왕조 수립 직후인 홍무4년(1371년) 연해 주민의 출해를 엄금하는 해금 정책을 발표했다. "단 한 조각의 판자도 바다에 떨어뜨리는 것을 용납하지 않겠다"고 천명한 것이다. 이는 명나라 초의 군사적 불안 때문이었다. 명나라가 들어섰지만 당시 절강성과 복건성 연안을 근거지로 삼고 있던 경사성과 방국진 같은 해상 세력이 왜구와 결탁해 명 왕조를 부단히도 괴롭히고 있었다. 이들이 더 큰 반란세력으로 성장하는 것을 경계하기 위해 주원장은 해금 정책을 편 것이다. 반란 세력의 경제적, 군사적 기반이 될 수 있는 상업 활동을 막기 위해 해상 활동을 금지 시킨 것이었다.

명나라를 상국으로 받들었던 조선 왕조가 명나라의 정책을 그대로 수용한 것은 너무나 당연한 수순이었다. 게다가 조선 또한 신생 국가라 섬들까지 방위할 군사, 경제적 여력이 없었다. 그래서 왕조의 행정력이 미치지 못하는 섬들과 해안가에서의 거주나 일체의 활동을 금지하는 공도, 해금 정책을 편 것이다. 허락 없이 섬에 들어가거나 거주하게 되면 반역죄로 다스렸다. 국가를 탈출한 것으로 간주한 것이다. 조선왕조실록에는 섬에 숨어사는 주민들 토벌에 대한 기록들이 남아있다. 조선 태종 때 삼척 만호였던 김인우는 안무사가 되어 울릉도를 찾아가 섬에 거주하던 사람들을 잡아들여 육지로 압송했다. 주동자는 처형하고 나머지는 전국 각지의 관노비로 보냈다. 섬에 사는 것이 죄인인 시대였다.

공도정책은 임진왜란을 전후해서 상당 부분 풀렸다. 전쟁으로 피폐한 국가의 재정 확보를 위해 섬의 개간을 통한 세수 확보가 목적이었다. 하지만 울릉도, 욕지도, 금오도 같은 일본과 가까운 섬들은 19세기 후반까지도 공도 정책이 이어졌다. 게다가 임란 후에도 섬으로 들어가는 사람들은 뭍에 살 수 없는 천민들과 숨어 살아야 하는 죄인들, 도망 노비 등 하층민이 대부분이었다. 또 섬은 유배지로 이용되며 섬 자체가 감옥이 되었다. 조선 왕조 5백 년 동안 하층민과 권력에서 쫓겨난 양반의 후예 등 소외된 자들이 섬의 주민으로 살았던 것이니 내륙 사람들에게 섬이 어떤 대접을 받았을까는 불을 보듯 환하다. 섬은 천민들, 죄인들의 땅이었을 뿐이다. 그 오랜 세월 동안 각인된 섬에 대한 편견이 지금까지도 내륙 사람들에게 남아 있는 것은 어찌 보면 당연한 일이다. 하지만 조선 이전의 섬은, 바다는 결코 그토록 하찮은 존재가 아니었다.

5. 신라 시대 해상 무역 : 해상실크로드

지난 2014년 경주에서는 아주 의미 있는 행사가 열렸다. 이스탄불 in 경주 2014. 대체 터키의 이스탄불이 경주와 무슨 상관이 있어서 이런 행사가 열렸던 것일까? 이스탄불의 전신은 동로마제국(비잔틴제국)의 수도 콘스탄티노플이었다. 이 고대의 왕국들 동로마제국과 신라 간에 이미 활발한 상호교류가 있었던 것이다. 8-9세기 무렵 6개월이면 콘스탄티노플의 유행품이 경주에서도 유행했고 역으로 경주의 유행품이 콘스탄티노플에서도 유행했다. 로마제국과 신라가 6개월 동시패션 시대를 살고 있었던 것이다. 이 무렵 완도 청해진이나 흑산도, 거문도 같은 섬들은 해상 무역의 중간 기착지로 큰 역할을 했었다.

동로마제국과 신라 간의 교류는 육상 실크로드뿐만 아니라 해상의 실크로드를 통해서도 활발했다. 두 나라를 연결한 것은 이슬람 즉 아라비아와 페르시아의 상인들이었다. 이슬람 상인들은 동로마제국의 수도 콘스탄티노플에서 물건을 구입한 뒤 이슬람 제국 수도 바그다드를 거쳐 당나라 수도 장안이나 신라의 수도 경주로 수출했다. 역수출 또한 이슬람 상인들의 몫이었다. 동로마제국에서 신라까지 육상이나 해상 실크로드 모두 6개월이면 이동이 가능했다.

　그 무렵 동서 교류의 흔적들이 경주의 왕릉에 남아있다. 경주의 괘릉(원성왕릉 추정)의 이방인 석상들 중 문인석상은 중앙아시아 위구르인이고 무인석상은 페르시아 군인 모습이다. 고분에서 출토된 토용들도 아리안이나 투르크계 서역인의 모습이다. 미추왕릉에서 출토된 큰 눈, 붉은 입술, 하얀 얼굴 모양의 유리가 박혀있는 유리목걸이, 황남대총을 발굴할 때 나왔던 봉황머리 유리병 또한 로마에서 들어온 전형적인 로만글라스라는 것이 밝혀졌다. 악학궤범이 전하는 처용가에는 '무성한 눈썹, 구부러진 귀, 붉은 용색, 우뚝 솟은 코, 튀어나온 턱'의 서역인 형상을 한 처용이 등장한다. 처용은 880년경 개운포(울산항)로 들어온다. 그 또한 아라비아나 페르시아계 상인일 가능성이 크다.

　동서 교류는 통일신라 이전까지는 육상의 실크로드에 주로 의존했지만 8세기 이후부터는 해상실크로드가 중심이었다. 장보고 해상 세력이 중국-한반-일본을 잇는 동북아 경제권을 장악했고 장보고 선단이 아랍계 상인들에게 물품을 넘겨받아 중계무역을 했었다. 하지만 장보고 암살 후 9세기부터는 아랍, 페르시아 상인들이 페르시아해(걸프만)에서 중국 동남부 해안 거쳐 한반도로 직접 진출했다. 해상실크로드는 계절풍과 해류 때문에 가능했다. 아랍 상인들은 4월에서 10월 사이 남서 계절풍을 타고 아라비아해에서 중국의 광동 지방으로 왔고 광동에서 경주까지는 흑조해류(쿠로시오해류)를 타고 열흘에서 보름 정도면 울산항까지 도착했다. 아랍 상인들은 아라비아해로 돌아갈 때 북동풍이 부는 겨울철 몬순을 이용했다. 중국 상인들도 마찬가지 방식으로 아라비아해로 진출했다.

　중국의 광주, 천주, 복주, 항주, 양주 등에는 신라방뿐만 아니라 아라비아, 페르시아인들이 사는 번방도 번성을 했는데 876년 황소의 난 때 중국동남부해안의 외국인 10만여 명이 살상됐다는 기록은 번방의 규모가 얼마나 큰 것이었는지를 짐작케 한다. 신라와 서양 간의 활발한 교류는 사치품의 범람을 가져와 신라 경제를 위기에 빠뜨리기도 했다. 그래서 흥덕왕 9년(834년)에는 호화사치품을 금하고 풍속을 바로잡는 금령이 내려질 정도였다.

6. 해상왕국 고려

일시적으로 장보고의 청해진이 동북아 해상교역의 왕좌를 차지한 적이 있었지만 실상 이 나라 역사상 바다와 섬을 가장 잘 경영한 나라는 고려였다. 그것은 고려가 해상 세력이 세운 나라였기에 가능했다. 왕건은 개성 지방 해상 세력의 중심인물이었다. 왕건의 조상은 해상 무역으로 부를 축적했었다. 황제국을 칭한 고려가 자주적이고 문화적 다양성을 가질 수 있었던 것은 해상왕국이었기 때문이다. 고려뿐만 아니라 고구려나 백제, 신라 같은 고대국가도 해상 활동을 중요시한 왕국이었지만 그 정점은 고려다. 이 나라가 가장 빛나던 때는 늘 그 중심에 바다와 섬이 있었다. 외국 사신과 상인들이 들어오던 고려의 관문은 벽란도라는 섬이었다. 예성강 입구에 있던 벽란도는 개경에 출입하는 외국인들이 통관절차를 밟던 국제무역항이었다.

고려사에는 아랍, 페르시안 상인들에 대한 기록이 많다. 이들을 대식 상인이라 했다. 이들도 해로로 고려에 왔다. 고려사 현종 15년(1024년) 기사에는 "10월에 대식국에서 알리자 등 100여 명이 와서 교역품을 바쳤다."는 기록이 있다. 현종 16년에는 "9월 신사에 대식만으로부터 하선과 라자 등 100명이 와서 교역품을 바쳤다." 또 정종 6년에는 "11월 병인에 대식국 상인 보나함 등이 내왕하여 수은, 용치, 점성향, 몰약, 소목 등 교역품을 바치니, 임금은 유사에게 명하여 객관에 편히 머물게 하고 돌아갈 때 백금을 하사 했다."는 기록도 있다. 고려가 바다를 통해 얼마나 세계와 활발하게 교류했는가를 알려주는 증거들이다.

쌍화점(만두가게)이라는 고려 가요(향악)는 잘 알려져 있다.

> "만두집에 만두 사러 갔더니만
> 회회 아비 내 손목을 쥐었어요.
> 이 소문이 가게 밖에 나며 들며 하면
> 다로러거디러 조그마한 새끼 광대 네 말이라 하리라.
> 더러둥성 다리러디러 다리러디러 다로러거디러 다로러
> 그 잠자리에 나도 자러 가리라.
> 위 위 다로러 거디러 다로러
> 그 잔 데 같이 답답한 곳 없다."

"내 손목을 잡은 회회아비"는 이슬람인 상인이다. 이슬람 사람이 고려의 수도 개경에서 만두가게만 열었겠는가. 쌍화점은 고려가 얼마나 개방적인 사회였는가 알려주는 하나의 예시일 뿐이다. 13세기 유럽에서는 인구 2만이면 대도시라 했다. 유럽에서 가장 큰 도시가 이탈리아의 피렌체였는데 인구가 10만이었다. 세계의 중심이었던 송나라 수도 개봉의 인구가 80만이었다. 그런데 당시 개경의 인구는 50만이었다. 개경이 세계 최대 도시 중 하나였던 것이니 고려 또한 세계의 중심에 있는 국가였다. 고려가 그런 강력한 국력을 가질 수 있었던 것은 섬과 바다를 이용한 해상교류 때문이었다. 당시 고려는 인쇄술이나 화약 등을 통해 보듯이 세계 최고 수준의 과학기술 문명을 가진 나라이기도 했다. 섬과 바다를 중시하는 해양 왕국이었기에 가능한 일이었다.

고려에 정착한 무슬림들도 많았다. 아주대 박옥걸 명예교수의 연구에 따르면 고려 인구 210만명 가운데 10%가량이 귀화인이었고 발해유민, 여진계, 원계, 거란계, 일본계, 중국계 순이었다. 1274년 충령왕의 비인 제국공주의 시종으로 따라왔던 삼가라는 무슬림은 장순룡이란 이름을 하사받고 덕수 장씨의 시조가 됐다. 개성 인근에는 무슬림들의 자치공동체도 있었다. 무슬림들은 조선 초까지도 집단생활을 했다. 궁중 하례식에 참석해서 쿠란 낭송도 하고 이슬람식 기도로 국가의 안녕과 임금의 만수무강을 축원하기도 했다. 하지만 조선 무슬림들의 종교적 자치권과 민족적 정체성은 1427년 세종의 칙령으로 사라졌다.

"예조가 아뢰기를 회회의 무리가 의관이 달라, 사람들이 이질감을 느끼는 바, 이미 우리 백성이 되었으니, 마땅히 우리의 의관을 쫓아 차이를 없애야만 자연 혼인하게 될 것이다....또 회회인들이 대조회 때 송축하는 예도 폐하십시오. 하니 이를 승낙하셨다."

그 후 이 땅에서 이슬람과의 교류는 400년 동안이나 단절되고 말았다. 하지만 조선 시대 전까지만 해도 우리는 세계에서 가장 강력한 해상 세력 중 하나였다. 우리가 외국 세력과 수천 년 교류했던 그 배경이 바로 바다다. 섬들은 중간 기착지 역할을 했었다. 흑산도 읍동의 국제해양도시 흔적이나 거문도, 영종도 등의 오수전 출토 등과 송나라 사신단의 선유도 방문 등이 그 증거다.

7. 증도 앞바다 보물선 발견

1975년 증도 검생이(검산) 마을에 사는 한 어부의 그물에 그릇들이 올라왔다. 어부는 부서진 그릇들은 버리고 그중 쓸 만한 그릇 몇 개는 주워다 개밥 그릇으로 사용했다. 그 개밥 그릇이 범상치 않은 것임을 알아본 이는 육지에서 온 엿장수와 도굴꾼들이었다. 그 개밥 그릇은 중국 송나라와 원나라 시대 만들어진 도자기였다. 도굴꾼들 사이에 증도는 보물섬이란 소문이 퍼져나갔다.

1976년 1월, 다시 검산마을 어부의 그물에 중국 용천요[龍泉窯]의 청자가 올라왔다. 그 어부는 당국에 신고를 했고 그 후 정부에서 발굴단을 구성하고 발굴을 시작해 1984년까지 11차례의 발굴을 진행했다. 발굴 장소는 수심은 20m 정도 됐는데 탁류인데다 급류여서 시계(視界) 제로 상태였다. 까다롭고 지난한 인양 작업 끝에 결국 도자기류 2만661점, 금속제품 729점, 석제품 43점, 동전 28톤 18킬로그램 등 실로 엄청난 양의 해저유물이 발굴됐다. 1323년을 전후로 한 시기에 침몰됐을 것으로 추정되는 그 난파선에는 '신안선'이란 이름이 붙여졌고 그 후 증도는 보물섬이란 명성을 얻게 됐다. 신안선은 중국 경원항(지금의 절강성 영파)에서 출발해 일본 쿄토의 동복사로 항해하던 중 침몰한 것으로 추정되고 있다. 발견된 화물표와 저울추에 기록된 연호와 지명으로 추정 가능했다.

신안선에서 발굴된 도자기 유물은 청자가 9,600여 점이었는데 고려청자도 3점이 포함되어 있었다. 또 은으로 만든 병들과 접시, 청동으로 만든 촛대, 향로, 거울, 수저, 냄비, 사발 등 다양한 금속제품이 발굴됐으며 돌로 만든 벼루와 맷돌, 유리제품도 있었다. 향목이나 가구재로 쓰는 자단목 500여 점(약 8t)과 글씨를 쓴 목간 300여 점, 한약재도 발굴됐다. 이 유물선은 중국인들의 손에 의해 중국 복건성의 조선창에서 철저한 고증을 거쳐 당시의 기법으로 복원됐으며 '700년 전의 약속호'로 명명되었다.

신안선에서는 나막신, 일본도, 장기, 칠기, 도기 등 일본 생활용품 일부도 인양되었다. 그래서 이 배는 당시 일본을 왕래한 중국의 무역선으로 추정되고 있다. 하지만 아쉽게도 정작 증도에는 이들 유물이 전시되고 있지 않다. 유물들 대부분은 서울의 국립중앙박물관과 목포 해양유물전시관에 전시되어있다. 보물선이 발굴된 해역은 국가 사적 274호로 지정되었다.

8. 고려왕의 별궁이 있던 섬

1123년 어느 날, 고려왕을 방문하러 가던 송나라 사신단 200여 명과 예물을 실은 배 8척이 군산도에 정박해 하루를 묵게 된다. 사신 선단이 섬 근처에 들어오자 여섯 척의 고려 배들이 마중 나온다. 무장한 병사들을 태운 고려 배들은 징을 울리고 고동나팔을 불며 호위한다. 사신단이 섬에 들어가자 1백여 명의 고려병사들이 군기를 잡고 늘어서 열병하며 성대히 영접한다. 송나라 사신단은 망주봉 아래 군산정이란 정자에서 고려의 수도 개경에서 배를 타고 군산도까지 마중을 나온 고려 관리들의 환대를 받는다. 당시 군산도에는 관아가 십여 칸 있었고 관아 주변에는 주민 십여 가구가 살고 있었다. 또 망주봉 중턱에는 오룡묘라는 신당과 자복사라는 절도 있었다. 군산정 서쪽에는 왕이 지방 행차 시 머물던 궁궐인 숭산행궁(崇山行宮)도 있었다. 행궁의 존재는 고려 때만 해도 임금까지 섬들을 수시로 오갔다는 증거다.

선화(宣和) 5년(1123), 송(북송)나라 휘종(徽宗)이 보낸 사신단의 일원으로 고려에 왔던 서긍(徐兢 1091년-1153년)이 쓴 선화봉사고려도경(宣和奉使高麗圖經)에 나오는 이야기다. 군산도는 지금의 군산시 선유도다. 송나라 사신을 영접하러 개경에서 선유도까지 배를 타고 갔던 고려의 접빈사는 삼국사기를 쓴 고려 최고의 귀족 김부식이다. 선유도 망주봉에는 아직도 오룡묘가 남아 있다. 놀랍지 않은가. 그 먼 개경에서 섬까지 직접 마중을 나간 사람이 김부식이라니. 또 그 작은 섬에 궁궐이 있었다는 사실이. 더욱 놀라운 것은 천 년 전에 있던 신당인 요룡묘가 아직도 선유도에 남아 신앙의 성소가 되고 있다는 사실이다. 하지만 더더욱 놀라운 사실도 있다. 천 년의 신전 오룡묘가 제대로 관리되고 있지 않다는 점이다.

선유도를 여러 번 가봤지만 선유도에 이토록 소중한 역사가 숨어 있었다는 사실을 발견한 것은 최근이다. 나는 2012년 3월, 인문 학습원에 답사 공동체인 섬학교를 개설했다. 한국의 아름다운 섬들을 걸어서 답사하고 섬에 대해 배우자는 취지로 개설한 것이 섬학교다. 섬학교에서는 매달 한 번씩 섬을 답사하는데 4월의 답사지가 선유도였다. 섬학교 답사와 강의를 준비하다가 읽게 된 책이 고려도경이다. 그 책에서 선유도에 대한 새로운 사실을 발견하고는 너무나 가슴이 벅찼다. 하지만 군산시청 홈페이지나 선유도를 소개하는 어떤 안내 책자에도 이런 사실이 나와 있지 않았다. 이 나라의 섬 연구가 불모에 가깝다는 사실을 다시 한번 확인한 것이다. 섬은 무궁무진한 사연이 숨어있는 이야기 창고다.

9. 걷기의 천국, 섬

몇 년째 걷기 열풍이 지속되고 있다. '움직이는 존재'(動物)인 사람이 걷고자 하는 것은 당연한 일이다. 그래서 걷기에 대한 열망은 일시적 유행이 아니라 본능의 회복 운동이다. 걷기는 길에 대한 갈망에서 비롯된 바 크다. 길의 본뜻은 무엇일까. 한자 길 道(도)자는 辶(착)과 首(수)로 이루어진 회의문자(會意文字)다. 그래서 언젠가 신영복 선생은 "辶(착)은 머리카락 휘날리며 사람이 걸어가는 모양이며 首(수)는 사람의 생각을 의미하니 길(道)이란 곧 사람이 걸어가며 생각하는 것"이라고 풀이한 바 있다. 나는 그 뜻을 길이란 통로인 동시에 사유의 길이고, 사유를 통해 자신과 소통하고 세계와 소통하는 길이란 의미로 이해한다. 그러한 길의 정신을 구현하기에 섬보다 더 좋은 곳은 없을 것이다.

섬은 어느 곳보다 걷기 좋은 공간이다. 아직까지 섬 길의 주인은 사람이다. 많은 걷기 길들이 만들어지고 있지만 섬은 부러 돈 들여 걷기 길을 만들 필요도 없다. 대부분의 섬들은 그 자체로 최상의 걷기 길이기 때문이다. 섬에서는 사람이 안심하고 걸으며 사유할 수 있다. 섬 길을 걷는 일은 분명 이 시대의 정신을 비옥하게 만드는 소중한 토양이 될 것이다. 육지 사람들이 섬으로 가야 할 또 하나의 이유다. 또 섬사람들이 섬의 원형을 잘 보존해야 할 이유다.

책 『영화에 빠진 바다』를 말하다

김성준 | 목포해양대학교 교수

한국해양대학교에서 항해학을 공부하고 고려대학교에서 서양사학과 문학사, 고려대학교에서 사학과 문학석사와 박사학위를 받았다. 네덜란드국제물류대학과 목포해양대학교 교양과정부에서 조교수를 역임하고 해양수산부 해양정책 자문위원으로 활약했다. Int'l Journal of e-Navigation과 Maritime Economy 편집주간을 지냈고 〈해양담론〉을 발행하였다. 저서로는 『영화에 빠진 바다』, 『한국항해선박사』, 『해양과 1`문화』 등이 있으며 영국해운사, 한국해양사, 선박사, 항해사 등 다양한 분야를 연구하고 있다.

1. 저술 배경

『영화에 빠진 바다』는 2009년 7월 도서출판
혜안에서 출판된 책이다. 이 책은 2003년에 같
은 출판사에서 출판된 책 『영화로 읽는 바다의 역
사』의 증보 개정판이었다. 당초 『영화로 읽는 바
다의 역사』는 한국해기사협회의 회보인 월간 『해
기』 2002년 3월호부터 2003년 5월호까지 연재
했던 6편의 해양 사건을 다룬 영화 오딧세이, 클
레오파트라, 바이킹, 신밧드의 항해, 콜럼버스의
항해, 바운티 호 반란 사건 등을 다룬 책이었다.

  당초 필자가 월간 『해기』에 해양영화를 소재로 한 해양사를 소개하게 된 것은 1990-
2000년대 초 사이의 학계의 동향으로부터 일정한 영향을 받았기 때문이었다. 1990년대 중
후반 서구의 역사학계에서는 영화를 해당 시대를 읽는 사료이자, 역사를 교육시키는 자료로
활용하기 시작했다. 그 대표적인 예가 프랑스의 역사가인 마르크 페로(Marc Ferro)가 집필
한 Cinéma et Histoire(1993)이다. 이 책은 영화를 어떻게 시대상을 이해하는 사료로 활용
할 수 있는지를 이론적으로 설명하려고 시도한 작품이다. 이 책은 1부-문서로서의 영화, 2
부-역사의 주체로서의 영화, 3부-영화 언어의 작동 방식, 4부-제작하는 사회, 수용하는 사
회, 5부 영화 속의 역사로 구성되어 있는데, 서울대학교 서양사학과의 주경철 교수가 원제
『영화와 역사』를 『역사와 영화』로 바꾸어 1999년 까치출판사에서 번역본을 출간하였다.
  미국 역사학계에서는 미국역사가협회(The Society of American Historians)의 주관

으로 60여 명의 쟁쟁한 역사가들이 참여한 *Past Imperfect : History According to the Movies*(Henry Holt, 1996)이 출간되었는데, 이 책은 전문 역사가들이 〈쥐라기공원〉부터 〈닉슨〉에 이르기까지 대표적인 역사 영화를 어떻게 보아야 하는가에 대해 다루고 있다. 이 책에는 특정 국가사에 국한하지 않고, 시대적으로 쥐라기공원, 십계, 스파르타쿠스, 율리우스 카이사르, 헨리 5세, 잔다르크, 콜럼버스, 천일의 앤, 사계절의 남자, 아귀레:분노의 신, 검은 법복, 모히칸 족의 최후, 스칼렛 엠프레스, 1776년, 모호크 강의 북소리, 바운티 선상의 반란, 당통, 해적, 엘라모 요새, 경기병대의 돌격, 젊은 날의 링컨, 영광의 깃발, 바람과 함께 사라지다. 국가의 탄생, 몰리 맥과이어, 그들은 군화를 신은 채 죽었다, 아파치 요새, 와이엇 업 이야기, 하르툼, 포고 살인 등을 1권에 다루었고, 1차 대전 이후의 현대사는 2권에서 프로이트, 로자 룩셈부르크, 도라 도라 도라, 지상 최대의 작전, KFK, 말콤 X, 닉슨 등의 영화를 다루었다. 결론적으로 이 책은 고대에서부터 현대에 이르기까지 역사적으로 중요한 인물과 사건을 해당 분야의 최고의 역사가 60명이 참여하여 영화로 재구성한 역사서라고 할 수 있다.

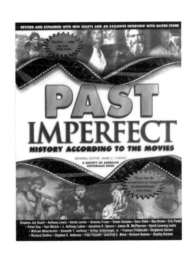

이러한 세계적 흐름에 발맞추어 우리나라 출판계에서도 영화를 활용한 역사서를 속속 출판하였다. 대표적인 것으로는 이재광 박사의 『영화로 쓰는 세계경제사』(2000, 세상의 창), 연동원 박사의 『영화 대 역사 : 영화로 본 미국의 역사』(2002, 학문사), 차용구 교수의 『로마제국 사라지고 마르탱 게르 귀향하다』(2003, 푸른 역사) 등이다.

2. 해양사 교재 : 『영화에 빠진 바다』

필자는 2002년 박사학위를 마치고 한국해양대학교의 해양박물관에 근무하게 되면서 세계 해양사와 항해 선박사 등의 강좌를 가르치게 되었다. 당시 대부분의 대학들이 세계 문화사 등의 교양과목은 보통 200-300명 단위의 대규모 강좌로 운영하고 있었다. 이 정도 규모의 학생들을 효과적으로 가르치기 위해서는 강의가 아닌 새로운 방식의 운영이 필요했고, 영화를 보여주고 그 역사적 사실과의 차이를 설명하는 것이 효과적일 것이라 생각했다. 특히 해양사와 관련한 마땅한 교재가 없었던 상황이었기 때문에 서두를 필요가 있었다. 그래서 마침 한국해기사협회의 월간 『해기』의 故 김동규 편집장과 상의하여 원고를 연재하기로 했다. 그렇게 해서 1년 3개월간 총 6개의 꼭지를 연재했다. 이 연재 원고를 모아보니 오딧세이아와 그리스 해양사, 악티움 해전과 로마 해양사, 바다의 약탈자 : 바이킹, 신밧드의 모험과 이슬람 해양사, 콜럼버스와 대항해시대, 바운티 호의 반란으로 구성된 고대부터 근대 초까지 해양사를 정리할 수 있었다. 이 원고를 수정 보완하여 『영화로 읽는 바다의 역사』를 2003년 7월에 도서출판 혜안에서 출간하였다. 이 책은 그 후 한국해양대학교 〈해양사〉 교재로 활용되었다.

2002년에 한국해양문학가협회가 故 천금성 작가의 주도로 결성되었으나, 사람과 자금 등의 부족으로 지지부진한 상황에 빠져 있었다. 이에 故 옥태권 박사와 한국해양대의 황을문 교수 등이 집행부를 맡아 사단법인화 작업과 문예지 창간을 주도하였다. 필자는 문학 전공자는 아니었지만, 해양사라는 드문 분야를 연구하는 문학박사라는 타이틀 덕분에 문예지 『해양과 문학』의 편집위원으로 참여하게 되었다. 해양 문학의 저변이 넓지 않았기 때문에 편집위원으로서 기여해야 한다는 요청에 따라 '바다와 문학 그리고 영화'라는 꼭지를 연재하기로 했다. 그 결과 『해양과 문학』 2호 (2004.2)부터 8호(2007.8)까지 7편을 실었는데, 싣고 보니 콜럼버스와 바운티호 반란 사건 2편을 제외하면 총 5편이 근대부터 현대에 이르는 해양사건을 다루고 있었다. 『영화로 읽는 바다의 역사』가 출판된 지도 6년 여가 다 되어가고 있었기 때문에 초판이 어느 정도 소진되었을 것으로 판단하여 출판사와 상의하여 새로 연재한 것과 합쳐 새로운 제목으로 출간하기로 하였다. 새 책의 제목은 해양소설가인 故 옥태권 박사의 재치있는 작명으로 『영화에 빠진 바다』로 하기로 했다. 책의 목차는 다음과 같이 구성되었다.

『영화에 빠진 바다』

I. 고대 해양사

제1장 '미움 받은 자' 오디세우스의 해양 대모험

제2장 클레오파트라·안토니우스 vs 옥타비아누스

II. 중세 해양사

제3장 '바다의 약탈자' 바이킹

제4장 모슬렘 뱃사람 신밧드의 대모험

III. 근대 해양사

제5장 콜럼버스와 유럽의 대항해시대

제6장 탐사시대 뱃사람들의 노동과 일상

IV. 최근세 해양사

제7장 넬슨의 사랑과 트라팔가르 해전

제8장 고래잡이의 흥기와 백경

제9장 노예무역과 아미스타드 호의 반란

제10장 미국 남북전쟁과 철갑선

제11장 러시아혁명과 포템킨 호의 봉기

부록 : 역사, 바다, 해양사

『영화에 빠진 바다』가 출판된 것이 2009년 7월이었는데, 흥미롭게도 서평이 2009년 8월 호 『신동아』 599호에 게재되었다. 출판사에서는 신간이 출판되면 중앙일간지와 주요 언론사 문화 및 출판담당 기자들에게 보내는 것이 관례였는데, 당시 동아일보 출판국장으로 재직 중이던 고승철 편집장(현 나남출판 사장)의 눈에 띄게 된 것이다. 필자는 『영화에 빠진 바다』에 대한 서평이 실린 사실을 한참 동안 모르고 지내다가, 집사람이 인터넷을 검색하다 발견하여 알게 되었다. 고승철의 서평의 일부를 인용하면 다음과 같다.

[서평] 영화를 통해 본 얘기가 있는 해양사

바다, 역사, 영화…. 이 세 가지 키워드를 아우르는 역저(力著)가 나왔다. 해양사 전문가인 김성준 박사의 『영화에 빠진 바다』가 그것이다. 저자의 경력을 살펴보자. 한국해양대 항해학과와 고려대 서양사학과를 졸업했다. 고려대 대학원에서 해양사를 연구해 문학박사 학위를 받았다. 이 분야의 전문가인 주경철 서울대 교수, 윤명철 동국대 교수, 주강현 박사 등에 비해 덜 알려졌지만 배와 관련한 현장 경험에서는 이들을 능가하는 듯하다. 저자는 해양사연구소(www.seahistory.or.kr)를 운영하며 해양사, 해양문학, 해양정보 등을 알리는데 앞장서는 행동파 지식인이다.

저자는 대학 강의에서 학생들이 해양사를 쉽게 이해하도록 하기 위해 역사 소재 영화를 교재로 애용한다고 한다. "영화 속에 그려진 선박, 항해, 선원 생활 등을 추출해 해양사를 그리면 세계사와 바다 역사를 이해하는 데 좋은 방편이 된다"고 설명한다.

해양인들이 가장 즐기는 소일거리는 무엇일까. 저자는 "단연 영화 보기"라면 서양사의 주요한 소비자인 해양인들에게 쉽게 접근하는 길을 마련하기 위해 이 책을 썼다고 밝혔다. 책 여러 군데에 뱃사람에 대한 애정이 그득 담겼다. 각 장(章) 앞부분에서 역사적 사실을 제시하고 관련 영화 몇 편을 소개했다. 이어 영화 줄거리를 요약하고 영화와 역사적 사실의 차이를 분석했다. 영화는 아무래도 픽션 요소가 많으므로 역사학자 시각에서는 사실(史實)과 부합하지 않은 부분을 당연히 지적하고 싶으리라. 곳곳에 넣은 고대 선박 그림과 지도들도 돋보인다. (신동아, 599호, pp.628-631)

3. 책의 주요 내용

　고승철 편집장은 서평에서 책의 내용을 비교적 상세하게 요약 정리해주고 있는데, 필자가 덧붙일 것이 없을 정도로 잘 정리해 주었다. 책의 내용은 고승철 편집장의 서평의 일부를 인용하는 것으로 대신하고, 그가 다루지 않는 몇 개의 장에 대해서만 덧붙이기로 한다.

1장 '미움 받은 자' 오디세우스의 해양 대모험

　고대 해양사부터 출발해보자. 고대 그리스의 시인 호메로스의 '오디세이아'를 바탕으로 만든 영화 '율리시즈'와 '오딧세이'가 소개된다. 마리오 카메리니 감독이 1954년에 만든 '율리시즈'는 한국에서도 히트했다. 율리시즈 역을 맡은 커크 더글러스, 율리시즈의 부인 역인 실바나 망가노의 연기가 돋보인 명작이다. 영화의 백미는 마지막 장면이다. 트로이 전쟁에서 이기고 먼 항해 끝에 고국 이타카로 돌아온 율리시즈 왕은 오랫동안 정절을 지킨 페넬로페 왕비가 "율리시즈 국왕이 쓰던 활로 도끼자루 구멍 12개를 통과시킨 사람과 결혼하겠다"고 밝히자 이에 도전한다. 다른 청혼자들이 활시위도 당기지 못하는 데 비해 거지 차림으로 나타난 율리시즈는 거뜬히 활시위를 당겨 과녁을 명중시키고 왕비와 포옹한다.

2장 클레오파트라 · 안토니우스 vs 옥타비아누스 : '클레오파트라' 아카데미상 휩쓸어

　이집트의 클레오파트라 여왕과 로마 영웅들의 이야기를 다룬 '클레오파트라'는 역사 영화의 고전으로 꼽힌다. 만키비츠 감독이 1963년에 발표한 이 영화는 로마의 지도자 카이사르가 그리스에서 폼페이우스 군을 격파하는 장면에서 시작해 악티움 해전에서 패배한 클레오파트라가 독사에 물려 자살하는 장면으로 끝난다. 클레오파트라 여왕은 과연 절세미인이었을까. 저자는 여러 사료를 훑어보고 여왕이 미인이 었다는 증거를 찾지 못했다면서 "그렇게 미인은 아니었을지라도 여러 면(몸매, 말씨, 성격, 목소리 등)에서 매력적인 인물이었음은 분명하다"고 밝혔다. 특히 그녀는 12개 언어에 능통해 어느 나라 사신이 오더라도 통역자 없이 대화해 호감을 샀다고 한다. 여왕이 독사에 물려 죽은 것이 사실인지도 확인되지 않는다. 명배우 찰턴 헤스턴이 감독, 주연을 맡은 '안토니와 클레오파트라'는 셰익스피어의 희곡을 바탕으로 만든 영화다. 로마 장군 안토니우스가 이집트에 머물며 클레오파트라와 사랑을 맺는 장면부터 악티움 해전까지 다루었다. 이들 2편의 영화에서는 악티움 해전에서 로마 함선과 이집트 전함이 접근해 백병전을 벌이는 장면이 나오는데 저자는 "실제 악티움 해전에서는 그런 전투는 벌어지지 않았을 것"이라 추정했다.

3장 '바다의 약탈자' 바이킹

중세 해양사에서는 바다의 약탈자 바이킹을 그린 '롱 십'과 '바이킹의 최후'가 소개됐다. 잭카디프 감독의 '롱 십'에서는 전설에 나오는 황금종을 찾아 나선 바이킹과 이에 맞서는 이슬람 술탄이 격돌한다. 이탈리아 출신인 젠틸로모 감독의 '바이킹의 최후'는 노르웨이 바이킹과 덴마크 바이킹 사이의 다툼을 다루었다. 바이킹 내부의 갈등을 그렸다는 점에서 이색적이다. 바이킹은 어떻게 항해하고 어떤 선상 생활을 했을까. 이 책에 따르면 이들은 바람 강도와 방향, 파도, 새의 움직임, 바닷물 빛깔 등을 살펴 배의 위도 위치를 추정했다. 위도만 알아서는 한계가 있으므로 바이킹은 가능한 한 육지를 보면서 항해했다. 철새가 이동하는 길을 보면서 봄철에 출항했다가 가을 무렵에 돌아왔다. 바다에서 밤을 지샐 때는 가죽 침낭에서 잠을 잤고 청동제 취사도구로 식사를 준비했다. 고기와 소금을 뿌려 말린 생선, 버섯, 감자, 굳힌 우유, 맥주 등을 주로 먹었다.

4장 모슬렘의 뱃사람 신밧드의 대모험

이슬람인들은 인도양과 홍해를 무대로 활발한 해상 활동을 전개하였다. 이슬람의 해양 활동을 보여주는 대표적인 이야기가 신밧드의 모험이다. 신밧드의 모험은 아라비안 나이트로 알려진 〈천일야화〉 속의 이야기 중 하나이다. 헤슬러 감독은 〈신다브의 황금 항해〉를 제작하였는데, 〈천일야화〉 원작과는 관계가 없지만, 이슬람인들의 항해와 배를 이해하는 데는 유용한 자료다.(필자 보충)

5장 콜럼버스와 유럽의 대항해시대

근대 해양사를 대표하는 영화로는 존 글렌 감독의 '콜럼버스: 발견'과 리들리 스콧 감독의 '1492 콜럼버스'를 꼽을 수 있다. '콜럼버스: 발견'에서 조지 코러페이스가 콜럼버스 역을, 레이철 워드가 이사벨라 여왕 역으로 나왔다. 말론 브랜도가 이단 심문관인 토케마다 신부 역으로 5분간 나오고 출연료 500만 달러를 받아 화제가 되기도 했다. 영화는 콜럼버스가 포르투갈 궁정에 지원을 요청한 후 기다리는 장면에서부터 시작한다. 이 영화는 극적 흥미는 그리 높지 않지만 역사적 사실을 충실히 다루었다는 점에서 역사 교육용으로 적합하다.

'1492 콜럼버스'에서는 프랑스 배우 제라르 드파르디외가 콜럼버스 역을 맡았다. 이 영화의 오류는 멘데스가 육지를 처음 발견(실제로는 육지를 처음 목격한 이는 로드리고 데 트리아나이며, 영화에서 돌아올 때 서인도에서 배 3척이 출항한 것으로 나오지만, 역사적 사실은 산타마리아 호 침몰로 2척만 돌아왔다. 또한 마르틴 핀손이 부상으로 나비다드에 잔류하여 사망한 것으로 그려지지만, 실제는 귀국 후 세비야에서 1493년 사망한 것 등이다.

6장 탐사 시대 뱃사람들의 노동과 일상

1789년 영국 전함 바운티 호에서 일어난 선상 반란은 인류역사상 주동자가 체포되지 않앗다는 점에서 성공한 거의 유일한 선상 반란 사건이다. 그런 만큼 바운티호의 반란 사건은 영화 제작자의 흥미를 끌 만한 소재여서 흑백 영화로 제작된 바 있으며, 그 이후에도 밀레스톤 감독의 〈바운티 호의 반란〉과 도날드슨 감독의 〈바운티호〉 등이 제작되었다. 『영화에 빠진 바다』에서는 두 영화를 비교하여 바운티 호의 반란의 원인을 밝히고, 탐사시대 뱃사람들의 노동과 일상을 정리해주고 있다.(필자 보충)

7장 넬슨의 사랑과 트라팔가르 해전

'영국 영화산업의 창시자'로 불리는 알렉산더 코르다 감독이 1941년에 제작한 '해밀턴 부인'은 영국-프랑스 사이의 해상쟁탈전이라는 시대 배경 속에서 피어난 해밀턴 부인과 넬슨 제독의 로맨스를 다룬 영화다. 비비언 리가 해밀턴 역을, 로렌스 올리비에가 넬슨 역을 열연했다. 당대 최고의 남녀 배우가 1940년에 결혼한 직후 함께 출연해 이목을 끈 작품이기도 하다. 1805년 트라팔가르 해전에서 넬슨은 총을 맞고 숨져가면서 "해밀턴 부인에게 내 머리카락과 재산을 주라"고 함장에게 당부했다. 넬슨은 나일강 해전, 코펜하겐 해전, 트라팔가르 해전에서 모두 승리함으로써 영국에서는 '바다의 신'으로 추앙되는 인물이다. 연전연승, 극적인 죽음 등에서 이순신 장군과 비견되기도 한다.

8장 고래잡이의 흥기와 백경

최근세 해양사를 다룬 대표적인 영화로는 우선 존 휴스턴 감독 연출, 그레고리 펙 주연의 '백경'을 들 수 있다. 18세기에 미국의 고래잡이 어업은 중요한 산업이었다. 당시 고래 기름은 가정용 등불과 가로등에 쓰였고 고래 수염과 뼈는 다양한 재료로 활용됐다. 이런 역사적 배경을 바탕으로 소설가 허만 멜빌은 '모비 딕'이라는 소설에서 포경선 선장 에이햅이 자신의 한쪽 다리를 망가뜨린 흰고래를 찾아 복수하는 이야기를 썼다. 멜빌 자신이 세 차례에 걸쳐 선원으로 활동한 적이 있다. 영화의 대본은 이 소설에 근거를 두었다. 진지한 이미지를 가진 배우 그레고리 펙이 격정적인 성격을 지닌 에이햅 선장 역으로는 어울리지 않았다는 중평을 받았다. 에이햅이 백경을 만나 작살을 꽂으며 사투를 벌이는 장면은 압권이다.

9장 노예 무역과 아미스타드의 반란

15세기 포르투갈인들이 아프리카 탐사를 시작하던 때부터 노예는 중요한 돈벌이 수단이 되었고, 18세기까지 사람을 파고 사는 행위는 계속되었다. 노예 무역의 중심지는 스페인령인 쿠바였는데, 1839년 스페인이 운송하던 아미스타드호 사건이 발생하였다. 이 책에서는 스필버그 감독이 설립한 드림웍스의 첫 번째 영화인 〈아미스타드〉를 소개하고, 실제 역사적 사실과 영화 속의 장면을 비교하여 설명하고 있다. 특히 아미스타드호 재판에 대한 상세한 설명을 국내에서는 좀체 읽을 수 없는 희귀한 자료다.(필자 보충)

10장 미국 남북전쟁과 철갑선

1860년 발발한 미국의 남북전쟁은 주로 육전으로 이루어졌지만, 해전에서는 사상 최초로 철갑선 간의 해전이 이루어졌다는 점에서 해양사에 기록될만하다. 델버트 맨 감독이 1991년 TV용으로 제작한 〈철갑선〉은 바로 남북전쟁 시 일어난 북부연방의 모니터호와 남부연합의 메리맥호간의 햄프턴로즈 해전을 다루고 있다. 이어 범선에서 증기선으로 발전해가는 과정을 상세히 정리하고, 남북전쟁 후 미합중국이 해양국가로 발전해가는 데 결정적인 영향을 미친 알프레드 메이헌에 대해서도 소개해주고 있다.(필자 보충)

11장 러시아혁명과 포템킨 호의 봉기

러시아의 에이젠스체인 감독이 제1차 러시아혁명 20주년을 기념해 1925년에 완성한 '전함 포템킨'은 영화사에 길이 남을 고전 작품으로 꼽는다. 1905년 러시아 함대에서 가장 강력한 화력을 지닌 포템킨 함상에서 일어난 봉기를 영화화한 것이다. 포템킨 함의 수병들은 급식으로 나온 썩은 고기 수프에 울화가 치밀어 항의한다. 이들은 자신들을 거칠게 몰아세우는 함장과 장교들에 맞서 함상에서 반란을 일으킨다. 이 과정에서 봉기를 주도한 수병 하나가 살해당한다. 병사들은 더욱 흥분하고 이들의 움직임이 배가 정박한 오데사 항구의 시민들에게도 포착된다. 시민들은 달걀, 채소 등을 건네며 병사들을 격려한다. 오데사 시민들은 시가지에서 시위를 하고 군인들은 총을 쏘며 시민들을 진압한다. 포템킨 함 수병들은 마침내 함선을 장악하고 자유의 깃발을 내걸었다. 이 영화는 공산주의 체제의 선전용으로 만들어진 측면이 있긴 하지만 몽타주(편집) 기법, 시퀀스(연속 장면) 기법 등 영화예술의 새로운 경지를 열었다는 점에서 가치를 인정받는다. 역사적 사실 측면에서는 창작된 부분이 많아 사실 관계가 정확하지 않다.

이 책은 끝부분에 '역사·바다·해양사'라는 간략한 논문을 실어 해양사의 중요성을 강조했다. 참고자료와 각주를 상세히 달아 이 분야를 더욱 탐구하고픈 독자에게 좋은 정보를 제공한다. 책에 실린 영화 포스터 사진 등이 컬러가 아닌 흑백이라는 점이 조금 아쉽다.(신동아, 599호, pp.628~631)

4. 에필로그

당초 『영화에 빠진 바다』에서는 타이타닉호 사건까지 다루려고 생각했지만, 타이타닉호 사건을 다룬 영화가 여러 편이어서 단일주제의 책으로 출판해도 충분할 것으로 판단하여 포함시키지 않았다. 타이타닉호 사건과 관련해서는 Robin Gardiner와 Dan van Der Vat이 공동으로 저술한 *The Riddle of the Titanic*을 현재 번역하고 있다. 강의와 논문 집필 등으로 번역에 전념할 수 없어서 지지부진하지만, 조만간 마무리 지으려고 생각 중이다.

우리나라에서 해양 분야는 그렇게 대중적으로 인기 있는 분야가 아니다. 그럼에도 불구하고 대중들과 해양 분야의 대학생들에게 해양을 알리는 데 영화만큼 좋은 교재는 없다. 2014년 세월호 사고 이후 선원들의 해기 모럴에 대한 관심이 집중되었다. 그러한 시대적 요청에 부응하고자 씨맨쉽과 해기 모럴을 주제로 한 책을 구상하고 있다. 핵포드 감독의 사관과 신사, 리들리 스콧 감독의 화이트 스콜, 피터 위어 감독의 마스터 앤 커맨더, 폴 그린그래스 감독의 캡틴 필립스, 로널드 님 감독의 포세이돈 어드벤춰, 플레이셔 감독의 해저 2만리, 루드윅 감독의 성난 파도, 히치콕 감독의 라이프 보트, 론 하워드 감독의 인더하트어브더씨 등의 영화를 소개하고, 그 속에 그려진 키워드를 해양대학생들이나 일반인들에게 각성시키는 작업이 될 것이다. 이를테면 사관과 신사에서는 해양대생들에게 사관후보생으로서의 규율과 신사로서의 품격의 중요성을, 화이트 스콜에서는 동료의식을, 캡틴 필립스에서는 선장으로서의 책임감을, 마스터 앤 커맨더에서는 맡은 바 의무를 다하는 것의 중요성을 영화를 보면서 자연스럽게 깨닫도록 하는 것이다. 조만간 연구년으로 1년여간 미국 대학에서 생활할 계획인데 그 시기가 집필에 전념할 좋은 기회가 될 것 같다.

바다를
읽다

r e a d i n g   t h e   s e a

5장. 해양유물을 읽다

김경혁(金慶赫)의 위도진수군동첨절제사(蝟島鎭水軍同僉節制使)

해유문서(解由文書) | 김윤아

태양을 닮은 항해도구, 항해용 아스트롤라베 | 김효영

죽도제찰 | 백승주

세계의 해양박물관 | 차인철

김경혁(金慶赫)의 위도진수군동첨절제사(蝟島鎭水軍同僉節制使) 해유문서(解由文書)

김윤아 | 국립해양박물관 유물관리팀장

한양대학교에서 고고학을 전공하고, 국립해양박물관 건립추진단 시기부터 근무하였다. 전시기획팀에서 근무하던 2014년, 테마전시 "고문서로 만나는 조선 시대 수군"을 개최하면서 김경혁(金慶赫)의 〈위도진수군동첨절제사(蝟島鎭水軍同僉節制使) 해유문서(解由文書)〉를 소개하였다. 현재 유물관리팀장으로 재직 중으로, 보다 상세한 자료소개를 위해 김경혁(金慶赫)의 〈위도진수군동첨절제사(蝟島鎭水軍同僉節制使) 해유문서(解由文書)〉를 작성하였다.

I. 위도진수군동첨절제사 김경혁

　1629년(인조 7) 3월 15일 전라감사 권태일(權泰一)은 위도(蝟島)와 고군산(古群山)이 모두 바닷길의 문호라는 이유로 관방(關防)을 설치해야 한다는 장계를 올렸지만, 왕은 이를 윤허하지 않았다.[1] 그로부터 50여 년이 지난 1681년(숙종 7) 3월 17일 부안사람 김몽두(金夢斗)가 위도에 진을 설치해달라고 상소했으며, 왕은 비변사에게 조사해서 검토하라고 지시했다.[2] 3개월 후인 7월 26일에는 지사(知事) 민유중(閔維重)이 위도와 지도(智島)에 수군진 설치의 편의(便宜)를 말하자 왕은 그대로 시행하라고 명령했다.[3] 그로부터 한 달 후인 8월 17일에는 전라도관찰사 조세환(趙世煥)이 위도에 진을 설치하는 것의 편의를 장계로 올려 보냈다. 이에 비변사는 부안의 전선을 인수하여 만호(萬戶)를 부임하게 하고, 후에 사졸이 증강되면 첨사(僉使)를 파견하자고 건의했으며, 왕은 이를 윤허했다.[4] 1682년 8월 9일에는 영의정 김수항(金壽恒)의 건의에 따라 위도만호진이 위도첨사진으로 승격되었다.[5] 그리고 1683년 윤6월 10일에는 위도진이 주진이 되었고, 휘하에 임치, 고군산, 목포, 다경포, 법성포, 검모포, 군산포, 신도의 8개 속진을 두게 되었다.[6]

　김경혁(金慶赫)은 1794년 1월 18일에 위도진 수군동첨절제사(蝟島鎭水軍同僉節制使)로 도임하여 1796년(정조 20) 1월 24일에 체직(遞職)된 수군 장수였다. 수군동첨절제사는 종4품에 해당하는 외관직이었는데, 그가 이 직위에 근무한 기간은 2년간이었고, 실제로 일수로

1)『인조실록』20권, 인조 7년 3월 15일 신미 2번째 기사 1629년 명 숭정 2년.
2)『숙종실록』11권, 숙종 7년 3월 17일 경오 4번째 기사 1681년 청 강희 20년.
3) 위의 책, 12권, 숙종 7년 7월 26일 정축 2번째 기사 1681년 청 강희 20년.
4) 위의 책, 12권, 숙종 7년 8월 17일 정유 2번째 기사 1681년 청 강희 20년.
5) 위의 책, 13권, 숙종 8년 9월 4일 무신 3번째 기사 1682년 청 강희 21년.
6) 위의 책, 14권, 숙종 9년 윤6월 10일 경술 1번째 기사 1683년 청 강희 22년.

는 626일이었다.[7)]

　김경혁의 내력에 대해서는 그의 신상 관련 자료가 없어 자세히 알 수 없다. 그런데 다행스
럽게도 『승정원일기』에 그의 이름이 몇 차례 거론되고 있는데, 이를 종합하면 다음과 같다.
1776년(정조 원년) 12월 29일 병조(兵曹)에서 그를 안의(安義)첨사로 선발했으며(兵批), 그
는 임지로 가기 전 다음해인 1777년(정조 1) 1월 13일 왕에게 하직을 고했다. 그리고 같은
해 12월 1일 평안감사(洪樂純)의 장계를 근거로 작성된 형조(刑曹)의 점목(粘目)에 따라 어
떤 이유인지 모르지만 이미 엄하게 곤장을 맞은 관리들이 의금부로 압송되었는데, 그 속에
그가 포함되어 있었다.[8)]

　그로부터 16년 뒤인 1793년(정조 17) 1월 22일 병조는 김경혁을 동지(同知)로 선발했다.
같은 해 6월 10일자 병조의 언계(言啓)에 따르면, 당시 그는 경복궁 위장(衛將)이었는데, 갑
자기 병세가 중해져 체직되었다. 같은 해 12월 6일 병조는 그를 위도 첨사로 선발했으며, 이
틀 후인 28일 성정각(誠正閣)에서 다른 수령 및 변장들과 입시하여 왕을 알현했고, 이듬해인
1794년(정조 18) 1월 8일에 다른 사람들과 함께 입시하여 왕을 알현한 뒤 현지로 부임하기
위해 하직했다.[9)]

　김경혁이 위도진 수군동첨절제사에서 체직되었을 때의 해유문서가 현재 국립해양박물관
과 해군사관학교 박물관에 소장되어 있다. 이 두 문서는 두 가지 점에서 다르다. 국립해양박

---

7) 金慶赫 蝟島鎭水軍同僉節制使 解由文書, 1796년(정조 20), 105.2x315.6cm(점련), 國立海洋博物館 所藏.
8) 『승정원일기』, 77책(탈초본 1302책) 정조 즉위년 12월 29일 병인 12/20 기사 1776년 건륭(청/고종) 41년. ; 위의 책, 77책
(탈초본 1393책) 정조 1년 1월 13일 경진 11/22 기사 1777년 건륭(청/고종) 42년 ; 위의 책, 78책(탈초본 1410책) 정조 1
년 12월 1일 계사 12/16 기사 1777년 건륭(청/고종) 42년. 그가 압송된 이유는 알 수 없지만, 1777년 10월 4일 관서암행어
사 심념조(沈念祖)가 도내 각 고을의 폐단과 민간의 병폐를 진달한 것으로 미루어 이때 진달한 내용에 안의첨사진에 대한 폐단이
포함되어 있었지 않을까 추론할 수 있을 것 같다(위의 책, 4권, 정조 1년 10월 4일 병신 3번째기사 1777년 청 건륭 42년).
9) 『승정원일기』, 91책(탈초본 1713책) 정조 17년 1월 22일 병진 19/34 기사 1793년 건륭(청/고종) 58년 ; 위의 책, 91책(탈
초본 1718책) 정조 17년 6월 10일 신미 12/19기사 1793년 건륭(청/고종) 58년 ; 위의 책, 91책(탈초본 1724책) 정조 17년
12월 26일 을미(을유) 56/59 기사 1793년 건륭(청/고종) 58년 ; 위의 책, 정조 17년 12월 28일 정해 44/44기사 1793년 건
륭(청/고종) 58년 ; 위의 책, 91책(탈초본 1725책) 정조 18년 1월 8일 병신 52/53기사 1794년 건륭(청/고종) 59년.

물관이 소장한 해유문서는 호조(戶曹)에 보낸 첩정(牒呈)이며, 해군사관학교 박물관에서 소장하고 있는 것은 병조(兵曹)에 보낸 것이다. 다른 한 가지는 국립해양박물관의 소장품에는 절제사가 작성한 문서에 절도사가 보내는 첩정이 점련(粘連)되어 있는 반면에, 해군사관학교 박물관의 소장품에는 절제사가 작성한 첩정만 있다는 점이다.

해유(解由)는 "조선 시대 재물을 관장하는 관원이 직임에서 해임될 때 맡은 재물이 공정하게 사용되었음과 현물을 문서와 대조하여 부족함(虧欠)이 없음을 호조에서 확인하여 본인에게 주는 문서"이다.[10] 현재 해유문서는 약 100여 건이 남아있지만,[11] 수군 장수의 해유가 아주 드물다는 점에서 이 자료의 중요성이 있다고 할 수 있다.[12]

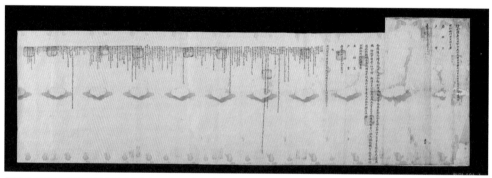

〈그림 1〉 김경혁 해유문서(1796(정조20년), 315.0*105.0), 국립해양박물관 소장

---

10) 鄭求福, 2012. 2, 「解由文書-고문서용어풀이」, 『古文書研究』, 제40호, p.221. 이 정의가 나오기 전까지는 『국어대사전』(이희승)의 정의가 통용되었다. 사전에서는 해유가 "관아의 물품을 맡아 관리하던 벼슬아치가 갈릴 때에 후임자에게 그 사무를 인계하고 호조에 보고하여 책임을 면하던 일"로 그리고 해유문서가 "관원의 교체시에 전임관과 후임관이 담당사무와 관리물품을 인계인수하며 작성하는 문서. 전임관이 후임관에게 해유를 받기 위해 보내는 해유이관, 전임관의 해유이관의 이상이 없을 때에 후임관이 그 도의 관찰사에게 올리는 해유첩정이 그것임"이라고 각각 정의되어 있다. 위의 책, p. 214.

11) 鄭求福, 2012. 2, 「고문서 용어 풀이 - 解由文書」, 『古文書研究』, 제40호, p.232. 이 논문에는 정확하게 96건이 남아있다고 기록되어 있다.

12) 한국학중앙연구원 藏書閣, 2012. 2, 『朝鮮時代 解由文書』에는 57건의 해유문서가 수록되어 있는데, 그 중 3건이 수군 장수의 해유문서이다. 하나는 崔震立의 京畿水軍節制使 解由이고, 다른 2건의 해유문서는 수군첨절제사와 수군동첨절제사의 해유이다. 수군동첨절제사의 해유는 본고에서 고찰하고 있는 김경혁과 관련된 것이고, 다른 하나는 부산진수군첨절제사였던 金用來와 관련된 것이다.

2. 해유문서

위도진 수군동첨절제사가 전라우도수군절도사에게 해유를 첩정하면, 절도사는 그 내용이 맞는지 확인한 후 호조와 병조에 보내는 자신의 첩정을 절제사의 첩정 앞 부분에 붙여 보냈는데, 이를 '점련(粘連)'이라 했다. 상급기관이 보내는 해유 관련 첩정의 문서 양식이 법전에 규정되어 있지 않았기 때문에, 상급자들은 일반적으로 상급관청에 보내는 공문양식 즉 『경국대전(經國大典)』「예전(禮典)」의 '첩정식(牒呈式)'을 따랐다. 김경혁의 해유문서에 대한 절도사의 첩정은 다음과 같은데, 아래 ( )에 있는 것은 '첩정식'을 병기한 것이다.

行全羅右道水軍節度使爲解由事粘連牒呈是去有良尓合行牒呈伏請

(某衙門爲某事云云合行牒呈伏請)

照驗施行須至牒呈者

(照驗施行須至牒呈者)

右 牒 呈

(右 牒 呈)

戶 曹

(某衙門)

嘉慶元年(印)四月十七日行節度使李(手決) 虞侯

(年印月日某職某押 某職某押)

　解由

　(某)

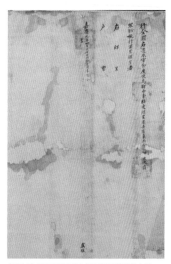

〈그림 2〉 해유문서 부분. 국립해양박물관 소장

'첩정식'의 '某衙門爲某事云云'은 해유문서에 '行全羅右道水軍節度使爲解由事粘連牒呈是去有良尒'로 기록되어 있다. 이중에서 '行全羅右道水軍節度使爲解由事'는 '전 전라우도수군절도사의 해유에 관한 일입니다'로, '粘連牒呈'은 '상부에 올리는 공문을 붙였다'로, 그리고 '是去有良尒'는 이두문으로 '이것이므로' 혹은 '그러하므로'의 뜻이다. 이후 '合行牒呈伏請'은 '첩정식'에 있는 그대로 해유문서에도 기록되어 있는 문구인데, '합리적으로 이 공문을 올려 보내니 엎드려 비옵니다'의 뜻이다. '照驗施行須至牒呈者'도 역시 '첩정식'의 양식대로 해유문서에 그대로 기록되어 있는데, '조사하고 살펴서 시행하시라고 이 공문을 올려 보냅니다'의 뜻이다.

'右牒呈 戶曹'는 이 첩정이 호조에 올려 보내는 것이라는 뜻이다. '嘉慶元年(印)四月十七日行節度使李(手決) 虞侯'는 1796년 4월 17일 전 전라우도수군절도사가 보낸다는 뜻인데, 그 절도사의 성이 이씨임을 기록한 후 수결하였다는 뜻이다. 또한 같은 줄 마지막 부분에 '우후'라고 기록한 것은 역시 절도사 휘하의 장수인 우후가 발송하고 수결했다는 뜻이다. 그런데 『전라우수영지』에 따르면,[13] 1796년 이전의 전라우도수군절도사 중에서 성이 이씨인 사람은 이동식(李東植)과 이백연(李栢然)이었다. 전자는 계축년(1793) 4월 27일에 본직을 제수받고 5월 30일에 부임하여 갑인년(1794) 1월에 교대하였다. 후자는 을묘(1795) 2월에 본직을 제수받아 6월에 부임했으며, 병진년(1796) 1월에 교체되었다. 한편 김경혁이 수군동첨절제사로 1794년 1월 18일 부임했다가 1796년 1월 24일 사직했던 사실을 감안하면, 이 해유에서 수결을 한 전 절도사는 이백연이었을 것으로 추측할 수 있다. .

김경혁의 위도진 수군동첨제사 해유문서는 궁극적으로 호조와 병조에 보내려는 것이기 때문에 상급관청인 전라우도수군절도사영에 보내는 첩정일지라도 『경국대전』 「예전」의

---

13) 忠武公鳴梁大捷遺蹟事業會 編, 1950, 「先生案(水軍處置使 및 都鎭撫名單)」, 『全羅右水營誌』, 광일문화인쇄사, p.292.

'해유첩정식(解由牒呈式)'의 '모아문(某衙門)'에 해당하는 항목에서 상급관청이 아니라 '호조(戶曹)' 혹은 '병조(兵曹)'로 기록되어 있다. 절제사가 절도사에게 보낸 첩정문서의 전문(前文)은 다음과 같다. 원문 아래줄의 ( )에 있는 것은 『경국대전』의 '해유첩정식'에 있는 문서식인데, 이것은 문서양식의 규정과 실제를 비교하기 위해 병기하였다.

全羅道行蝟島鎭水軍同僉節制使爲解由事本鎭前僉使金慶赫去癸丑十二月二十七日政嘉
(某衙門爲解由事)　　　　　　　(今准某職某關該云云本員姓名及到任實歷日月)

義大夫本職 除授甲寅正月初八日辭朝同月十八日到任今丙辰正月二十四日經遞爲有等以
(改行檢會得與本員元狀相同外其餘任內實歷及)

雜凡緣故職掌該管物件圓簽照數明白另擬開坐于後爲臥乎事是良尒合行牒呈伏請
(雜凡緣故職掌該管物件)(圓僉磨勘照數叩籌)(明白另擬開坐于後爲此合行牒呈伏請)

照驗施行須至牒呈者
(照驗施行須至牒呈者)

(計開)

(- 改名有無)

(- 某年月日受本職某年月日到任某年月日得代實歷幾箇日告假患病幾箇日)

(- 被劾有無)

(- 該管物件云云)

右牒呈
(右牒呈)

戶曹
(某衙門)

嘉慶元年三月二十九日節制使龍

(年印月日某職某押)

  解由

  (解由)

  後

前僉使去甲寅正月十八日到任丙辰正月二十四日支計元仕六百二十六日

   이 전문은 『경국대전』 「예전」에서 제시하고 있는 '해유첩정식'과 많이 다르다. '今准,' '關該,' '得此將本員'의 문구가 해유문서에서 생략되어 있다. 이것은 전임자로부터 후임자에게 이관(移關)이 이루어지지 않았기 때문인데, 이를 통해 김경혁이 후임자 없이 체직되었음을 알 수 있다. 이어서 '다시 검사와 회계를 행하니'의 뜻을 가진 '改行檢會'나 '원래의 문서와 서로 같다'는 뜻의 '元狀相同' 등의 문구가 생략되어 있는 것도 역시 김경혁이 자신의 후임자가 없어 작성하지 않았고, 그 대신 후임자가 이 첩정문서를 작성했음을 뜻한다.

   '雜凡緣故'는 아래에 기록되어 있는 개명 유무, 본직 제수일과 도임일 및 사직일, 병가와 휴가 일수, 탄핵 여부 등을 말한다. 그 부분은 해유문서와 '해유첩정식'이 일치하고 있다. '해유첩정식'의 '圓僉磨勘照數叩籌'는 해유문서에 '圓簽照數'로 기록되어 있다. 이는 '원만하게 모두 마감하여 수를 세고 셈하여 보니'가 '원만하게 적어 수를 대조하니'로 축약되어 해유문서에 기록되었음을 의미한다. '明白另擬開坐于後爲此合行牒呈伏請'은 '명백하여 별도의 항목으로 뒤에다 기록하여 이를 합법적으로 올려보내 엎드려 청하옵니다'는 뜻인데, 이 부분이 해유문서에서는 '明白另擬開坐于後爲臥乎事是良厼合行牒呈伏請'으로 기록되어 있다. 여기에서 이두문인 '爲臥乎事是良厼'가 '~하옵는 일이므로'라는 뜻임으로 해유문서의 문구는 '명백하여 별도의 항목으로 뒤에 기록하였사옵기에 이를 합법적으로 올려보내 엎드려

청하옵니다'라는 뜻이다.[14] 다음으로 '照驗施行須至牒呈者'는 두 문서가 일치한 것으로 나타나는데, '알아보고 시행하시라고 이 첩정을 보냅니다'라는 뜻이다.

이어서 『경국대전』의 '해유첩정식'에는 '그 사항은 다음과 같음(計開)'과 그 세부조항 4가지가 차례로 기록하도록 되어 있는데, 해유문서에는 이와 다르게 기록되었다. '計開,' '改名有無,' '- 被劾有無'가 생략되어 있다. 제수일, 도임일, 휴가와 병가일과 관련된 항목은 본문 마지막 부분에 '前僉使去甲寅正月十八日到任丙辰正月二十四日支計元仕六百二十六日'로 기록되어 있다. 이는 '전 첨사가 지난 1794년 1월 18일 도임하고 1796년 1월 24일 체직되었으니 근무 일수가 626일간이었다'는 뜻이다. 따라서 여기에서도 제수일과 휴가 및 병가와 관련된 사항이 생략되어 있음을 알 수 있다.

'해유첩정식'에 따르면, 공문을 어디에 보내는지는 전문의 물건 목록 뒷 부분에 기록되어 있어야 한다. 그런데 해유문서에는 '이 첩정을 호조에 보냅니다(右牒呈 戶曹)'가 물품 목록의 앞 부분에 기록되어 있다. 또한 해유첩정을 발송한 날짜와 발송자는 '嘉慶元年三月二十九日節制使龍'으로 기록되어 있다. 이는 '1796년 3월 29일 절제사 룡'으로서 김경혁이 체직한지 약 2개월 후에 후임 동첨절제사가 작성하여 보낸다는 뜻이다. 그런데 후임관이 누구였는지는 '룡' 자를 통해 알 수 있는데, 용득주(龍得珠)였던 것으로 생각된다.[15] 연도와 월을 표시하는 '嘉慶元年'과 '三月'이 쓰여있는 부분에 관인이 찍혀 있는데, 이것은 '해유첩정식'을 그대로 따른 것으로 보인다. 뿐만 아니라 해유문서에는 '해유첩정식'의 '計開'가 '後'로 바뀌어 기록되어 있기도 하다.

---

14) 朴宣姈, 2014. 12, 「임진왜란 시기 狀啓에 나타난 朝鮮式 漢文 연구」, 고려대학교 국어국문과 석사학위논문, p.21.; 조성도 역주, 1973, 「임진장초, 동원사, p.246, 주7을 참조.

15) 용득주는 1760년(영조 36) 홍천 용씨 가문에서 태어났으며, 1783년(1783) 계묘 증광시에서 병과 131위로 합격하였다.(「崇禎三癸卯增廣別試文武科殿試榜目」, 국립중앙도서관[古朝26-28-63], 한국학중앙연구원, '한국역대인물종합정보시스템', people.aks.ac.kr/front/tabCon/exm/exmView.aks? exmId=EXM_MU_6JOc_1783_006973에서 재인용). 정조의 화성행차시 어거를 호위하는 금군이었던 駕前別抄의 일원이었다.

인수인계 대상으로서 관할하던 물품의 목록은 '인신과 병부(印信兵符)', '군기주집질(軍器舟汴秩)', '전선자호집물질(戰船字號汴物秩)'로 삼분되어 있다. 그 중에서 군기 관련 물품은 96종이고, 전선관련 물품은 73종으로 타나난다. 따라서 여기에 인신(印信) 1과와 병부 1척을 더하면 총 171종의 품목명이 인수인계물품이었음을 알 수 있다. 그 중에서 군기 관련 수치들은 1871년도에 간행된 『호남읍지』[16]에 기록되어 있는 '위도진군기'의 수치들과 비교하면 18세기 말부터 19세기까지 80년간의 변화를 알 수 있다.

〈표 1〉 군기(軍器)의 물품 (1794년 : 해유문서, 1871 : 『호남읍지』)

구분	항목	수량		구분	항목	수량	
		1794	1871			1794	1871
군량	군향(軍餉)	23석	없음	포탄	현자수철환(玄字水鐵丸)	130개	130개
	병선저치미(兵船儲置米)	165석7두2합7석2리4분	없음		불랑기수철환(佛狼機水鐵丸)	없음	253개
	증미(蒸米)	4석	없음		연환(鉛丸)	15,622개	367개 5,800근
	미식(米食)	3석	없음	방패	철방패(鐵防牌)	17부	없음
갑옷	철갑(鐵甲)	58부	58령, 2부	화살	장전(長箭)	300부	300부
	주(胄)	53항	53령, 2부		석류전(石硫箭)		100개
	피갑(皮甲)	13부	8령		편전(片箭)	300부	300부
	주(胄)	8항	13경		별대전(別大箭)	20부	20부
	선장철갑(船將鐵甲)	1부	없음		당화전(唐火箭)	70개	火箭70병
	주(胄)	1항	없음		관이전(貫耳箭)	1쌍	1쌍
	엄두(掩頭)	4부	4부		영전(令箭)	1쌍	1쌍
	엄심(掩心)	4부	4부		통아(筒兒)	300개	300개
포탄	연환(鉛丸)	4,128개	4,128개		석포전(石砲箭)	100개	없음
	대연환(大鉛丸)	없음	103개		목전(木箭)	30개	지자30개 현백자10개
	조석환(鳥邪丸)	1,128개	1,170개		당화전(唐火箭)	70개	火箭70병
	대철환(大鐵丸)	133개	없음	활	궁도지개(弓倒之介)	1개	없음
	지자수철환(地字水鐵丸)	70개	70개		흑각궁(黑角弓)	32장	30장, 2장
	백자수철환(百字水鐵丸)	70개	없음		교자궁(交子弓)	70장	70장

16) 韓國學文獻硏究所 編, 2006, 「湖南邑誌 扶安縣」, 軍器條, 『全羅·濟州邑誌』, 三冊, 亞細亞文化社, pp.326-327.

구분	항목	수량	
		1794	1871
활	궁노(弓弩)	1좌	1
	수노(水弩)	1좌	1
	예비궁현(豫備弓弦)	50조	없음
총포	정철조총(正鐵鳥銃)	34병	23병 1병
	숙통포(熟筒砲)	3병	3병
	잠철(箴鐵)	3개	없음
	현자총(玄字銃)	7위	7병
	불랑기(佛狼機)	7위	7위
	자포(子砲)	없음	25병
	잠철(箴鐵)	19개	3개
	자총(子銃)	35병	없음
	백자총(百字銃)	5병	7병
	승자총(勝字銃)	5병	5병
	지자총(地字銃)	5병	3병
	대질려포(大蒺藜砲)	1	없음
	중질려포(中蒺藜砲)	1	없음
	대발화(大發火)	3개	없음
	중발화(中發火)	3개	없음
	지소발화	34개	地發火39개
	(地小發火)		小發火39개
	세약(細藥)	1쌍	1쌍
	화약(火藥)	400근	400근,160근
	화약팔성포대(火藥八盛布帒)	없음	4개
	풍화화약(風和火藥)	166근9량	없음
	분화통(噴火筒)	25병	25병
	목송(木送)	42개	30개
	약승(藥繩)	15사리	없음
	약승(藥升)	460사리	없음
	약선(藥繕)	10사리	없음
	격목(檄木)	52개	30개
	와관(瓦罐)	20좌	20좌, 20좌
	능철(菱鐵)	380개	310개
	구철(鉤鐵)	310개	310개

구분	항목	수량	
		1794	1871
창검	환도(還刀)	8병	8병
	삼지장(三枝鎗)	10병	三枝槍 10병
	장장(長鎗)	8병	長槍8병
	단창(短槍)	8병	端鎗8개
	창도지개(槍倒之介)	1	없음
	창목(槍木)	8병	鎗木8개
기치	흑대기(黑大旗)	1면	1
	방사주오방신기(紡紗紬五方神旗)	1면	5면
	방사주고초기(紡紗紬高招旗)	1면	5면
	인기(認旗)	1면	1
	풍정기(風正旗)	1면	1
	청도기(靑道旗)	1쌍	1쌍
	금고기(金鼓旗)	1쌍	1쌍
	병선표기(兵船標旗)	1면	없음
	사후선표기(伺候船標旗)	1면	없음
	표기(標旗)	없음	3면
	남대단순시기(藍大緞巡視旗)	1쌍	1쌍, 1쌍
	남대단영기(藍大緞令旗)	1쌍	1쌍, 1쌍
	독(纛)	1좌	1좌
	방차일(防遮日)	1건	없음
기타	연철(鍊鐵)	1	없음
	박철(朴鐵)	14개	없음
	황촉(黃燭)	300병	30병
	건영귀(乾靈龜)	1	없음
	개등면등(開燈面燈)	1	없음
	철등(鐵燈)	6조	없음
	적토(赤土)	1석	없음
	쟁(錚)	1	1
	조(錦)	1	1
	나팔(喇叭)	없음	1쌍
	고(鼓)	2좌	2좌
	행고(行鼓)	1진	없음

먼저 군기 관련 물품(〈표 1〉)을 보면, 96가지의 물품을 10개 항목으로 구분할 수 있다. 10개 항목 중에서 가장 많은 품목으로 이루어진 순서대로 나열하면 총포(29), 기타(12), 화살(11), 기치와 포탄(각 9), 갑옷(8), 활과 창검(각 6), 군량(4), 방패(1)이다. 이를 다시 유사 관련 항목별로 재분류하면, 총포와 포탄(38), 활과 화살(17), 기치(14), 기타(12), 갑옷(8), 창검과 방패(7), 군량(4)의 순서로 나타난다. 그런데 항목들의 수치를 80년 이후의 수치와 비교하면, 44종은 변동이 없는 것으로 나타난다. 수치가 감소한 것은 10종이고, 증가한 것은 8종이다. 1794년에는 나타나지 않다가 1871년에 나타나는 것은 7종(대연환, 불랑기수철환, 자포, 석류전, 화약, 표기, 나팔)이다. 반대로 1794년에는 나타나지만 1871년에는 나타나지 않는 품목은 31종이다. 이를 구체적으로 나열하면, 총포 항목에서 10종(잠철, 자총, 질려포, 발화, 풍화화약, 약승, 약선 등), 기타에서 7종(연철, 박철, 건영귀, 등, 적토, 행고 등), 군량 항목 4종, 활과 화살에서 3종(석포전, 궁도지개, 예비궁현), 기치에서 3종(선박 표기, 방차일 등), 창검과 방패에서 2종(방패, 창도지개)이다.

〈표 2〉 전선(戰船)의 물품

구분	항목	수량	구분	항목	수량
선박	서자4호전강(暑字四號戰舡)	1척	초·목재 (草木材)	고죽(藁竹)	50개
	사후선(伺候船)	2척		노철(櫓凸)	노당5
	병강(兵舡)	1척		미지(尾只)	4
초·목재 (草木材)	장재(檣才)	2		미목(尾木)	2
	전후풍석(前後風席)	2건		교판(橋板)	1
	초풍석(草風席)	2건		대목즐(大木櫛)	2
	회장부유둔(回張付油芚)	5번		강식(舡食)	30근
	초둔(草芚)	20닙		목탁(木卓)	1
	지주목(旨柱木)	각5		자목(紫木)	10항
	연목(椽木)	10석거리		정(碇)	10좌

구분	항목	수량	구분	항목	수량
철물	구사금(鉤卸金)	2대	선삭 (船索)	당지삭(唐之索)	300파
	대변정(待变釘)	100개		관혈승(貫子繩)	300파
	요구금(要鉤金)	6벌비개	화기	장화승(長火繩)	15사리
	철아지(鐵阿只)	6개		화철(火鐵)	5석소
	취로기(取露器)	6개		수통(水桶)	8좌
	피취로기(皮取露器)	2개		○자(○子)	28개
	멸화기(滅火器)	6새		명송거(明松炬)	15병
	장겸자(長鎌子)	4병		화약팔성포대(火藥八盛布帒)	
	철우적(鐵于赤)	2	기치	포기불랑기현백자(砲旗佛狼機玄百字)	21좌
	추자(錐子)	6	방패	곡방패(曲防牌)	2
	착자(大錯子)	3		피병방패(皮屏防牌)	1좌
	거자(大鉅子)	3	석재	장돌(壯乭)	3
	철집개(鐵執介)	8		수마석(水磨石)	600개
	화덕(火德)	4좌	기타	탄(炭)	3석
	정(鼎)	8		좌이(左耳)	8
	부자(斧子)	3개		수강(水釭)	8좌
	여두표(黎頭標)	5소		식기(食箕)	2부
선삭 (船索)	숙마줄(熟麻𦁠)	4대		사자(篩子)	1부
	갈지줄(葛之𦁠)	6대		조래(朝來)	14개
	용층줄(龍層𦁠)	4대		기자(箕子)	2개
	예아북소(曳阿北所)	4거리		식승(食升)	14개
	노영(櫓纓)	노당 5		목저구(木杵臼)	1
	갈정줄(葛椗𦁠)	4대		염(鹽)	3석
	갈지줄(葛旨𦁠)	6대		장(醬)	3석
	벌리줄(伐里𦁠)	4대		감곽(甘藿)	150근
	숙마도팔줄(熟麻倒八𦁠)	6대		여석(礪石)	1
	예비좌우노영(豫備左右櫓纓)	40척			

　　전선에 있는 73종의 물품(〈표 2〉)은 초·목재(17), 철물과 선삭(각 12), 화기(6), 선박(3), 방패와 석재(각 2), 기치(1), 기타(13)로 재분류될 수 있다. 1871년에 위도진에 주둔했던 선

* * *

박은 전강 1척, 병강 1척, 사후선 2척으로 총 4척이었는데, 1871년에 발간된 읍지의 '진보(鎭堡)'에도 전선과 병선 각 1척과 사후선 2척으로 모두 4척이 기록되어 있다. 따라서 주둔하고 있던 선박의 수는 변치 않았음을 알 수 있다. 다른 물품들은 1871년의 자료에 기록되어 있지 않아 알 수 없다.

그런데 군기와 전선의 물품명들 중에는 약간 혼동을 주는 것도 있다. 예를 들면 병선에서 사용하는 곡물, 선장의 갑옷과 투구, 무기류, 기치류는 군기란에 기록되어 있다. 전선란에는 선박의 종류, 선박 건조와 수리용 목재와 철재 및 선박용 삭구, 이와 관련된 각종 연장과 도구 및 재료가 기록되어 있다. 또한 불랑기, 현자총통, 백자총통과 같은 총통을 가리키는 포기가 비치되어 있는 점도 특이하다. 자총이라는 용어는 80년 후에 자포로 바뀌어 기록되어 있다. 또한 갑옷, 포탄, 총포와 그 부품, 화살, 활, 기치의 종류도 다양하게 나타나다. 선박에 싣고 다녔던 양식과 먹거리(소금, 간장, 미역 등)도 기록되어 있다. 그밖에도 미지(尾只), 미식(米食)과 선식(船食), 적토(赤土), 풍화화약(風和火藥), 철우적(鐵于赤) 등 무엇을 지칭하는지 알 수 없는 물품명들도 포함되어 있다. 그리고 물품 목록의 끝에는 '제(際)'라는 글씨가 쓰여 있는데, 이것은 '종(終)'과 같은 뜻이다.

3. 맺음말

김경혁의 위도진수군동첨절제사 해유문서는 『경국대전』「예전」의 '첩정식' 그리고 '해유첩정식'과는 문서 양식이 많이 다르다. 1796년에 작성된 이 해유문서가 그보다 300여 년 전인 1485년에 편찬된 『경국대전』의 양식과 많이 다른 것은 어쩌면 당연한 현상일지 모른다. 혹자는 해유문서의 규식 및 시행절차가 법제적인 규정을 그대로 따르고 있지 않았던 점을 감안할 때, 해유문서 규식에 어떤 변화가 있었던 것 같다고 추정하기까지 한다.[17] 현존하는 해유문서들에서 이러한 사례들을 흔히 볼 수 있다는 주장[18]이 제기된 것은 바로 이 때문일 것이다.

원래 조선에서 해유제도를 시행한 목적은 관료들의 책임 행정을 구현하고 또한 손해와 과실에 대해 책임을 묻기 위해서였다. 관리들은 과실이 있을 경우 인사고과에서 불이익을 당했는데, 실제로 해유 절차가 끝나야만 녹봉을 받을 수 있었고 또한 품계를 올려주는 가자(加資)도 해유 과정에서 하자가 없어야 가능했다.[19] 비록 서식 상의 변화가 있었다 하더라도 해유제도는 조선 후기까지 그대로 유지되고 있었던 것이며, 그 덕분에 100여 점의 해유문서가 오늘날까지 남아있을 수 있었던 것 같다.

본고에서 고찰한 해유문서는 수군 장수의 것이다. 따라서 당연히 그 장수가 보유하고 있는 지휘권의 상징물인 인신(印信)과 병부(兵符), 군영에서 보관중인 군기(軍器), 선박에 보유하고 있는 집물(什物)이 자세히 기록되어 있다. 그러나 다른 해유문서들과는 달리 군액(軍額)은 기록되어 있지 않다. 따라서 이 해유문서는 18세기 말 위도진의 대체적인 군비 상황을 알 수 있게 해주는 자료이다. 특히 19세기 후반기에 편찬된 읍지에 위도진의 군기가 기록되어 있어 위도진의 군비 상황이 어떻게 변했는지도 알 수 있다.

"경관(京官)을 제외한 지방관의 경우 신임관이 도착하려면 거리에 따라 여러 날이 걸리기 때문에 신관이 도착할 때까지 해직된 자가 마냥 기다릴는 없었다. 이 경우에 감사는 이를 검증하는 차사원(差使員)을 보내거나 이웃 수령에게 위임하여 파악하도록 하는 조치도

17) 張東翼, 1984. 12,「1633년 京畿水使 崔震立의 解由文書에 대한 一檢討」,『大邱史學』, 제26집, p.99.
18) 임민혁, 2006. 2,「조선후기 解由行政의 文書式과 그 실제」,『古文書研究』, 제28호, p.304.
19) 임민혁, 2005,「조선초기 解由制의 성립과 그 성격」,『朝鮮時代學報』, 33집, pp.32-33.

한때 취해졌다. 그러나 실물을 대조 확인하는 일은 조선 후기 군현의 향리가 이를 검증하는 제도로 정착되었다. 신임 수령이 전임관의 해유문서를 조처하는 일도 후임관의 임무였지만, 이를 실질적으로 담당한 것은 향리였다. 해유문서의 작성은 실질적으로는 신분이 세습적이고 거의 변동되지 않았던 향리들의 책임이었다."[20]

작성자가 이처럼 실무책임자급이었기 때문에 김경혁의 해유문서는 선박과 무기의 이름은 물론 부분 명칭, 재료, 연장까지도 자세하게 기록될 수 있었다. 기록되어 있는 물건명 중에는 오늘날 거의 사용하지 않아 용도나 지칭하는 부분을 알 수 없는 것들까지 포함되어 있다. 이 자료들은 관방사, 수군사, 지방사는 물론 무기사와 선박사에서 비어있는 자리를 채워줄 수 있는 자료이기도 하다.

20) 한국학중앙연구원 藏書閣 편, 정구복, 2012. 2, 「조선 시대 해유제도와 해유문서」, 『朝鮮時代 解由文書』, pp.13-14.

〈참고문헌〉

『仁祖實錄』

『肅宗實錄』

『承政院日記』

金慶赫 蝟島鎭水軍同僉節制使 解由文書, 1796년(정조 20), 105.2x315.6cm(점련), 國立海洋博物館 所

윤국일 옮김, 신서원편집부, 1998,『新編 經國大典』, 신서원.

조성도 역주, 1973,『임진장초』, 동원사.

忠武公鳴梁大捷遺蹟事業會 編, 1950,「先生案(水軍處置使 및 都鎭撫名單)」,『全羅右水營誌』, 광일문화인
　　쇄사.

韓國學文獻研究所 編, 2006,『全羅 · 濟州邑誌』, 三冊, 亞細亞文化社.

한국학중앙연구원 藏書閣, 2012. 2,『朝鮮時代 解由文書』.

朴宣姮, 2014,『임진왜란 시기 狀啓에 나타난 朝鮮式 漢文 연구』, 고려대학교국어국문과석사학위논문.

朴眞哲, 2009,「古文書로 본 17세기 朝鮮 水軍 戰船의 武器體系」,『嶺南學』, 제16집.

이왕무, 2000. 12,「1764년 河明祥의 解由文書를 통한 機長縣의 關防 연구」,『藏書閣』, 제4집.

이현수, 2003,「鴻山縣監 解由文書를 통해 본 18세기말 忠淸道 鴻山縣의 軍備 實態」,『古文書研究』, 제
　　23집.

임민혁, 2005,「조선초기 解由制의 성립과 그 성격」,『朝鮮時代學報』, 33집.

임민혁, 2006. 2,「조선후기 解由行政의 文書式과 그 실제」,『古文書研究』, 제28호.

한국학중앙연구원 藏書閣 편, 정구복, 2012. 2,「조선 시대 해유제도와 해유문서」,『朝鮮時代 解由文書』.

鄭求福, 2012. 2,「解由文書-고문서용어풀이」,『古文書研究』, 제40호.

조미은, 2012. 2,「19세기 解由文書와 重記에 관한 사례연구 -「寧越府使 解由文書」와「尹等內重記」를

중심으로」, 『古文書硏究』, 제40호.

조병로, 2010, 「조선후기 察訪의 교체실태와 察訪解由文書에 대한 一考 – 自如道 및 幽谷道를 중심으로」,

『역사와 교육』, 제10호.

「崇禎三癸卯增廣別試文武科殿試榜目」, 한국학중앙연구원, '한국역대인물종합정보시스템', people.aks.

ac.kr/front/tabCon/exm/exmView.aks?exmld=EXM_MU_6JOc_1783_006973

태양을 닮은 항해 도구,
항해용 아스트롤라베

김효영 | 국립해양박물관 유물관리팀 학예연구사

국립공주대학교에서 보존과학 박사과정을 수료하고 문화재청 문화재수리기술자(보존과학)자격을 가지고 있다. 예원
예술대학교에서 시간강사를 거쳐 현재는 국립해양박물관 유물관리 팀원으로 활동 중이다.

대항해시대는 다양한 욕망을 품고 탐험을 하던 사람들이 세계 역사를 크게 바꾼 시기였다. 이 시기에는 동양과 서양의 문화가 적극적으로 교류되고 각 지역 간의 무역 활동이 활발해졌다. 항해용 아스트롤라베는 이러한 시대적 대격변을 가능케 하였던 항해도구였다. 항해용 아스트롤라베는 약 200년 동안 사용되면서 대항해시대를 이끌던 원동력이 되었다.

대항해시대란 15~16세기에 새로운 바닷길을 개척하고 동서양의 문명이 교류되었던 시기를 말한다. 동양에서는 정화의 대함대가 중국 난징에서부터 이란 호르무즈까지 항해하였다.[1] 서양에서는 향신료 무역을 위한 항해를 떠났고 이는 대륙 간 무역을 활발하게 하는 계기가 되었다.

바다로의 도전은 항해술을 발전시키는데 큰 공헌을 했다. 특히 서양인의 향신료에 대한 열망은 바다에 대한 두려움을 이겨내었고, 인도에 도착하고자 하는 열정은 다양하고 정교한 항해도구와 항해기술의 발전을 이끌어 내었다.

바다 위에서 방향을 찾는 기본적인 방법은 육안으로 육지의 형태를 보고 해안을 따라 움직이는 것이다. 육지가 보이지 않는 바다 위에서는 태양이나 별과 같은 천체로 현재 위치를 판단하고 방향을 설정하였다. 특히 북반구에서 북극성은 지리적 북극점과 거의 일치하기 때문에 방향을 정하는 길잡이별로 사용되었다.

1420년부터 포르투갈의 엔리케 왕자는 아프리카 탐험을 후원하였다. 원정대는 포르투갈에서 직진 남하하여 아프리카 서해안을 탐사하였다. 그러나 적도를 통과하면서부터 북극성이 관측되지 않아 배의 위치를 판단할 수가 없었다. 배의 위치를 확인할 수 있는 방법을 연구하던 끝에 태양의 남중고도와 위도를 기록해 놓은 천측력을 이용하면 배의 위도를 구할 수

---

1) 소말리아의 모가디슈까지 항해한 것으로 추정하기도 한다.

있음을 알게 되었다.[2]

천문학자들은 사분의, 아스트롤라베(원측의), 직각기 등의 도구를 천체의 고도를 측정하는데 사용하고 있었다. 그러나 흔들리는 배 위에서 이들 도구를 사용하여 정확한 고도를 측정하는 것은 어려웠다. 1492년 콜롬버스가 항해할 당시에도 항해용 측정도구가 없어 자메이카에 도착한 이후 사분의로 고도를 측정하였다.

이러한 문제는 1480년 경 부터 항해용 아스트롤라베(mariner's astrolabe)를 사용하기 시작하면서 해결되었다.[3] 항해용으로 개량된 아스트롤라베는 천체관측용 아스트롤라베의 뒷면만을 가져온 형태이다. 항해용 아스트롤라베에는 바다에서의 흔들림과 바람의 영향을 줄이기 위한 다양한 방법이 적용되었다. 천문관측용 아스트롤라베보다 크기를 줄이면서 바퀴(wheel) 모양으로 만들어 바람의 영향을 줄였다. 또 비중이 큰 구리합금으로 주조하였고, 특히 몸체 아랫부분의 두께를 두껍게 하여 안정적으로 고도를 측정할 수 있도록 제작하였다.

각도를 재기 위한 조준의(alidade)는 축에 고정하는데, 초기에는 조준의의 앞쪽에서 쐐기(wedge 또는 pin)를 박고 뒷면에서 빗장을 걸 듯 키(key 또는 horse)라고 부르는 금속막대를 좌우로 끼워 고정하였다. 16세기 후반부터 쐐기와 키 대신 나사산이 있는 볼트와 너트로 조준의를 고정하기 시작했다.

항해용 아스트롤라베는 여러 해양 국가에서 제작하였고, 다양한 크기와 형태를 가지고

---

2) 고도는 수평선 등을 기준으로 한 천체(해, 달, 행성 및 항성 등)의 각도이며, 위도는 지구 적도(위도 0°)를 기준으로 남북방향으로 떨어진 거리를 각도로 나타낸 것이다. 위도가 높을수록 태양의 고도가 낮아져 고도와 위도의 합은 90°가 된다. 남중고도는 천체가 남쪽 자오선에 위치할 때의 고도로, 대부분 천체가 남중할 때 하루 중 고도가 가장 높다. 천문력은 천문을 관측하는데 필요한 천체의 위치 등이 기록된 달력이다.
3) 이전부터 항해 중에 북극성의 고도를 측정하기 위해 녹터널이나 사분의와 같은 도구를 사용하였지만, 배가 흔들릴 경우 부정확하게 측정되었다.

있다. 현재 남아있는 항해용 아스트롤라베의 대부분은 포르투갈에서 제작되었지만, 일부는 네덜란드, 프랑스, 영국 등에서도 제작되었으며 제작국을 의미하는 문양이나 제작자의 이름을 새겨놓기도 하였다.

국립해양박물관은 항해용 아스트롤라베 2점을 소장하고 있는데, 그 중 하나는 포르투갈의 세바스티오 드 고에스(Sebastiao de Goes)가 제작한 아스트롤라베이다(그림 2~4). 전반적으로 검은색의 구리부식화합물이 표면을 뒤덮고 있는 이 아스트롤라베는 황동으로 주조하였고 윗면보다 아랫면을 두껍게 하여 배 위에서 흔들림이 적도록 만들었다. 바람의 영향을 피하기 위해 3개의 바퀴살을 남겨놓고 2개의 부채꼴과 2개의 반원 모양의 구멍을 뚫어놓았다.

하단에는 제작자의 이름인 'SEBASTIO DE GOES'가 음각되어 있다. 전면에는 반원의 가장자리와 바퀴살을 따라 열십자로 바닥의 음각부분까지 '*' 모양이 장식되어 있는데, 수직방향 장식의 시작과 끝은 '○' 모양으로 마무리 하였다. 하단 수직방향의 장식 중간에는 '*' 모양이 좌우로 2단 배치되어 있다. 1단에는 좌우에 1개씩, 2단에는 좌측에 2개 우측에 1개가 장식되어 있다. 2단의 장식 숫자는 좌우균형이 맞지 않아 우측의 문양 1개가 마모되었을 것으로 추측된다.

천체의 고도를 측정하기 위해서는 조준의를 돌려 눈금을 읽는데, 이 아스트롤라베는 상부 반원이나 전체에 눈금이 있는 보통의 아스트롤라베와 다르게 상부 우측 사분면에만 눈금이 새겨져 있다. 여기에는 수평면 90°부터 수직면 0°까지 5°단위로 각도가 새겨져 있어 곧바로 위도를 읽을 수 있다.

자세히 보면 위도를 가리키는 조준의의 포인터 길이가 서로 다르다. 또, 짧은 쪽 포인터 위의 날개(pinnule)에 표시된 홈의 크기는 작고 포인터가 눈금 위로 지나가지 않으며, 긴 쪽의 홈은 크고 포인터가 눈금 위로 지나간다. 포인터의 길이가 짧은 쪽의 작은 홈을 통해서 긴

쪽의 큰 홈과 천체를 일직선을 보고 위도를 측정하도록 용도를 구분한 것으로 보인다.

조준의는 나사산이 있는 볼트와 윙너트로 고정되어 있다. 동그란 볼트는 머리의 한쪽이 살짝 눌려 초승달처럼 보인다. 윙너트는 날개가 하나만 붙어있다. 볼트와 너트를 사용한 것으로 보아 이 아스트롤라베는 16세기 후반에 제작된 것으로 추측된다.

현재 세바스티오 드 고에스의 이름이 새겨진 또 다른 항해용 아스트롤라베가 쿠바 라하바나의 '푸알푸에르사 요새 박물관(Museo Castillo de la Real Fuerza)'에 소장되어 있다. 이 항해용 아스트롤라베는 쿠바 서연안의 까보 샌안토니오(Cabo San Antonio) 근처의 16세기 후반 난파선에서 1994년 즈음 발견된 것으로 알려져 있다. 형태와 제원이 국립해양박물관에 소장하고 있는 것과 매우 비슷하고 전면에 새겨진 문양이 매우 흡사하다. 그러나 푸알푸에르사 요새 박물관의 것은 국립해양박물관 소장품과 다르게 상부 반원 전체에 각도가 새겨져 있어 앞으로 비교 연구할 가치가 있어 보인다.

또 다른 항해용 아스트롤라베는 1643년에 제작된 것이다(그림 5~7). 이 아스트롤라베는 보존이 잘 되어 있어 구리아연 합금인 황동 특유의 황금빛을 느낄 수 있다. 큰 바퀴 모양의 몸체 내에 3개의 바퀴살과 작은 원형 고리를 두어 장식하였다. 앞면 하부에 제작년도인 '*AD*1643*'이 음각되어 있다.

바퀴 가장자리에는 수평면 0°부터 수직면까지 90°가 되도록 눈금이 새겨져있고, 각 눈금은 1°단위까지 읽을 수 있다. 이 아스트롤라베는 보통의 항해용 아스트롤라베와 다르게 수평면에 양쪽 끝에 구멍이 뚫린 날개가 달려있어 바다의 수평면을 확인할 때 도움이 되도록 하였다.

중앙에 위치한 조준의는 볼트로 고정되어 있고, 이 볼트의 머리는 사각형으로 각 모서리는 심엽형으로 장식되어 있다. 몸체가 너트의 역할을 하기 때문에 뒷면은 매끈하다. 뒷면을 보면 바람에 흔들림이 덜하도록 하부의 무게를 늘이기 위해 금속 띠를 덧붙인 것을 확인할 수 있다. 뒷면에는 하부의 금속 띠 외에도 상부의 고리장식과 좌우의 날개장식을 연결하기 위한 금속부재를 볼 수 있다. 각각의 금속 부재는 몸체에 고정시키기 위해 심을 박아 고정하였는데, 이런 제작방법은 몸체를 통으로 주조한 고에스의 항해용 아스트롤라베와는 다른 방식이다.

또, 고에스의 아스트롤라베와는 다르게 이 항해용 아스트롤라베에는 고리 부분이 잘 남아있다. 고리는 몸체의 무게를 지탱하는 역할을 하며, 여러 방향으로 흔들리는 것을 막기 위해 여러 부재로 연결되어 있다. 몸체와 고리연결부재는 앞뒤로 고정되고, 고리연결부재와 고리는 좌우로 고정되어 있다. 따라서 고리는 앞뒤로만 몸체는 좌우로만 움직인다.

15세기부터 사용했던 항해용 아스트롤라베는 17세기 후반부터 사용되지 않았다. 고가의 제작비용이 드는 아스트롤라베는 크로스 스태프(cross-staff)나 사분의와 같이 좀 더 정확하게 측정 가능한 항해도구들이 등장하게 되면서 사용되지 않았을 것으로 추측된다.

항해용 아스트롤라베는 태양의 고도를 측정함으로써 배의 위치를 파악하여 목적지의 방향을 알게 해주는 바다 위의 길잡이였다. 대항해시대와 함께했던 항해용 아스트롤라베는 전승되거나 난파된 배에서 발굴된 것을 모두 포함하여 약 100여점이 알려져 있다. 항해용 아스트롤라베는 세계 곳곳에 소장되고 있어 아직까지 사진을 통한 형태학적 데이터 수집이 이루어지고 있는 실정이다. 이곳에 국립해양박물관 소장 항해용 아스트롤라베를 소개함으로써 관련 연구에 도움이 되기를 기대한다.

〈표 1〉 국립해양박물관 소장 항해용 아스트롤라베의 특징

구분	제작자/국가/시대	지름 (cm)	무게 (g)	몸체의 상부/하부 두께(cm)
고에스의 아스트롤라베	세바스티오 드 고에스/포르투갈/16세기 후기로 추정	18.0	3,136	0.9/3.0
1643년 제작 아스트롤라베	미상/미상/1643년	22.9	1,340	0.4/1.0

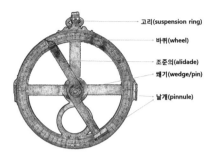

고리(suspension ring)
바퀴(wheel)
조준의(alidade)
쐐기(wedge/pin)
날개(pinnule)

〈그림 1〉 항해용 아스트롤라베 각부 명칭

〈그림 2〉 고에스의 항해용 아스트롤라베(정면/측면)

〈그림 3〉 고에스의 항해용 아스트롤라베(후면, 윙너트로 고정된 모습)

〈그림 4〉 고에스의 항해용 아스트롤라베
(전면 하부, SEBASTIO DE GOES 음각/상부 우측 사분면)

〈그림 5〉 1643년 제작 항해용 아스트롤라베
(후면/전면 하부, *AD1643* 음각)

〈그림 6〉 1643년 제작 항해용 아스트롤라베(볼트 상세/고리 상세)

참고문헌

김성준(2016), "대항해시대 유럽의 배와 항해", 『대항해시대 전시도록』, 부산: 국립해양박물관.

스튜어트 매크리디 엮음(2000), 『시간에 대한 거의 모든 것들』, 남경태 옮김, 서울: 휴머니스트.

Alan Stimson(1988), *The mariner's astrolabe: A survey of known, surviving sea astrolabes*, Utrecht: HES Publishers.

Castro, F., Budsberg, N., Jobling, J., and Passen, A.(2015), "The Astrolabe Project", *Journal of Maritime Archaeology*, Vol.10, No.3, pp. 205-234.

Ⅲ

죽도제찰(竹島制札)

백승주 | 국립해양박물관 전시기획팀 학예연구사

한양대학교 대학원 문화인류학과에서 박물관학으로 석사학위를 받았다. 국립해양박물관에서 건립추진 단계 때부터 국내외 해양자료 수집을 담당하는 학예사로 일하였고, 현재는 전시기획팀 학예사로 재직 중이다. 〈죽도제찰〉은 자료수집 담당 학예사로 재직하면서 수집한 해양영토 관련 역사자료로, 그 중요성을 널리 알리기 위하여 이 글을 썼다.

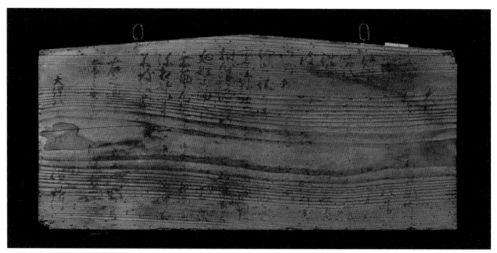

〈그림 1〉 죽도제찰(일본/1837년/소나무/72.0×33.0cm). 국립해양박물관 소장

「죽도제찰」은 국립해양박물관이 2011년 수집한 자료이다. 유물의 명칭은 '죽도(竹島; 울릉도) 도해를 금지하는 고찰(高札)'이라는 뜻이다. 1837년 일본의 니가타현新潟県 해안가에 세운 경고판으로, 막부가 공포한 내용을 담고 있다.

고찰이란 일종의 게시판으로, 주요 내용은 효도 장려, 도박 금지, 주민의 생활 규범, 새로운 논밭 개발의 장려 등 다방면에 걸쳐 만들어졌다. 고찰을 세우던 관행은 나라 시대 말기부터 시작되어 에도시대에 특히 유행하였고, 메이지 6년(1873년)부터 철거되었다.

고찰은 많은 사람들이 볼 수 있도록 왕래가 많은 장소에 「고찰장」을 설치하여 게시하였다. 막부의 권위를 나타내도록 돌담이나 토성 위에 만들고, 울타리로 둘러싸기도 했다. 관리 책임을 번주(藩注)가 지도록 하여 고찰의 내용을 마을 사람들이 엄히 지키는지 살피고, 고찰장 부근의 청소와 손질을 하게 했다. 문자를 읽을 수 없는 사람을 위해 관리를 시켜 고찰의 내용을 마을 사람에게 읽어주기도 하였다.

일본에서 죽도도해금지령은 2번에 걸쳐 내려졌다. 첫 번째는 조선인 안용복의 요구에 의해서 1696년 내려졌다. 건국 이래 울릉도·독도에 관련된 조선의 방침은 섬을 비워 분쟁의 소지를 없애는 공도空島 정책을 고수해 오고 있었다. 그러나 정부는 임진왜란 이후 울릉도에 대한 정기적인 순찰을 계

〈그림 2〉 미에현 가메야마시三重県 亀山市에 있는 고찰장('세키야'라는 역참 마을의 우체국에 재현된 고찰장. 1877년에 해체되었다가 2004년에 복원.)

속 유지할 수 없었고, 이를 틈타 기아와 가난을 벗어나기 위해 울릉도를 찾아 들어가는 사람이 늘어났다. 또한 일본 어민들도 울릉도의 풍부한 수산 자원 때문에 울릉도에서 불법어로를 행하는 일이 점차 늘어나고 있었다.

이런 상황에서 일본의 막부는 오오야大谷와 무라카와村川 두 가문에 죽도도해면허(1617년)와 송도(松島; 독도)도해면허(1661년)를 주었다. 이 때문에 울릉도와 독도 해역에서 우리나라와 일본 어부들의 잦은 충돌이 일어나게 되었다. 경상도 동래 출신의 안용복은 1693년 3월 울릉도에서 고기를 잡다가 일본 어부들과 마주쳤고, 조업권을 놓고 실랑이를 벌이다 일본으로 끌려갔다.

안용복은 이후 일본에 다시 한번 방문하여 근거자료로 「조선팔도지도」까지 제시하면서 울릉도와 독도가 조선 땅이라는 사실을 일본에 알렸다. 막부는 죽도가 조선 영토임을 인정하고 1696년에 어민들에게 도해금지령(渡海禁止令)을 내리게 되었다.

두 번째 죽도도해금지령은 하치에몬八右衛門이라는 어부의 울릉도 도해 사건이 계기가

되었다[1]. 하마다浜田 마츠하라松源浦 출신 하치에몬은 죽도도해금지령을 어기고 울릉도로 건너가 밀무역을 하다 발각되었다. 막부는 하치에몬을 사형에 처하고 번주를 비롯한 관리들을 구금, 은거 등 중죄에 처하였다. 하치에몬은 처음에는 독도에 가려다가 표착한 것이라고 핑계를 대었으나, 막부는 독도를 울릉도의 부속 섬이라고 보았기 때문에, 죽도도해금지령을 어긴 것에 대한 엄한 형벌을 내린 것이었다. 이 사건 이후 막부는 전국에 죽도도해금지령을 내리고(1837.2) 각 포구에 죽도도해금지 포고문을 붙이도록 하였다. 「죽도제찰」은 바로 이 두 번째 죽도도해금지령이 내려지면서 만들어진 고찰로 보인다. 「죽도제찰」의 내용은 다음과 같다[2].

[원문]

大目付江

今度 松平周防守元領分 石州

濱田松原浦二罷在候 無宿八右衛門

竹嶋江 渡海致し候 一件 吟味之上

右八右衛門 其外夫々 嚴科二被行候 右嶋

住古者 伯州米子之者共 渡海魚漁等

致し候といへども 元祿之度朝鮮國江

御渡二相成候 以來渡海被停止被

仰出候場所都而異國渡海之儀

重き御制禁候條向後右嶋渡海之儀

相心得渡海致しまじく候 勿論國々之

廻船等海上二おゐて異國船不出合樣

乘筋等心掛可申候 先年も相觸候通、

弥相守 以來も可成たけ遠沖乘

不致樣乘廻可申候

右之通役 公祆仰出候間

常々無忘却可相守者也

天保八年三月

高田

役所

1) 이 사건의 요약은 김수희의 글「하치에몽八右衛門과 죽도(울릉도) 도해」(『독도연구(제20호)』, 419~424쪽)을 참고하였다.
2) 2011년 수집 당시 이훈 동북아역사재단 명예 연구위원이 해석하였다.

[해석]

오메스케(막부의 정무를 감독하는 벼슬)

금번, 수오노가미의 원래 영지인 세키슈의 하마다

마츠하라에 있었던 주소가 정해져 있지 않은 하치에몬이

죽도에 도해한 한 사건을 검토한 후

앞서 언급한 하치에몬 외 나머지 사람들은 각각 엄벌에 처해졌다.

앞서 말한 죽도는 옛날은 돗토리번 요나고 사람들이 도해해서

어로 등을 했지만, 겐로쿠 시대에 조선국에

양도한 이래 도해 정지를 분부하셨던 곳이다.

이국에 도해하는 것은 엄중히 금지한 바이다.

앞으로 앞서 말한 섬도 마찬가지로 그렇게 알고

도해해서는 안 된다. 물론, 일본 내 각 지방의

해상운송선 등은 해상에서 다른 나라 선박을

만나지 않도록 항로에 신경을 쓰라고 했던 이전의 중앙의 지시를 그대로

지키고, 앞으로 되도록

먼 바다까지 항해하지 않도록 하라.

1837년 3월

〈그림 3〉 죽도제찰 가시광선 촬영

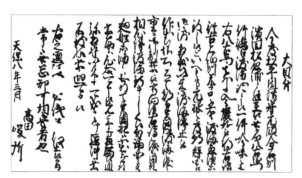

〈그림 4〉죽도제찰 명문 판독

竹嶋渡海禁止の高札 (浜田市郷土資料館所蔵)

〈그림 5〉죽도도해금지의 고찰(하마다시 향토 자료관 소장)

이처럼 「죽도제찰」은 내용에서 일본이 울릉도·독도를 조선의 땅으로 인정하는 내용이 있어 독도 관련 자료로 여러 차례 소개된 바 있다.

그런데 「죽도제찰」과 같은 내용으로 만들어진 고찰 (1839.2)이 현재 일본 하마다시 향토 자료관에도 전시되고 있다. 한국과 일본의 언론을 통해 소개된 이 고찰의 내용을 정리하면 다음과 같다.

[원문]

八右衛門という者が竹嶋に渡海した事件を厳密に調査し、

八右衛門とその他の者を処刑した。他国へ渡海することを禁止するのみならず、他国の船と落ち合うことも厳しく罰する定[3]

[해석]

하치에몬이라는 사람이 죽도로 도해한 사건을 엄밀히 조사해 하치에몬과 그 외 사람을

---

3) 고찰에는 「정(定)」과 「각(覚)」 두 종류가 있는데 「정」은 오랜 기간을, 「각」은 일시적으로 게시하는 것이다.

처형했다. 다른 나라로 도해하는 것을 금지할 뿐만 아니라 다른 나라 배와 만나는 것도 엄

하게 다스린다.

왜 죽도도해금지령이 적힌 두 개의 고찰이 두 나라에서 동시에 독도영유권 관련 자료로
활용되고 있을까. 일본은 당시 도해 금지령에 울릉도만 있을 뿐 독도는 포함되지 않은 것이
라고 주장하고 있다. 즉, 울릉도만 조선의 영토로 보았다는 주장이다.

그러나 일본도 우리나라처럼 여러 사료에서 독도(송도)를 울릉도에 속한 부속 섬으로 보
았고, 죽도와 송도를 한 세트처럼 불러왔다. 일본에게 전복과 대나무 등 자원이 풍부한 울릉
도 도해가 금지되면, 독도의 이용가치는 떨어지기 때문에 두 섬을 서로 묶어서 생각할 수밖
에 없을 것이다. 죽도도해금지령 이후 일본이 울릉도를 제외하고 독도만을 이용하기 위해
도해할 목적이 없다는 의미이다.

또 하치에몬의 재판기록[4]에 첨
부된 지도에는 그가 울릉도 도해
당시 직접 그린 지도가 첨부되어
있는데, 지도에는 조선과 울릉도,
독도는 붉은색이고 오키섬과 일
본열도는 하얀색으로 구분하여
채색되어 있다. 즉, 당시 일본에
서는 울릉도와 독도를 같은 조선
령으로 인식하고 있었던 것이다.

〈그림 6〉『죽도도해일건기(竹嶋渡海一件記) 전(全)』 중 「죽도방각도(竹島方角圖)」

4) 『죽도도해일건기(竹嶋渡海一件記) 전(全)』, 1836년.

에도 막부가 하치에몬의 죽도도해 사건을 계기로 울릉도뿐만 아니라 독도까지 조선 땅으로 인정하고, 이 일대의 항해를 금지하는 죽도도해금지령을 다시 한번 공공히 했다는 것을 「죽도제찰」을 통해 확인할 수 있었다. 에도 막부는 두 번째 죽도도해금지령을 내리면서 전국에 고찰을 게시하도록 하여, 어민들이 금지령을 반드시 지킬 수 있도록 많은 노력을 기울였던 것으로 보인다. 이후 메이지 정부 때까지 일본은 여러 차례에 걸쳐 독도를 울릉도에 속한 조선의 영토로 인정해왔다. 따라서 「죽도제찰」은 일본인 스스로 울릉도·독도를 조선영토라고 말하는 가장 명백한 사료라고 볼 수 있을 것이다.

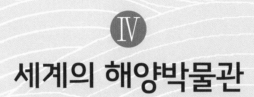

세계의 해양박물관

차인철 | 국토교통부 사무관

동국대학교에서 문학 석사 학위를 받고 국립해양박물관에서 건립추진기획단 때부터 꽤 오랜 기간 힘썼다. 현재는 국립항공박물관에서 국토교통부 사무관을 맡고 있으며 우리나라 박물관의 발전에 기여하고 있다.

지난 4월부터 국립해양박물관과 한국해양수산개발원 공동으로 『해양로에서 바다로』라는 프로그램으로 해양에 관한 여러 주제에 대한 강연을 진행하였다. 역사·과학·문학·인물 등 여러 주제로 진행된 강연 중 지난 8월 17일에 「세계의 해양박물관」이란 발표에서 국내외 해양박물관에 대해 간단한 소개를 하였다. 이 글은 당시 발표를 정리한 것이다.

우리나라에 근대적인 박물관이 최초로 등장한 것은 1907년 순종 때 창덕궁에 동물원·식물원·박물관이 본격적으로 설립 추진되어 1909년 11월 1일에 일반인들에게 박물관을 공개한 제실박물관帝室博物館을 기점으로 100년을 넘어 곧 110주년을 맞이하게 된다. 100년이 넘는 기간 우리나라에는 국립·공립·사립·대학 등 2016년도 기준으로 전국 박물관은 826개의 박물관 운영되고 있다.

826개의 박물관 중에는 다양한 전문 박물관들이 포함되어져 있다. 고서·도자·맥주·의약·자수 등과 같은 전문 박물관 속에 2012년에는 국내 유일의 국립해양박물관이 부산에 개관하게 되었다.

국립해양박물관은 사라져 가는 해양 관련 자료를 지속적으로 수집·전시·연구 및 교육을 담당하는 기관으로 개관 이래 매년 100만 명 이상의 관람객들이 찾는 해양 관련 종합 박물관이다. 이와 관련하여 국내외 해양박물관에 대해 소개해 보고자 한다.

1. 해외 해양박물관

1) 상해중국항해박물관

중국 상해에 2010년에 개관한 박물관으로 현재 중국 내에서 가장 큰 항해박물관이다. 중국의 해양과 항해에 대한 인식과 항해 역사·기술·세계 과학기술 발전에 대한 공헌 등을 보여주기 위한 전시주제로 구성되어 있다.

전시실 1층에는 중국 항해역사관·선박관·선원관·어선과 어로를 중심

〈그림 1〉 상해 중국항해박물관(中國航海博物馆,China Maritime Museum)

으로 전시하고 있으며, 2층에는 항해와 항구관, 해사 및 해상안전관, 군사항해관, 항해체육 및 휴식처가 있으며, 기타 시설로 천상관·4D영상관·아동 활동 센터 등이 있다.

2) 해상실크로드박물관

중국 광동성 해구시 하이난성에 위치한 해상실크로드박물관은 지난 1987년 중국 광동성 양장시 동쪽 38km 떨어진 해상에서 발견된 남송시대 난파선인 난하이호南海一號를 인양하고 보호하기 위해 2009년에 개관한 박물관이다.

난하이호는 길이 30m, 폭 10m 규

〈그림 2〉 광동 해상실크로드박물관(广东海上丝绸之路博物馆, Maritime Silkroad Museum)(정철훈 사진작가)

모로 남송시대 때 여러 교역품(도자기·금속공예품 등)을 싣고 인도와 스리랑카로 향하다

가 태풍을 만나 침몰한 것을 20년 동안 면밀한 수중 조사를 벌여 2007년 배를 원형 그대로 발굴·인양하여 박물관 내 수정궁水晶宮에 보관하여 복원과정을 전시 중에 있다.

주요 전시물은 난하이호에서 발굴된 무역품·생활용품과 해상실크로드 관련 여러 유물들을 전시 중에 있다.

3) 천주해외교통사박물관

중국 푸젠성福建省 취안저우泉州에 있는 박물관으로 중국의 해외 해상 무역에 대한 역사를 보여준다. 1959년에 설립되었고 신관은 1991년 문을 열었다. 박물관은 대형 범선과 같은 외형으로, 4개의 상설전시관(천주 해외교통역사 전시관·천주 종교석각관·중국 고대 선박관·천주 민속문화전시관)과 1개의 특별전시관으로 되어 있다.

주요 전시물로는 160여 척의 중국 대표 선박 모형과 해외 교통의 역사를 말해주는 수많은 민속 유물, 중국의 대표적 무역품인 도자기와 서양 도자기 및 목조 돌 닻과 같은 고대 항해 도구들도 전시되어 있다.

〈그림 3〉 천주 해외 교통사박물관 전경(泉州海外交通史博物館,
Quanzhou Maritime Museum)

〈그림 4〉 천주 해외교통사박물관 종교 석각물

4) 홍콩해사박물관

2003년 홍콩 중앙 부두 8번에 개관한 홍콩해사박물관은 15개의 전시실에서 초기 홍콩 역사와 근대화를 거쳐 국제도시로의 성장과 여러 중국·서양선박 모형과 회화, 도자기 등 약 1,200여 점의 유물 전시와 선박 조정 시뮬레이션 체험과 현대 선박 및 해양 구조물 모형 과 해양 환경보호 등을 전시하여 과거와 현재의 선박 및 해운 역사를 한자리에서 살펴볼 수 있다.

〈그림 5〉 홍콩 해사박물관 전경(香港海事博物館, Hong Kong Maritime Museum)

〈그림 6〉 홍콩 해사박물관 바다오염 전시

5) 마카오해사박물관

1987년 중국과 포르투갈 선원들이 처음으로 도착했던 장소로 생각되는 곳에 자리 잡은 박물관으로 전시실은 3개 층에 3개의 주제로「마카오의 기원」,「마카오의 대중예술과 전통」,「마카오의 현재」로 되어 있다. 주요 전시물은 이 지역에서 발굴된 선사 시대 유물을 비롯해 중국 회화와 서예, 유럽 회화, 도자기, 종교 예술품, 사진, 복장, 일상용품들을 전시하고 있다. 야외에는 관람객들을 위한 휴게공간과 용선축제 때 사용하였던 실물 용선 경주선이

전시되어 있다.

〈그림 7〉 마카오 해사박물관 전경(澳门海事博物馆, Macau Museu
Marítimo)

〈그림 8〉 마카오 해사박물관 세계 모형 선박 전시

6) 요코하마항구박물관

〈그림 9〉 요코하마 항구박물관 범선 니혼마루(横浜みなと博物館,
Yokohama Port Museum)

1989년 일본 근대화와 경제, 문화의 교류 창구였던 요코하마항을 중심으로 해양에 관한 문화의 전시·보급을 위해 개관한 박물관이다. 전시 주제는 요코하마의 역사와 항만과 해운에 대한 것과 19세기부터 현재까지의 일본 선박 변천사 등을 전시하고 있다.

야외에는 범선 니혼마루日本丸를 이용한 전시와 해양교실이라는 프로그램을 운영하여 범선의 생활을 체험할 수 있다.

7) 배의 과학관

　일본 도쿄에 위치한 해양박물관으로 바다와 배의 문화를 테마로 1974년에 개관하여 현재는 별관만 전시 중에 있다. 박물관 본관은 여객선의 외형을 본떠서 만들었으며, 야외에는 해양 관련 전투함, 잠수정 심해유인잠수정 등 다양한 배가 전시 중에 있다. 특히, 남극탐사를 위해 1956년에 일본 최초로 보내진 배인 「소야宗谷」호가 전시되고 있다.

〈그림 10〉 배의 과학관 전경(船の科学館, Museum of Maritime Science)　　　　　　〈그림 11〉 심해잠수정

8) 바다박물관

　일본 미에현三重県의 어업과 해녀 및 바다의 축제와 환경에 대한 전시를 위해 1971년에 개관한 박물관이다. 6,879점의 일본 국가지정 중요민속문화재를 포함해 양 60,000여 점의 유물을 소장하고 있다. 전시주제는 바다 민속의 전통, 신앙·제사, 해녀, 바다 오염 등 모두 6개의 주제로 구성되어 있다.

〈그림 12〉 바다박물관 전경(海の博物館, Toba Sea-Folk Museum)　　〈그림 13〉 전통 어로방식 모형

9) 호주 국립해양박물관

1991년 Sydney Darling Harbour에 개관한 박물관으로 호주와 바다의 역사에 대한 전시 및 해양 관련 교육 프로그램과 세미나 등을 운영하고 있다. 박물관 내에는 크게 7개의 전시관으로 구성되어 있는데, 호주에 처음으로 인간이 도착하여 그들의 후손이 정착하는 과정 속의 바다와 인간의 이야기를 전시하는 것을 시작으로 장거리 항해 속의 유물 전시와 바다를 이용한 교역, 해군, 해양레저 등을 전시하고 있다.

야외전시는 18세기 말부터 현재까지 실제 사용하였던 선박과 해군 함정과 잠수함을 전시하고 있으며, 시드니 항구 투어와 같은 여러 이벤트 프로그램 등을 운영하고 있다.

〈그림 14〉 호주 국립해양박물관 전경(Australia National Maritime Museum)

위에서 살펴본 것처럼 세계에는 여러 종류의 해양박물관들이 있다. 전시 주제는 바다와 관련 된 민속과 배의 역사, 수중고고학 등 여러 분야로 세분하여 해양박물관 속에서도 보다 전문적인 박물관이 있다는 것을 볼 수 있었다.

현재 우리나라에는 국립해양박물관이 바다와 관련한 국내 유일 종합박물관으로 있으며, 수중고고학과 관련된 곳으로는 목포 국립해양문화재연구소가 있다. 또한, 제주 바다 민속과 관련해서 제주민속박물관에 일부 전시시설이 있기도 하다. 앞으로 바다와 관련해서 보다 더 전문적인 박물관이 설립되기를 기대해 본다.

바다를
읽다

reading the sea

부록

부록 1. 해양인문학 프로그램 소개

부록 2. 해양인문학 관련 추천도서

해양인문학프로그램 소개

제1회 해양클러스터 해양인문학프로그램
- 바다위의 해양인문학, 해양로에서 바다로

『바다위의 해양 인문학, 해양로에서 바다로』는 부산광역시 동삼혁신지구 해양클러스터 소재 기관 직원들의 해양문화 향유 기회를 제공하는 동시에 지역주민들에게 해양과 관련된 문화적 인프라를 제공하고자 한국해양수산개발원과 공동으로 주최한 해양인문학프로그램입니다.

국립해양박물관 포함 8개 해양클러스터 기관(국립수산물품질관리원, 국립해양조사원 등) 임직 원 및 지역 주민들을 대상으로 전문가 강연 및 만남의 장을 마련함으로써, 해양문화에 대한 깊 이를 느끼고 관심을 증진시키는 등 프로그램 참가자들의 성취감과 만족도를 끌어내고자 하였습 니다.

2016년 4월, 첫 강연인 '바다를 읽다(국립해양박물관장 손재학)'로 문을 열고 매월 첫째, 셋째 수요일에 바다에서의 탐험, 예술, 인물, 문학 등의 주제로 관련 분야의 전문가들을 초청하여 특 강을 진행하며, 강사와 참가자 간 자유로운 토론을 통해 해양에서의 우리의 삶에 대한 다양한 이야기를 나누고 관련 지식을 공유하였습니다.

앞으로도 국립해양박물관은 해양클러스터 소재 기관들과 협력하여 지속적인 해양인문학프로 그램을 전개함으로써, 해양분야 종사자들의 해양문화 지식 함량 및 지역주민들의 해양문화에 대한 관심을 확대시키는 데 노력해 나가겠습니다.

• • •
바다를 읽다

제4기 해양박물관대학
– 대항해, 그 시대의 바람과 바램

해양박물관대학은 해양과 관련하여 역사와 문화, 인물, 사회, 경제 등을 주제로 강의와 답사를 통해 해양문화의 대중적 확산을 목적으로 하는 국립해양박물관의 대표적 성인 대상 교양 프로그램입니다.

박물관의 상설전 그리고 연간 2회 정도 추진되는 기획전과 연계한 내용 및 시민들의 흥미와 요청을 고려한 주제를 선정하여 이에 적합한 해당 분야의 전문가를 초빙, 전문 강의와 함께 자유로운 질의응답 형식으로 진행하고 있습니다.

2013년 제1기 '문화를 통해 배우다' 로 시작되어 2014년 '바닷길을 통한 교류와 소통', 2015년 '바다와 삶 그리고 염원' 그리고 2016년에는 '대항해, 그 시대의 바람과 바램으로' 운영하며 해양에 대한 이해는 물론 해양으로 진출하고자 했던 인류의 의지와 이것이 반영되어 나타난 다양한 사회적 현상들을 해양학은 물론 과학, 문학, 철학 등의 인접학문들로도 접근하여 함께 풀어내고자 하였습니다.

앞으로도 국립해양박물관은 평생학습기관인 동시에 문화 공공기관으로써 시민들에게 해양문화의 이해증진과 그 확산을 위하여 더 신선하고 다양하며 심도있는 주제들로 다가서도록 노력하겠습니다.

해양인문학 관련 추천도서

소빙기(小氷期)의 풍요 청어, 대구, 명태의 어류 박물학

수산학개론

장호영 외 공저
바이오사이언스
2008 | 9788992709095

魚類の形態と検索

松原喜代松
石崎書店
1979

(우리바다)어류도감

명정구 글, 김병일 등 사진
예조원
2009 | 9788994129204

Fishes: an introduction to ichthyology

Peter B. Moyle, Joseph J. Cech, Jr. 지음
Pearson Prentice Hall
2004 | 9780131008472

만재도의 어로 관행

일성록범례: 규장각 검서관을 위한 일성록 편찬 지침서

유본예 지음, 김경희 옮김
한국고전번역원
2015 | 9788928403233

도서 문화유적 지표조사 및 자원화 연구 – 신안군

목포대학교 도서문화연구원 편
목포대학교 도서문화연구원
2005-2012 | 9788996881216

섬문화 답사기: 孤島의 일상과 역사에 관한 서사: 신안편

김준 지음
보누스
2012 | 9788964940730

우리 생선 이야기

어촌계 어류양식업에 관한 연구

옥영수 지음
한국해양수산개발원
2004 | 8979982488

양식넙치의 수급요인 분석과 가격변동에 관한 연구

옥영수, 김상태, 고봉현
한국해양수산개발원
2006 | 9788979983241

한중일간 어업자원정책 비교와 어업자원 관리방향 연구

옥영수, 최성애 공저
한국해양수산개발원
1997 | 8979980809

어가의 정의에 관한 연구

한국농촌경제연구원
한국농촌경제연구원
1993

Ken Schultz's fishing encyclopedia :worldwide angling guide

Ken Schultz 지음
WILEY
1999 | 9780028620572

대항해시대의 바람

동양과 서양의 위대한 만남: 1500~1800

데이비드 문젤로 지음, 김성규 옮김
휴머니스트
2009 | 9788958622802

대항해시대: 해상 팽창과 근대 세계의 형성

주경철 지음
서울대학교 출판부
2008 | 9788952108678

대항해시대의 마지막 승자는 누구인가?: 근세 초

김원중 지음
민음인
2010 | 9788994210544

대항해시대: 바람에 실은 바람

국립해양박물관 편
국립해양박물관
2016 | 9791195707423

정화: 1421 세계 최초의 항해가

우에스기 지도세 지음, 임진호 옮김
이치
2007 | 9788991215597

정화의 보물선: 중국의 대유럽 무역사 500년으로의 항해

이은상 지음
한국학술정보
2014 | 9788926866771

Vasco da Gama: his voyages and adventures

George Makepeace Towle 지음
RareBooksClub
2013 | 9781236950208

New worlds: the great voyages of discovery, 1400~1600

Ronald H. Fritze 지음
Praeger
2003 | 9780275979829

우리나라의 선박

(전호환 교수의) 배 이야기

전호환 지음
부산과학기술협의회
2008 | 9788987024431

가야의 유적과 유물

박천수 등 지음
학연문화사
2003 | 9788955080490

가야와 마한·백제: 1500년 만의 만남

복천박물관 편
복천박물관
2015 | 9788997572106

한국해양사: 선사고대편

한국해양사편찬위원회 편
한국해양재단
2013 | 9788993511109

배와 항해의 역사

김성준 지음
혜안
2010 | 9788984944046

**배 이야기: 인간은 어떻게 7대양을
항해했을까?**

헨드릭 빌렘 반 룬 지음, 이덕열 옮김
아이필드
2006 | 9788989938729

역주 일본서기

연민수 외 지음
동북아역사재단
2013 | 9788961873086

**장보고의 해상활동과 신라사: 2010 신라사
학회·해상왕장보고연구회 공동학술회의**

신라사학회, 해상왕장보고연구회 주최
신라사학회
2010

**이충무공전서 이야기
: 정조, 이순신을 역사에 새기다**

김대현 지음, 조성덕 그림
한국고전번역원
2015 | 9788928403349

**Shipping developments in Far East
Asia: the Korean experience**

Tae-Woo Lee 지음
Avebury
1996

스페인의 아메리카 '발견(정찰)', 그리고 지배

스페인 제국과 무적함대의 흥망

신항섭 지음
랜드엔마린
2011 | 9788996369158

**세상의 끝을 넘어서:
마젤란의 해양 오디세이**

로런스 버그린 지음, 박은영 옮김
해나무
2006 | 8989799600

Amerigo Vespucci

Frederick A. Ober 지음
CreateSpace
2015 | 9781503010727

정복자의 시선

에드워 플레넬 지음, 김병욱 옮김
마음산책
2005 | 9788989351702

엘도라도, 혹은 사라진 신의 왕국들

제카리아 시친 지음, 이재황 옮김
AK
2010 | 9788996244998

**아스텍: 고대 문명의 역사와 보물
(세계 10대 문명사 시리즈)**

다비데 도메니치 지음, 김원욱 옮김
생각의 나무
2007 | 9788984987173

España explora: cambio global y biodiversidad en el océano

Miguel Ángel Puig-samper, Sandra Rebok 지음
Lunwerg
2010 | 9788400094102

World without end: Spain, Philip II, and the first global empire

Hugh Thomas 지음
Random House
2015 | 9780812998115

Spain's Explorers in the Age of Discovery

Charles River Editors 지음
CreateSpace Independent Publishing Platform
2013 | 9781492906391

아직 끝나지 않은 대항해시대, 심해로의 도전

잠수정, 바다 비밀의 문을 열다 : 심해유인잠수정 탑승기

김웅서, 최영호 지음
지성사
2014 | 9788978891684

심해의 세계: 수심 1만 m의 생태와 심해의 과학

일본 뉴턴프레스 편집, 강금희 번역
뉴턴코리아
2013 | 9788955378788

(자원의 보고)심해저

한국해양연구원 제작
해양수산부
2003 |8944412065

심해전쟁: 해양자원을 둘러싼 세계의 숨 막히는 각축전이 시작됐다!

사라 치룰, 박미화 옮김
엘도라도
2011 | 9788901128221

갈라파고스의 꿈: 다윈의 비글호 항로를 따라

권영인, 강정극 지음
지성사
2011 | 9788978892346

해저 2만리 1-2

쥘 베른 지음, 김석희 옮김
열림원
2002 | 9788970635262

Seabed fluid flow

Judd, Alan, Hovland, Martin 지음
Cambridge University Press
2009 | 9780521114202

Sea-bed energy and minerals

E.D. Brown 지음
Martinus Nijhoff
2001 | 9789041115409

명제국의 해상대원정과 정화

천추흥망: 명나라, 대항해의 선구자

안쩐 지음, 정근희 옮김
따뜻한 손
2011 | 9788991274433

바다의 실크로드

양승윤 외 지음
청아
2003 | 9788936800963

(중국의 대항해자)정화의 배와 항해

신웬어우 외 지음, 허일 외 편역
심산
2005 | 9788989721413

The Ming maritime trade policy in transition, 1368 to 1567

Li Kangying 지음
Harrassowitz
2010 | 9783447061728

1434: 중국의 정화 대함대, 이탈리아 르네상스의 불을 지피다

개빈 멘지스, 박수철 옮김
21세기북스
2010 | 9788950924409

鄭和

周志斌
江蘇人民出版社
2015 | 9787214136336

Zheng He: China and the oceans in the early Ming dynasty, 1405–1433

Edward L. Dreyer
Pearson Longman
2007 | 9780321084439

발견의 시대와 해양영웅들

(마르코 폴로의)동방견문록
: 원제: 세계의 서술

마르코 폴로 저, 김호동 역주
사계절출판사
2000| 9788971966983

콜럼버스 항해록: 하느님의 뜻으로 이 땅에 왔도다

크리스토퍼 콜럼버스 지음, 이종훈 옮김
서해문집
2007 | 9788974832179

Vasco da Gama and his successors, 1460–1580

K. G. Jayne 지음
Barnes & Noble
2011 | 9780766797060

세계 일주의 역사: 마젤란에서 우주여행까지, 인류의 역사를 바꾼 모험들

조이스 채플린 지음, 이경남 옮김
레디셋고
2013 | 9788997729128

Magellan

Stefan Zweig 지음
Pushkin
2011 | 9781906548490

Columbus: the four voyages

Laurence Bergreen 지음
penguin croup
2011 | 9780670023011

해상왕 장보고

淸海鎭의 張保皐와 東亞細亞

김문경 글
향토문화진흥원
1998

청해진에 대한 종합적 고찰

윤근일, 김성배, 정석배 공저
해상왕장보고기념사업회
2003

(청해진 옛터)완도지역 지명 유래조사

김정호, 김희문 공저
해상왕장보고기념사업회
2003

당시사 연구

안병국 편역
한국방송통신대학교출판부
2009 | 9788920000157

(8~10세기)신라무역선단과 강남

김문경 외 지음
장보고기념사업회
2007 | 9788993648058

세계 속의 이순신

이순신, 옥포에서 노량까지

김주식 지음
교우미디어
2015 | 9791185417066

이순신의 말: 이순신의 인간적인 리더십, 그 진면목을 본다!

이순신 지음, 강현규 엮음, 박승원 옮김
소울메이트
2014 | 9788960603523

**(세계 역사상 최고의 해군 제독)
이순신 리더십: 태산같이 행동하라**

전도근 지음
BookStar
2013 | 9788997383191

**이순신의 리더십: 국가안보 위기와
지도자의 사명**

이선호 지음
팔복원
2001 |9788985840040

징비록을 통해 본 조선이라는 나라

(도요토미 히데요시의)조선 침략

기타지마 만지 지음, 김유성, 이민웅 옮김
경인문화사
2008 | 9788949906232

동아시아 삼국, 새로운 미래의 가능성

단국대학교 동양학연구원 동아시아 역대 문화교
류 인물집성 사업팀 지음
문예원
2012 | 9788997916184

明史 外國傳 譯註: 外國傳

동북아역사재단 엮음
동북아역사재단
2013 | 9788961872485

(징비록)기억을 기억하라

정종숙 지음
BookStar
2015 | 9788997383733

실학, 바다를 발견하다-『자산어보』

실학파와 정다산

최익한 지음, 송찬섭 엮음
서해문집
2011 | 9788974834845

牛海異魚譜: 한국 최초의 어보

김려, 김명년 역
한국수산경제신문
2010 | 9788996505204

경세유표 1-3

정약용 지음, 이익성 옮김
한길사
2008 | 9788935601936

黑山(흑산)

김훈 지음
학고재
2011 | 9788956251622

손암 정약전 시문집

허경진 지음
민속원
2015 | 9788956383903

당신도 해양 작가가 될 수 있다

오디세이아: 오디세우스의 이야기, 모험담의 정전이 되다

호메로스 지음, 김원익 평역
서해문집
2007 | 9788974833305

백경

H. 멜빌 지음, 정광섭 옮김
홍신문화사
1993 | 9788970558059

로빈슨 크루소

다니엘 디포 글, 장순근 옮김
리젬
2012 | 9788992826839

노인과 바다

어니스트 헤밍웨이 지음, 베스트 트랜스 옮김
더클래식
2014 | 9791155511046

한국은 섬나라다!

해상실크로드 사전

정수일 외 집필
창비
2014 | 9788936482725

실크로드와 경주

민병훈 지음
통천문화사
2015 | 9791185087078

섬 택리지: 강제윤의 남도 섬 여행기

강제윤 지음
호미
2015 | 9788997322237

책『영화에 빠진 바다』를 말하다

바이킹: 바다의 정복자들

이브 코아 지음, 김양미 옮김
시공사
1997 | 8972595276

해전(海戰)의 모든 것: 전략, 전술, 무기, 지휘관 그리고 전함

이에인 딕키 외 지음, 한창호 옮김
Human & Books
2010 | 9788960780910

바다와 배 그리고 사람

이재우 지음
문경출판사
2015 | 9788978465557

전투함과 항해자의 해군사: 살라미스부터 트라팔가까지의 해군과 해전

전윤재, 서상규 공저
군사연구
2009 | 9788995873359

H. M. S. 서프라이즈 호

패트릭 오브라이언 지음, 이원경 옮김
황금가지
2011 | 9788994210629

김경혁(金慶赫)의 위도진수군동첨절제사(蝟島鎭水軍同僉節制使) 해유문서(解由文書)

조선 문인의 일본견문록: 해유록

신유한 저, 이효원 편역
돌베개
2011 | 9788971994504

經國大典 註解(경국대전 주해)

김안국 지음
단국대학교출판부
1979 | 9788970920781

태양을 닮은 항해도구, 항해용 아스트롤라베

천측계산표

국립해양조사원 편
국립해양조사원
2010

항해지도

아르투로 페레스 레베르테 지음, 조구호 옮김
시공사
2008 | 9788952733115

Astrolabes at Greenwich

Koenraad van Cleempoel 지음
Oxford University Press
2005 | 9780198530695

죽도제찰

죽도도해유래기발서공

권오엽, 오오니시 토시테루 편역주
한국학술정보
2011 | 9788926821381

독도=다케시마 논쟁: 역사자료를 통한 고찰

박병섭, 나이토 세이추 지음, 호사카 유지 옮김
보고사
2009 | 9788984336315

竹島=独島問題入門:日本外務省「竹島」批判

内藤正中 지음
新幹社
2008 | 9784884000783

세계의 해양박물관

세계의 해양박물관

국립해양유물전시관
국립해양유물전시관 해양유물연구과 편
2007

明代海洋貿易·航海術和 水下考高研究新進展

香港海事博物館 지음
中華書局(香港)有限公司
2015 | 9789888366569

국립해양박물관 해양인문학총서 1

바다를 읽다

총 괄	**손재학** 관장
기 획	**김주식** 운영본부장
	백승옥 학예연구실장
편집교정	**서인혁** 학예사
	임기령 박원경 김수형 전지윤 사서원
자료협조	**김미경 송주혜** 한국해양수산개발원
	이경희 문화사업팀장
	이연재 유원근 신소명 김혜진 학예사
행정지원	**김민곤** 과장
초판 1쇄 발행	2016. 12. 23
초판 2쇄 발행	2017. 12. 10
발행처	**국립해양박물관 www.knmm.or.kr**
	부산광역시 영도구 해양로 301번길 45
대표전화	051-309-1900
제작판매	**도서출판 호밀밭**
	부산 수영구 수영로 668, 808호
	전화 070-8692-9561
I S B N	978-89-98937-47-8 03060
정 가	20,000원